성령의 본질

성령의 본질

펴낸날 ‖ 2019년 4월 25일 초판 발행

지은이 ‖ 김태원

펴낸이 ‖ 유영일

펴낸곳 ‖ 올리브나무 출판등록 제2002-000042호
경기도 고양시 일산동구 정발산로 82번길 10, 705-101
전화 070-8274-1226, 010-7755-2261
팩스 031-629-6983 E메일 yoyoyi91@naver.com

ISBN 978-89-93620-77-1 03230

값 16,000원

성령의 본질

성령의 물, 불, 바람, 기름부음으로 상처를 치유받고

거듭나기 위한 길을 가리켜 보이다

●

김태원

참신앙의 발돋움을 기원하면서

한빛교회에 부임한 지 벌써 4년이 넘었습니다. 그동안 성령님께서 도우셔서 그리스도를 증거하는 목회가 이 한빛교회에서 순조롭게 진행되어 온 듯합니다. 지난 시간을 돌아보면 모든 것이 다 주님의 은혜임을 고백하지 않을 수 없습니다.

저는 두 가지 필요에 의해 이 책을 쓰게 되었습니다. 하나는 한빛교회의 교우들에게 성령론을 체계적으로 가르치기 위해서이고, 또 다른 하나는 몽골 감리교 신학교 학생들에게 성령에 대해서 가르치기 위해서입니다. 사랑하는 한빛교회 교우들이 성령에 대한 참된 이해를 통해 성숙한 신앙을 갖기를 원합니다. 또한 지금 막 복음이 확산되는 몽골 지역에 영적으로 건강한 목회자들이 생겨 바른 복음이 체계적으로 전파되길 소원합니다. 비록 졸고(拙稿)이지만 이 책을 통하여 이와 같은 것들이 이뤄지는 것이 저의 작은 소망입니다.

우리 모두는 세상에 몸 받아 태어난 이상 "거듭나야 하는" 사명을 지니고 있습니다. 그것이야말로 가장 기본적인 "인간 조건"이 아닐까요? 그렇게 거듭나기 위해서는 성령의 역사가 아니고서는 엄두도 낼 수 없습니다. 설교와 원고를 한데 엮어 정리하다 보니 "성령의 직접적인

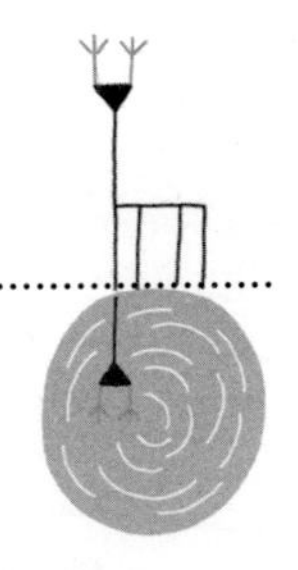

역사"를 위해 강조하고 싶은 예화나 성구가 반복되어 선보이는 경우가 적지 않지만, 그 모든 것을 '자기를 비추어보는 반복 학습'으로 생각하고 받아들여 주시기를 바라는 마음입니다.

이 책이 나오기까지는 저와 함께 사역하는 김도현 전도사에게 힘입은 바가 큽니다. 제가 쓴 글과 설교에 대해서 원고정리를 꼼꼼하고 세밀하게 해주었습니다.

이 책이 나오기까지 물심양면으로 도움을 준 저의 친한 죽마고우 이강의 안수집사에게 감사를 드립니다. 이 책은 전적으로 그의 후원으로 인하여 추진되었습니다. 저의 목회를 늘 격려하고 지지해주는 아내에게 지면을 통해서라도 감사의 마음을 전하고 싶습니다. 또한 저의 부족한 설교를 늘 경청해주시는 한빛교회 교우분들에게도 감사를 드립니다.

모든 영광을 주님께 돌리며! Soli Deo Gloria!

2019년 4월 15일

월봉산 기슭 목양실에서 **김태원** 목사

차 례

제3부 성령과 신앙생활

제4부 성령과 은유

제1부

성령론

성령의 바람은 우리가 잡을 수 있는 것이 아니다. 내가 성령을 받고 싶다고 해서 성령이 임하는 것이 아니다. 바람은 내가 소유하는 것이 아니다. 내가 그 바람에 쏘이는 것이다. 성령의 바람도 마찬가지로, 성령의 바람은 내가 소유할 수 없다. 성령의 바람이 잘 부는 곳에 서 있을 때, 충만하게 받을 수 있다. 우리가 아무리 바람을 소유하려고 찾아다녀도 절대로 바람을 소유할 수 없듯이, 성령의 충만함도 내 뜻대로 되는 것이 아니라 성령의 바람이 잘 부는 곳에 가 있어야 성령을 받을 수 있다.

성령의 본질과 사역

요한복음 14~16장, 사도행전 2장

우리는 교회에서 성령에 관해서 이야기를 많이 한다. 자신이 성령을 받았는지 안 받았는지 궁금해 하는 사람이 있는가 하면, 자신이 성령을 받았다는 것을 확신하는 사람도 있다. 성령이 도대체 무엇인지 모르겠다고 말하는 사람도 있다. 그런데 분명한 사실은 우리가 성부, 성자, 성령의 삼위일체 중에서 성령에 대해서 가장 많이 오해하고 있다는 것이다. 그렇다면 우리가 갖고 있는 성령에 대한 오해는 무엇이며, 올바른 성령 이해는 무엇일까?

첫째, 우리는 성령을 마치 물건처럼 주고받을 수 있다고 오해한다. 흔히 '성령을 받으라'고 말하지만, 성령은 물건처럼 주고받을 수 있는 분이 아니다. 성령은 엄연히 인격을 갖고 계셔서 우리가 연약할 때, 우리를 불쌍히 여기시고, 우리가 절망할 때 말할 수 없는 탄식으로 우리를 위하여 간구하시는 분이시다. 성령의 역사는 보이지 않지만 성령께서는 우리의 삶에 실제적으로 임하셔서 우리를 도와주신다.

둘째, 우리는 우리가 성령을 소유할 수 있다고 오해한다. 신앙은 소유하는 것이 아니라 존재의 양식이다. 즉, 신앙을 가지는 것이 아니라 살아가는 것이다. 따라서 우리가 성령을 소유하는 것이 아니라 성령께서 우리를 소유하셔야 한다. 성령께서는 우리에게 하나님의 인을 치셔서 우리를 하나님의 소유로 인정하여 주신다. 이처럼 성령께서 우리를 소유하시고 주관하실 때, 우리의 삶이 하나님의 인도하심 속에 형통하게 될 것이다.

셋째, 우리는 성령님과 예수님을 분리할 수 있다고 오해한다. 성령님과 예수님은 분리해서 생각할 수 없다. 하나님뿐만 아니라 예수님께서도 성령님을 보내실 수 있으시며, 성령께서는 예수님께 들은 말씀을 우리에게 증거하신다. 즉, 성령께서는 신랑이신 예수님과 신부된 신자에게 신방을 차려주시는 분이다. 더 나아가 성령께서는 우리가 예수님을 주님으로 고백할 수 있도록 우리에게 믿음을 주신다. 성령님의 인도하심이 없이는 우리는 예수님을 주님으로 고백할 수 없다.

그렇다면 성령의 진정한 본질이 무엇일까? 성령의 진정한 본질을 이해할 때, 우리의 신앙생활이 성숙하게 될 것이다. 또한 성령의 본질에 근거하여 성령의 사역의 방향을 이해하며 가늠할 수 있다.

우선 성령은 사물이 아니라 인격을 지니신 인격자이시다. 성령은 아버지와 같은 모습과 어머니와 같은 모습을 모두 갖고 계신다. 즉, 성령에는 부성적인 측면과 모성적 측면이 공존하고 있다. 그렇다면 성령의 인격적인 측면에는 구체적으로 무엇이 있을까?

첫째, 지성이다. 성령님은 지성을 갖고 계시다. 요한복음 14:26에는 "성령 그가 너희에게 모든 것을 가르치고 내가 너희에게 말한 모든 것을 생각나게 하리라"라고 쓰여 있다. 사람들을 가르치려면 지성을 갖고 있어야 한다. 즉, 성령께서는 인간을 가르치시고 그들에게 방향을 제시할 수 있는 지성을 갖고 계신다.

둘째, 감정이다. 성령께서는 감정을 가지고 계신다. 에베소서 4:30에서 사도 바울은 "하나님의 성령을 근심하게 하지 말라"고 말한다. 성령께서는 이처럼 근심하시는 분이다. 또 로마서 8:26에는 "성령이 말할 수 없는 탄식으로 우리를 위하여 친히 간구하시느니라"라고 쓰여 있다. 성령은 슬퍼하시기도 하고, 탄식도 하시며, 기뻐하시기도 한다. 이처럼 성령께서는 감정을 갖고 계신다.

셋째, 의지이다. 성령께서는 의지를 갖고 계신다. 고린도전서 12:11에서 사도바울은 "모든 일을 한 성령이 행하사 그 뜻대로 각 사람에게 나누어주시니라"라고 말한다. 성령은 이처럼 뜻을 가지고 자신의 의지대로 움직이시다. 사도행전 10:7에 보면 "전도하는 사도 바울의 일행이 비두니아로 가고자 애쓰되 성령이 허락하지 않는다"라는 말씀이 쓰여 있다. 성령은 자신의 뜻과 의지대로 허락도 하시고, 허락하지 않기도 하시는 분이시다. 이처럼 성령은 분명한 의지를 갖고 계신다.

그렇다면 이렇게 지(知), 정(情), 의(意)를 가지신 성령께서는 그 인격을 바탕으로 어떠한 행동을 하실까?

성령님은 우리에게 자신의 뜻을 계시하신다. 성령은 계시하시는 분이시다. 고린도전서 2:10-11에는 "성령으로 이것을 우리에게 보이셨으니 성령은 모든 것 곧 하나님의 깊은 것이라도 통달하시느리라"라고 나와 있다. 즉, 하나님의 사랑도 하나님의 영 외에는 아무도 알지 못하기에 성령께서 우리에게 하나님의 사랑을 계시해 주시는 것이다. 인간에게 행동하시는 성령이 하나님이시라면, 우리에게 행동하시는 성령의 사역은 계시이다.

또한 성령께서는 때때로 우리에게 명령하신다. 사도행전 8:29에서 성령께서는 빌립더러 "이 병거로 가까이 나아오라"라고 명령하신다.

성령은 또 우리를 책망하신다. 요한복음 16:8에 보면 성령은 죄에 대하여 의에 대하여 심판에 대하여 세상을 책망하신다.

성령께서는 우리를 위로하시기도 한다. 사도행전 9:31에는 "성령의 위로로 진행하여"라는 구절이 나온다. 사도행전 9:31의 증언과 같이 성령께서는 우리를 위로해 주시기도 한다.

성령의 인격적인 또 다른 행동들이 있다. 그분은 우리를 가르치신다. 요한복음 14:26에 보면 "성령은 너희에게 모든 것을 가르치신다"라고 쓰여 있다. 성령은 우리를 인격적으로 가르치시는 분이다. 아울러 성령은 우리에게 말씀하시기도 한다. 사도행전 28:25에는 "성령이 선지자 이사야로 너희 조상들에게 말씀하신 것이 옳도다"라는 말씀이 쓰여 있다. 이처럼 성령은 구약시대부터 우리에게 말씀해오셨다.

마지막으로 성령께서는 예수님을 증거하신다. 요한복음 15:26에서 예수님은 "진리의 성령이 오실 때에 그가 나를 증거할 것이요"라고 말씀하신다. 성령께서는 이렇게 우리들에게 복음을 증거하신다.

여러 가지 신학의 분과 중에서 "이름의 신학"(Naming Theology)이라는 독특한 분야가 있다. 성령께서도 다양한 이름을 갖고 계시고, 각 이름들은 성령의 다양한 측면을 드러낸다.

우선 우리는 성령님의 이름을 삼위일체적으로 접근해 볼 수 있다. 성령을 삼위일체적으로 접근한다는 것은 성령도 하나님이시고, 그렇기에 당연히 믿음의 대상이 된다는 것을 의미한다. 성경에 따르면 성령께서는 성부, 또는 성자의 영으로 묘사되고 있다. 창세기 1:2에는

"하나님의 영은 수면 위에 운행하시느리라"라고 쓰여 있다. 또 이사야 61:1에는 "주 여호와의 신이 내게 임하셨으니 이는 여호와께서 내게 기름을 부으사 가난한 자에게 아름다운 소식을 전하게 하려 하심이라"는 말씀이 나온다. 구약성경에서는 이렇게 성령을 하나님의 신, 혹은 하나님의 영으로 묘사한다. 신약성경에서도 마태복음 10:2에 "말하는 이는 너희가 아니라 너희 속에서 말씀하시는 자 곧 너희 아버지의 성령이시니라"라고 나와 있는 것을 보면, 성령을 아버지의 성령으로 명명하고 있음을 알 수가 있다.

한편, 성령은 '성자의 영'으로 불리기도 한다. 로마서 8:9에 의하면 성령을 '그리스도의 영'이라 칭한다. 그리고 그리스도의 영이 없으면 그리스도의 사람이 아니라고 선언한다. 갈라디아서 4:6에는 성령이 '아들의 영'으로 묘사된다. 또 로마서 8:15에서는 성령을 '양자의 영'이라고 말한다. "너희가 아들인고로 하나님이 그 아들의 영을 우리 마음 가운데 보내사 아바 아버지라 부르게 하셨느니라"(갈 4:6). "양자의 영을 받았으므로 아빠 아버지라 부르짖느니라"(롬 8:15).

또 성령님을 신앙생활의 기능적 측면에서 접근하여 바라볼 수도 있다. 성령은 진리의 영으로 불리어진다. 요한복음 14:7은 성령의 이름을 다음과 같이 묘사한다. "저는 진리의 영이라 세상은 능히 저를 받지 못하였고, 알지도 못함이니라. 그러나 너희는 저를 아나니 저는 너희와 함께 거하심이요. 또 너희 속에 계시겠음이라." 여기에서 성령은 '진리로 인도하는 영'으로 설명되고 있다.

아울러 성령은 우리를 성결하게 하시는 영이다. 사도 바울은 로마서 1:4에서 "성결의 영으로는 죽은 자 가운데서 부활하여 능력으로 하나님의 아들로 인정되었으니 곧 우리 주 예수 그리스도이니라"라고 선언하면서 성령을 '성결의 영'으로 명명한다.

또한 로마서 8:2에 보면, 성령은 '생명의 영'으로 묘사되고 있다. 사도 바울은 성령께서 우리를 죄로부터 해방시키신다고 말하면서 성령을 '그리스도 예수 안에 있는 생명의 성령'이라고 지칭한다.

칼 바르트는 기능적 측면에서 성령을 이렇게 정의 내린다. "하나님이 인간에게 하나님 자신의 영을 주신다는 것, 그리고 인간이 그 영을 받는다는 것은 하나님께서 인간에게 오셔서 하나님 자신을 인간을 향해, 또한 인간을 하나님 자신을 향해 개방시킨다는 사실을 말하고 있다."

그렇다면 이와 같은 다양한 이름을 가지신 성령님께서 하시는 주된 사역은 무엇일까?

성령의 사역은 예수 그리스도를 넘어서는 새로운 가르침이나 조명의 빛으로 이해될 수 없다. 또한 성령의 사역은 말씀을 넘어서는 인간의 어떤 새로운 가르침으로도 이해될 수 없다. 성령의 사역 중에서 가장 주된 사역은 그리스도와 관계된 사역이다.

예수님은 성령으로 잉태되시고(눅 1:35), 성령으로 세례를 받으셨다(마 3:16). 성령은 예수 그리스도를 광야로 이끄셨고(눅 4:1), 예수 그리스도로 하여금 많은 기적을 행하게 하셨다(마 12:28). 또한 성령께서는 예수님을 부활하게 하셨으며(롬 1:4) 의롭다 함을 얻게 하셨다(딤전 3:16). 하나님 아버지께서는 자신을 예수 그리스도 안에서 성령을 통해 계시하시는 분이다. 성령의 모든 사역 속에 예수 그리스도가 함께하신다. 그렇다면 성령은 성도에게 구체적으로 어떠한 사역을 하실까?

우선 성령은 신자들을 거룩하게 하신다. 로마서 15:16에는 "성령 안에서 거룩하게 되어라"라는 구절이 있다. 또한 데살로니가후서 2:13에는 "너희를 택하사 성령의 거룩하게 하심"이라는 구절이 나온다. 성령은 성도를 거룩하게 하시고 천국 시민으로 성화시켜 주신다. 성령은 우리에게 권능을 주시고(행 1:8), 위로를 주시며(요 14:16-19), 기쁨을 주신다(롬 14:17).

한편, 성령께서는 우리를 거듭나게 하신다. 요한복음 3:5에서 예수님께서는 니고데모에게 "물과 성령으로 거듭나지 아니하면 하나님의 나라에 들어갈 수 없다"라고 말씀하셨다. 우리를 거듭나게 만드는 것은 성령이다. 성령의 역사를 통해 우리는 거듭난 신자가 될 수 있다.

성령께서는 신자들을 진리 가운데로 인도하시고(요 16:13), 우리가 하나님의 자녀임을 증거하신다. 로마서 8:16에서 사도 바울은 "성령이 친히 우리 영으로 더불어 우리가 하나님의 자녀인 것을 증거한다"고 이야기한다. 신자가 하나님의 자녀인 것을 성령께서 보증하시는 것이다.

칼 바르트는 성령이 인간을 성화시킨다고 말한다. 그에 따르면 성령의 주된 사역은 인간을 성화시키는 사역인데, 그 사역은 세 가지 측면으로 이루어진다고 한다. 바르트는 성화를 위한 성령의 세 가지 사역을 '자리매김', '책망', 그리고 '가르치심'으로 설명한다.

'자리매김'이란 성령께서 우리가 어디에 속해야 할지를 정해 주시고 그 목표와 부르심을 향해 갈 수 있도록 출발시켜 주신다는 것을 의미한다. 성령은 우리에게, 이미 너의 존재인바 바로 그것이 되라고 촉구하신다.

바르트에 의하면 성화를 위한 성령의 두 번째 사역은 '책망'이다. 책망이라는 개념은 비판적 성격을 갖고 있다. 성령은 우리 안에서 옛사람을 책망하고, 새 사람을 격려하신다. 더 나아가 성령은 인간의 죄됨을 책망하신다.

성령의 세 번째 사역은 '가르치심'이다. 바르트에 의하면, 성령의 가르치심의 성격은 긍정적이다. 성령은 하나님의 뜻이 어떻게 지금 여기의 특정한 인간에게 구체적으로 관계되는지를 열어 보이시는 분이다. 아울러 바르트는 성령의 가르치시는 사역에 대하여, 성령께서는 인간으로 하여금 자기 자신과 자기 자신의 상황을 점검하도록 유도하시고, 또한 자신의 가능성들과 선택을 매우 신중하게 숙고하도록 유도하신다고 말한다.

이 같은 성령 사역의 막중함을 고려해 볼 때, 성령을 떠나서는 신자의 삶이 가능하지 않음을 알 수 있다. 진정한 신자가 되려면 성령 충만함을 받아야 한다. 사도 바울은 로마서 8:9에서 "누구든지 그리스도의 영이 없다면 그리스도의 사람이 아니라"고 선언한다. 로마서 8:16에서도 "우리가 성령을 받아야 진정한 하나님의 자녀가 될 수 있다"고 말한다. 고린도후서 4:16에는 "성령 충만함을 받아야 속사람이 능력으로 강건해질 수 있다"라고 쓰여 있다.

결론적으로, 신자는 반드시 성령의 충만함을 받아야 한다. 그럼에도 불구하고 많은 신자들이 성령 충만함을 받지 못하고 있는 것이 지금의 현실이다. 왜 신자들이 성령 충만함을 받지 못할까? 거기에는 여러 가지 이유가 있다.

첫째, 성령에 대한 지식이 부족하기 때문이다. 사도행전 19:1-2에서 사도 바울은 에베소서에서 제자들에게 "너희가 성령을 받았느냐"라고 물어본다. 제자들은 "우리는 성령이 계심도 듣지 못하였다"라고 대답한다. 그들은 아예 성령이라는 존재를 모르고 있을 정도로 성령에 대한 지식이 부족했다.

신자들이 성령 충만함을 받지 못하는 두 번째 이유는, 영적인 신령한 은혜를 사모하기보다 세상을 더 사랑하기 때문이다. 요한일서 2:15에서 사도 요한은 우리에게 "이 세상을 사랑하지 말라 누구든지 세상을 사랑하면 아버지의 사랑이 그 안에 있지 않다"라고 말한다. 세상에 집착하고 세상을 사랑하면 결코 성령 충만함을 받을 수 없다.

또한 죄의 문제를 해결하지 못하면 성령 충만함을 받을 수 없다. 더 나아가 성령 충만함을 받으려면 간절한 사모함이 있어야 한다.

그렇다면 신자가 성령 충만함을 받은 증거는 무엇일까? 성령 충만함을 받으면 예수님에 대한 사랑이 마음속에 가득하게 된다. 그래서 예수님을 구세주로 고백하게 되고(고전 12:3), 전도에 대한 열정이 불타오르게 되고, 하나님을 위해 열심히 일하고 싶은 생각이 들어 하나님의 일에 헌신하게 된다. 이것은 성령이 주신 마음이지 결코 인간 자신으로부터 비롯한 마음이 아니다.

또한 매 순간마다 역사하시는 하나님의 은혜를 깨닫게 된다(고전 2:12). 신자가 은혜를 느끼는 것은 성령님이 자기 안에 있기 때문이다. 요한일서 4:12-13에서 사도 요한은 우리가 성령이 충만하면 서로 사랑하게 된다고 말한다.

사도 바울은 갈라디아서 5:22-23에서 성령 충만할 때 나타나는 성령의 열매를 아홉 가지로 제시한다. 그 열매들은 바로 사랑, 희락, 화평, 오래참음, 자비, 양선, 충성, 온유, 절제이다. 성령이 충만하면 이 아홉 가지 도덕적 열매들이 맺히게 된다.

또한 바울은 성령이 충만하면 신령한 은사를 받을 수도 있다고 말한다. 고린도전서 12:7-11에서 사도 바울은 성령은 다양한 은사를 통해 나타난다고 말하면서, 그 은사는 성령이 임하셔 그의 뜻대로 각 사람에게 나누어주시는 것이라고 규정한다.

이처럼 성령 충만의 현상은 다양하게 나타난다는 것을 유념해야 한다. 기독교는 성령의 사역을 떠나서는 존속될 수 없다. 그리스도가 없이 기독교가 존재할 수 없듯이 성령의 사역이 없이는 기독교는 생명력을 상실한 종교가 되고 말 것이다. 따라서 신자는 성령중심적인 신앙생활을 하며, 늘 성령 충만한 삶을 살아가야 할 것이다.

성령과 그리스도

고린도전서 2:11-16

고린도교회는 수많은 문제들을 안고 있었다. 고린도전후서는 바울이 목회적인 관점에서 고린도교회의 문제를 해결하려고 고린도교회의 교우들에게 보낸 편지이다. 당시 고린도교인들이 가지고 있던 여러 가지 문제들 중 가장 큰 문제는 구원이 자신의 능력, 자신의 지혜에서 온 줄로 착각한 것이다. 따라서 바울은 구원받는 데 있어서 인간의 지혜와 하나님의 지혜를 대비하여 하나님의 지혜를 강조하며, 구원이 하나님께 있음을 설명한다(2장 앞부분).

그런데 분위기를 바꾸어서 바울은 갑자기 고린도전서 2:11 이하부터 성령에 대한 이야기를 꺼낸다. 바울이 성령 이야기를 꺼낸 이유는, 우리 인간은 인간의 지혜가 아닌 하나님의 지혜로 구원을 받는데, 과연 이러한 구원과정에 있어서 성령의 역할이 무엇인가를 알리고 싶었기 때문이다.

기독교 역사상 오늘날처럼 성령님의 사역이 강조되는 시대는 없다. 교회마다, 신자마다 성령의 은사가 강조되고 성령의 사역에 신앙생활의 초점이 집중되고 있다.

그런데 우리가 이렇게 성령의 사역에 집중할수록 우리에게는 성령의 사역에 대한 편견 없는 이해가 필요하다. 왜냐하면 성령의 역할에 대한 진정한 이해가 없이 성령 사역에 집중하면 많은 부작용이 발생할 수 있기 때문이다. 박영돈 교수는 『성령의 일그러진 얼굴』에서, 과도하게 성령론에 초점을 둔 신앙생활의 위험성에 대해서 경고한다. 구원의 전체적인 과정 속에서 성령께서 하시는 역할을 정확히 알아야 한다는 것이다. 나아가, 성령의 역할에 관한 주제를 제대로 알기 위해서는 바울이 왜 고린도전서를 썼는가에 대해서 알아야 한다.

고린도전서 1:11을 보면, 주지하다시피 고린도교회는 네 분파, 즉 바울파, 아볼로파, 게바파, 그리스도파로 나뉘어 있었다. 그리고 이 네 파벌 사이에는 쉴새없는 분쟁과 논쟁이 있었다. 사도 바울은 고린도교회의 이러한 분쟁 소식을 듣고 그 분쟁을 조정하려고 고린도전서라는 목회서신을 쓴 것이다.

바울은 고린도교회 교인들의 영적인 상태를 어떻게 진단했을까? 그는 고린도교회 교인들이 복음을 막연히 믿기는 하지만 그 복음의 내용이 무엇인지는 알지 못한다고 진단한다. 그곳의 많은 교인들이 하나님을 이해하는 자기 지식의 능력을 자랑하고 성령으로 인하여 받은 은사를 자신의 업적과 공로로 돌리고 있었다.

이에 대하여 바울은 우리 인간이 하나님을 완벽하게 이해할 수 있는 능력을 가지고 있는가를 심각하게 질문한다. 그는, 인간에게는 하나님을 온전히 이해할 수 있는 능력이 없다고 단정한다. 이것이 바로 신앙의 출발점이며 신앙의 기초인데, 고린도교회 교인들은 이러한 신앙의 기초조차 갖지 못했던 것이다. 삼풍백화점이 그 기초가 부족하여 무너졌듯이, 신앙의 기초가 제대로 되어 있지 않은 고린도교회 교인들의 신앙은 무너질 수밖에 없었던 것이다.

사도 바울의 주장처럼, 자연적인 인간은 하나님을 이해할 수 있는 능력이 없다. 고린도전서 2:4에서 바울은 "내 말과 내 전도함이 설득력 있는 지혜의 말로 하지 아니하고 다만 성령의 나타나심과 능력으로 하여"라고 말한다. 하나님에 관한 인간의 이해력이 거의 제로에 가깝기 때문에 우리가 우리의 지혜와 말로 설명해서는 하나님에 대해서 타인에게 이해시킬 수 없을 뿐 아니라 전도할 수 없다. 바울은 이렇게 자연적 인간의 하나님 인식 능력에 대하여 부정적이다.

그래서 사도 바울은 고린도전서 2:4에서 "내가 전하는 말이 지혜의 말이 안 되기를 원한다"고 말한다. 복음 전도는 인간의 능력으로 되는 것이 아니다. 공부를 많이 한다고 해서 되는 것이 아니다. 학문을 많이 한다고 해서 전도의 능력이 향상되는 것이 아니다. 복음 전도는 성령님의 도우심을 받아야 되는 것이다. 바울이 성령님의 사역에 대해 주장하는 것은 바로 이것이다. 고린도교회 신자들이 오해하고 있는 부분도 바로 이것이다. 고린도전서 12:3에서 사도 바울은 "그러므로 내가 너희에게 알리노니 하나님의 영으로 말하는 자는 누구든지 예수를 저주할 자라 하지 아니하고 또 성령으로 아니하고는 누구든지 예수를 주시라 할 수 없느니라"라고 말한다. 바울은 여기에서 성령의 사역은 우리로 하여금 예수를 믿게 하는 사역임을 분명히 한다. 하나님께서는 하나님의 영인 성령을 통해서 우리로 하여금 예수를 주라고 고백하도록 인도하신다.

또한 사도 바울은 고린도전서 2:12에서 세상의 영과 하나님께로부터 온 영, 성령을 구분한다. 바울은 다음과 같이 말한다. "우리가 세상의 영을 받지 아니하고 오직 하나님으로부터 온 영을 받았으니 이는 우리로 하여금 하나님께서 우리에게 은혜로 주신 것들을 알게 하려 하심이라." 우리가 예수님을 믿기 전에 가지고 있었던 영은 세상의 영이었지만 예수 그리스도를 믿은 후부터 우리는 하나님께로부터 온 영, 즉 성령을 받게 되었다. 그런데 이 성령이 주로 하시는 일은 무엇인가? 하나님의 은혜를 깨닫게 하는 것이다.

그렇다면 성령께서는 하나님의 은혜를 어떻게 깨닫게 하실까? 성령께서는 그리스도께서 우리를 위해서 하신 일을 증거하심으로써 하나님의 은혜를 깨닫게 하신다. 성령을 받은 자만이 그리스도께서 우리를 위해 하신 일에 대해서 알 수 있다. 성령을 받은 자만이 세상의 영과는 달리 예수 그리스도의 사역을 알고 동참할 수 있다. 이처럼 구원의 도리인 십자가의 복음은 성령을 통해서만 알려질 수 있다. 예수님은 요한복음 14:17, 14:26에서 성령이 하시는 일은 예수 그리스도께서 하신 일을 가르치고, 예수님께서 말한 것을 생각나게 하는 것이라고 말씀하신다. 이 말씀에 의하면, 성령님의 사역은 예수 그리스도의 말씀을 생각나게 하고 그분을 증거하는 것이다.

미국의 대부흥가였던 조나단 에드워드는 그의 책 『성령의 역사 분별방법』에서 성령의 역사하심에 대해서 다섯 가지 방향을 제시하는데, 그중 첫번째는 성령님께서는 예수님을 주님으로, 그리스도로, 구세주로 고백하게 하고 예수 그리스도를 높이게 하신다는 것이다.

성령님은 성령님 자신을 위한 사역을 하지 않으신다. 성령님이 하시는 일은 예수 그리스도의 십자가 사역을 깨닫게 하시는 것이다. 그리고 예수 그리스도의 사역을 깨닫게 하는 것이 바로 하나님께서 성령님을 통해 이루고자 하시는 일이다. 하나님께서는 자신을 아들 안에서 성령을 통해 계시하시는 것이다. 따라서 성령의 사역은 예수 그리스도에 대한 것이고, 성령의 인식은 예수 그리스도를 인식하는 것이며, 성령께서 주로 하시는 일은 예수 그리스도에 대해 증언하는 것이다.

성령님께서 성령님 자신을 위한 사역을 하지 않으신다는 것은 성령님은 예수 그리스도를 증거할 뿐이지 성령님 자신을 나타내지 않는다는 것을 의미한다. 즉, 성령의 사역은 자신을 드러내는 사역이 아니라 예수 그리스도를 드러내는 사역이다. 우리가 끊임없이 경계해야 할 것은, 성령을 그리스도로부터 분리시켜 인간의 영으로 희석시키려는 시도이다. 칼 바르트라는 신학자는, 성령의 사역은 그리스도 곧 말씀을 넘어서는 인간의 어떠한 새로운 가르침으로도 이해될 수 없다고 주장한다. 이처럼 성령님은 자신을 위한 사역은 없고, 오로지 예수 그리스도를 향한 사역만을 행하신다. 그런데 사람들은 성령에 대해서 오해하여, 성령의 능력을 인간의 능력으로 환원시키거나 성령을 인간의 영으로 둔갑시키곤 한다. 성령님은 그리스도만을 증거할 뿐 자신의 모습을 나타내지 않으시니까 어떤 사람들은 마치 자신이 만들어낸 것을 성령의 능력에서 비롯된 것으로 둔갑시키기도 한다. 자신의 능력을 성령의 능력으로, 성령의 능력을 자신의 능력으로 만드는 것이다. 이것이 바로 성령에 대한 오해에서 생긴 큰 부작용이다. 고린도교회는 바로 이와 같이 성령의 능력을 자신의 능력으로 삼는 심각한 부작용을 겪고 있었다.

고린도교회에서 바울과 아볼로가 행한 일들은 성령님께서 그들을 통해서 이루신 것들이다. 하지만 성령님께서는 본성상 자기를 나타내지는 않으시기에, 고린도교회에서는 성령님이 하신 일을 바울과 아볼로가 한 일로 착각할 가능성이 농후했다. 그리고 이러한 가능성은 불행히도 현실로 옮겨져, 몇몇 사람들은 성령과 그분이 증거하는 그리스도 대신에 바울과 아볼로의 이름을 내세우며 분파를 형성했던 것이다. 박영돈 교수는 앞서 언급한 저서에서, 성령님의 가장 큰 특성을 "거룩한 수줍음"이라고 말한다. 즉, 성령께서는 자신의 얼굴을 드러내지 않고 감추신다. 박영돈 교수는 "거룩한 수줍음"이라는 성령의 특성은 자신을 잊어버리고 상대에게 모든 관심을 쏟는 사랑의 특성이라고 말하면서, 성령은 자신을 드러내지 않고 온전히 예수님만을 드러내는 수줍음을 가지셨음을 설명한다.

모든 이단의 출발이 그렇듯이, 처음에는 하나님의 능력을 겸손히 받아 신유의 능력이나 영적인 능력을 행한다. 그러다가 그것이 갑자기 성령의 능력이 아니라 교주의 능력으로 둔갑하게 된다. 이것은 바로 성령께서 자신의 모습을 직접적으로 드러내지 않으시기 때문에 인간이 성령을 참칭하는 대표적인 예라고 할 수 있다.

어떤 분들은 전도를 하면서 사람들에게 자신이 다니는 교회에 나오라고 외친다. 전도 받는 자리에서 어떤 분이 "저는 다른 교회에 다니고 있습니다"라고 말하면, 그 전도자는 목사도 다 똑같은 목사가 아니고 우리 교회 담임목사님만이 영적인 주권, 곧 영권이 있다고 설파한다. 더 나아가 이 전도자는 자신이 다니는 교회의 목사님만이 성령을 호령하는 진짜 목사라고 말하기 시작한다. 인간이 어떻게 성령에게 호령을 할 수 있겠는가? 성령님께서 우리 인간에게 호령하시는 것이지, 인간은 성령을 절대로 거느릴 수 없다. 영적인 주권은 예수 그리스도를 증거하고 말씀을 깨닫게 해주시는 성령님밖엔 없는 것이다.

교회에서 성령 충만하다고 자처하는 분들은 우리의 사역이 모두 성령께서 하시는 일이라는 것을 늘 기억해야 한다. 성령님께서 거룩한 수줍음으로 늘 숨어 계신다고 해서 마치 자신들이 다 한 것처럼 착각하면 안 된다.

신자가 제대로 성령의 능력을 받으면 늘 하나님의 은혜를 깨닫게 되고, 십자가의 의미를 알게 된다. 성령 충만하면 자신이 하는 모든 사역이 성령님의 힘에 의해 된다는 것을 깨닫게 된다.

앞서 말한 대로 성령의 사역은 말씀을 증거하고, 그리스도를 높이며 복음을 분명히 하는 데에 있다. 종교개혁자 마르틴 루터는 "성령이 주어진 것은 성령이 보물이신 주 예수 그리스도를 우리 마음에 가져다 주시고, 우리 마음이 예수 그리스도를 느끼고, 위로로 가득 차도록 하기 위함이다"라고 했다.

결론적으로, 성령의 주된 사역은 예수 그리스도의 은혜를 깨닫게 하는 일이다. 성령은 예수 그리스도의 구속의 은혜를 증거한다. 성령은 세상적인 지혜가 아니라 십자가의 지혜를 깨닫게 하신다. 성령의 사역은 예수 그리스도와 분리시켜 생각할 수 없다.

칼 바르트는 성령이 그리스도와 분리되는 위험성을 다음과 같이 말한다.

> "성령의 사역을 인간 자신의 독단적인 관찰의 대상으로 만드는 것보다 더 심각한 오해는 없다. 그렇게 한다면 결과는 그리스도가 더 이상 인식될 수 없고 단지 지극히 인간적인 것만 발견되는 것으로 끝나거나 아니면 우리가 인식할 수 있는 인간적인 사건 곧 지극히 인간적인 것이 그리스도와 혼동되고 나아가 동일시되는 것으로 끝나게 될 것이다. 성령이 그리스도와 분리되면 그때 성령은 언제나 조만간에 전혀 다른 어떤 영으로, 다시 말해 종교적 인간의

영으로 잘못 해석되었으며, 그 다음에는 인간 일반의 정신 그 자체로 이해되거나 또는 일반적인 피조물의 영으로 곡해될 것이다." (에버하르트 부쉬, 『칼바르트』, 복있는 사람, 395쪽)

성령께서는 우리와 그리스도가 분리되지 않고 결합되도록 인도하신다. 그리스도와 신자가 끊임없이 만나도록 이끌어주신다. 또한 성령께서는 우리와 성령을 분리시키는 그 어떤 사탄 마귀의 공격도 적극적으로 물리치시고 우리를 그리스도 안에 거하도록 유도하신다. 성령은 그리스도를 위해 또한 인간을 위해, 그리고 인간과 그리스도가 만나도록 하기 위해 존재하신다는 것을 우리는 명심해야 할 것이다.

성령은 누구신가?

에베소서 4:30

기독교인은 성부 성자 성령 되시는 삼위일체 하나님을 고백하며 신앙생활을 해야 한다. 그것이 균형 잡힌 건전한 신앙이다. 그런데 지금 한국 교회에서는 성령을 많이 강조한다. 특히 지난 몇십 년 동안 한국교회에서 많이 강조한 것 중의 하나가 성령운동이었다. 사실 한국교회의 성장 배경에는 성령님의 역사하심이 자리하고 있었다고 얘기해도 과언이 아니다. 하지만 성령운동에는 장점 못지않게 폐해가 있는 것도 사실이다. 잘못된 성령운동으로 이단에 빠진 사람도 있었고, 교회에서 성령운동을 잘못해서 교회가 많은 고통을 겪기도 했다. 한국교회가 성령운동을 하면서도 부작용을 경험하는 원인은 성령에 대해서 정확한 이해를 하지 못하였기 때문이다. 즉, 성령이 누구시며 성령이 어떤 역할을 하는지 정확히 알고 신앙생활을 해야 하는데 그것을 잘 모르고 하기 때문에 때로는 결과가 좋지 않게 나왔던 것이다.

언젠가 비만도 검사를 한 적이 있다. 의사가 검사 결과를 보면서 체중을 줄이고 혈압을 조심하라고 이야기했다. 나는 내가 몸이 많이 안 좋다고 생각하면서 씁쓸한 기분이 들었는데, 문득 내가 받은 검사지 이름표 옆에 'female'(여자)로 표시된 것을 보게 되었다. 비만도 검사를 할 때 나를 여성으로 해놓았기에 그렇게 좋지 않은 결과가 나온 것이다. 내가 그 사실을 이야기하여 다시 측정을 해보니 모든 것이 정상이었다. 이와 마찬가지로, 신자들도 성령의 개념 자체를 잘못 이해하면 결과도 잘못 나올 수밖에 없다. 그러므로 성령을 제대로 알고 믿어야 한다.

어떤 이는 성령을 하나의 현상으로 보기도 한다. 성령의 현상으로 불을 받든가, 방언을 하든가, 어떤 뜨거운 것을 맛보고 경험하게 된다는 것이다. 이렇게 성령이라는 것을 하나의 현상으로 국한해서 보게 되면 부작용이 따를 수밖에 없다.

고교 시절, 은혜를 받고자 어느 집회에 간 적이 있다. 성령운동을 하시는 부흥강사가 말씀을 전하다가 신도들을 앞으로 나오라고 해서 기합을 넣어주면 그 사람이 쓰러지거나 넘어지곤 했다. 하지만 나중에 알고 보니 그 모든 것이 다 연출된 것이었다. 이런 일들은 신도들로 하여금 성령을 잘못 이해하게 한다.

성경에는 성령이 인격을 가진 존재라고 묘사되어 있다. 사람이 인격을 가진다고 함은 지, 정, 의를 가지고 있음을 가리킨다. 생각을 하고, 의지가 있고, 자기의 뜻이 있어야 그 사람은 인격을 가지고 있다고 말할 수 있다. 성령도 이와 같이 지, 정, 의를 가지고 있다는 것이다. 그러니 성령을 단순히 현상이나 사물로 이해해서는 곤란하다.

고린도전서 12:11에는 '이 모든 일은 같은 한 성령이 행하사 그의 뜻대로 각 사람에게 나누어 주시는 것이니라'라고 하였다. 이 구절에서 '그'는 성령이다. 성령의 뜻대로 각 사람에게 나눠 주신다는 것이다.

이렇듯, 의지를 갖고 계신 분이시다.

로마서 8:27에는 “마음을 살피시는 이가 성령의 생각을 아시나니 이는 성령이 하나님의 뜻대로 성도를 위하여 간구하심이니라”라고 되어 있다. 성령께서는 생각을 갖고 계신다는 것이다.

에베소서 4:30에는 “하나님의 성령을 근심하게 하지 말라’”라고 되어 있다. 자녀들이 잘못되면 부모들이 근심하듯이 성령은 근심하는 존재이시다. 이처럼 성령은 물건이나 사물이 아니며 인격 자체이다. 성령 하나님께서는 자기의 지식과 생각과 의지와 감정을 가지고 원하시는 대로 역사하는 분이시다. 그런 인격자이신 성령님이 하시는 일이 많은데, 그중 대표적인 세 가지는 다음과 같다.

첫째, 성령은 우리로 하여금 예수 그리스도께로 인도해 주신다. 사도행전 7장에는, 스데반이 순교하기 전에 성령 충만 할 때 하늘을 우러러봤더니 예수 그리스도께서 하나님의 오른편에 서 계시는 모습이 보였다는 대목이 나온다. 이처럼 성령께서는 우리로 하여금 예수 그리스도를 바라보게 만든다.

박영돈 교수의 『성령의 일그러진 얼굴』은, 한국교회의 잘못된 성령운동에 대해 지적해 주고 있다. 그리고 성령의 하시는 역할에 대해서 이렇게 이야기한다. “성령은 자신의 인격을 우리가 예수님과 인격적으로 만나 교제하는 만남의 장으로 영적인 영역으로 제공하신다. 그분은 자신의 인격 안에 우리와 신랑 예수님이 연합하여 교제하는 신방을 차려주신다.”

성경에서는 예수님을 신랑으로, 신자들을 신부라고 부른다. 그래서 ‘신랑 되신 예수님’이란 찬양도 있다. 또한 예수 믿는 것을 신랑과 신부가 결합하는 것으로 묘사하곤 한다. 이렇게 볼 때, 성령이 하시는 일은 신자들이 신랑 되신 예수님을 만나며 교제하도록 신방을 제공해 주는 것이다. 얼마나 아름다운 표현인가?

몇 해 전, 캐나다에서 결혼식 주례를 했을 때의 일이 잊혀지지 않는다. 신랑 신부가 결혼식을 마치고 피로연 중에 각 테이블을 돌면서 하객들에게 인사를 하는데, 그 뒤를 따라 신랑의 부모님도 함께 인사하러 다니셨다. 캐나다에는 피로연 때 컵을 두드리면 신랑 신부가 키스를 하는 풍습이 있다. 여러 테이블에서 컵을 두드려서 신랑 신부로 하여금 키스를 하게 하였는데, 어느 짓궂은 분들이 신랑의 부모님도 같이 키스를 하라고 요구했다. 그러자 신랑의 어머니는 수줍어서 안 하려고 하는데 신랑의 아버지가 "나는 할 수 있는데, 왜 안하려고 하느냐?"고 아내에게 항의하는 모습을 보여 하객들에게 재미와 기쁨을 주셨다.

이와 마찬가지로, 영적인 신랑이신 예수님과 신부인 우리가 함께 한다면 거기에는 함께하는 기쁨이 있어야 한다. 신자는 신랑 되신 예수님과 같이 결합하며 신방을 차리는 기쁨을 누릴 수 있어야 한다. 성령께서는 신자들과 예수 그리스도의 신방을 차려주심으로써 신자가 예수 그리스도와 연합하여 영적인 기쁨을 누리도록 주선해 주신다.

고린도전서 12:3에는 "성령으로 아니하고는 누구든지 예수를 주시라 할 수 없느니라"라고 되어 있다. 즉, 성령의 역사가 아니고는 우리가 예수님을 주님으로 고백할 수 없다. 예수님을 내 삶의 주인으로 고백하는 일은 단순한 일이 아니다. 왜냐하면 나의 인생의 소유권을 다 예수님께 넘기는 것이기 때문이다. '당신이 내 인생의 주인이고 나는 종이다'라고 고백하는 것이다. 이런 고백은 사람의 노력으로는 쉽게 할 수 없으며, 오직 성령님의 도우심으로만 고백할 수 있다.

그래서 성령님을 마음속에 모시지 못한 사람은 아무리 노력해도 예수님을 주님이라고 고백하지 못한다는 것이다. 그래서 불신자들은 마음속에 성령이 없기에 예수를 단지 4대 성인 중의 한 분으로 여길 뿐이다.

교인들 중에는 "목사님, 제 안에 성령님이 계신지 안 계신지 잘 모르겠습니다. 저에게 성령이 임재했는지 충만했는지 도저히 모르겠습니다"라고 질문하시는 분들이 있다. 고린도전서 12:3에 의하면, 우리가 예수님을 내 인생의 주인이라고 고백한다면 우리 안에 성령이 충만하신 것으로 믿어야 한다. 이처럼 성령은 사람들을 예수 그리스도께로 인도하고 소개하는 역할을 하신다.

둘째, 성령은 우리에게 말씀을 들려주시는 분이시고 또 말씀을 해석해 주시는 분이시다.

요한계시록 2:7에는 "귀 있는 자는 성령이 교회들에게 하시는 말씀을 들을지어다"라고 되어 있다. 신자는 성령께서 교회 혹은 신자들에게 하시는 말씀에 귀를 기울여야 한다. 신앙생활에서만 아니라 세상 속에서도 성령의 음성에 민감하게 반응할 줄 알아야 한다.

남태평양에 서식하는 어떤 물고기는 특이하게 눈동자가 위 아래로 두 개가 있어서 수면과 물속을 다 보며 다닌다. 이 물고기에 대한 이야기를 들으면서, 우리 신앙인들도 이런 두 개의 눈을 가져야겠다고 생각했다. 신자는 세상 속에 살면서, 세상의 눈으로는 세속적인 것을 바라보면서도, 영혼의 눈은 수면 위에 계시는 성령을 바라보아야 한다.

운전을 하던 중에 신호등에 걸려서 멈춰 서야 할 때면, 잠깐씩 기도를 드리곤 한다. 눈으로는 신호등을 바라보지만 내 영혼의 눈은 하나님을 바라보는 것이다. 위에 계신 성령님께서 나에게 무슨 말씀을 하시는지 귀를 기울인다. 어떤 이를 가리켜 '저분은 영성이 있다'고 할 때, 우리는 기도생활 열심히 하고, 성경에 대한 해박한 지식을 가지고 있는 모습을 생각하기 쉽다. 물론 그렇기도 하겠지만, 내가 생각하는 '영성이 있는' 분은 성령의 음성에 민감하신 분이다. 내면적으로 성령의 음성을 양심적으로 잘 들을 수 있는 성도이다.

돌아가신 이중표 목사님은 일평생 학력 콤플렉스가 있었다. 이 목사님은 좋은 학교를 나오지 못한 것에 대해 늘 아쉬운 마음을 가지고 있었다. 한번은 그 목사님께서 하버드 대학을 방문하게 되었다. 하버드 채플에서 눈을 감고 "성령님, 제가 안 되면 손자라도 이 학교에서 꼭 졸업하게 해주세요"라고 기도했다. 그러자 성령님이 속삭이듯이 대답해 주시기를 "예수님도 이 대학 안 나왔다"고 했다고 한다.

그래서 이 목사님은 자신이 좋은 학력을 추구한 것을 진심으로 회개하셨다. 성령께서는 이렇게 들을 마음이 있는 자에게는 내면적으로 말씀해 주신다. 성령님의 음성에 자신을 비우고 정직하게 귀를 기울일 수 있어야 한다.

성령은 우리에게 말씀도 하시지만 동시에 하나님의 음성을 해석해 주시기도 한다. 성경 말씀을 올바르게 해석한다는 것은 쉽지 않다. 잘못 해석하면 곡해를 할 경우가 많다. 성경에는, 에티오피아 내시가 성경을 잘 이해하지 못하자 지나가던 빌립이 기도하고 그에게 가서 말씀을 잘 풀어주는 장면이 나온다. 성령이 말씀을 해석해 주어야 그게 정통적인 해석이다. 그래서 마르틴 루터도 '성령은 말씀을 해석하는 분'이라고 했다.

성경은 우리 모두에게 '닫힌 책'(closed book)일 수도 있고, '열린 책'(opened book)일 수도 있다. 성경말씀을 해석할 때 자기 지식과 자기 능력으로 이해하는 사람은 닫히고 곡해된 해석을 하며 자기를 합리화시키는 데 활용한다. 그러나 성령께 의지하며 기도해서 말씀을 깨닫게 된다면 '열린 책'이 된다.

셋째, 성령은 우리를 위하여 중보기도를 하신다. "이와 같이 성령도 우리의 연약함을 도우시나니 우리는 마땅히 기도할 바를 알지 못하나 오직 성령이 말할 수 없는 탄식으로 우리를 위하여 친히 간구하시느니라 마음을 살피시는 이가 성령의 생각을 아시나니 이는 성령이 하나님의 뜻대로 성도를 위하여 간구하심이니라"(롬 8:26-27).

우리가 연약하고 힘들고 어려울 때, 성령께서는 우리를 위해서 말할 수 없는 탄식으로 기도하신다.

땅에서는 성령께서 우리를 위해 기도해 주시지만 하늘 보좌에서는 예수님께서 우리를 위해서 기도해 주신다. "누가 정죄하리요 죽으실 뿐 아니라 다시 살아나신 이는 그리스도 예수시니 그는 하나님 우편에 계신 자요 우리를 위하여 간구하시는 자시니라"(롬 8:34).

땅에서는 성령, 하늘 보좌에서는 예수님이 우리를 위해 기도하신다는 것을 명심해야 한다.

성령께서는 집단적으로 우리를 사랑하시는 것이 아니라 개인 한 명 한 명을 사랑하신다. 성령께서는 개인의 상황을 다 아시며 연약한 우리의 어려운 상황을 아시고 한숨을 쉬시면서 말할 수 없는 탄식으로 기도하신다.

목회를 하면서 무엇이 바른 길인지 판단이 희미해질 때면, 무릎을 꿇고 간절히 기도를 하면, 방언이 나오곤 한다. 방언 기도를 통해

기도할 때마다 주께서 나를 위해 기도하심을 느끼게 되었으며, '아, 성령께서 나를 걱정하시는구나'라는 마음이 들며 평안해짐을 느끼곤 한다. 우리가 연약해질 때, 우리는 혼자가 아니다. 성령님은 우리가 연약할 때 우리를 잊지 않고 도와주신다.

하나님의 성령을 근심하게 하지 말아야 한다(엡 4:30). 우리가 연약하고 힘들어하며 고통스러운 삶 가운데 인생을 포기하려는 마음이 들 때, 성령께서는 우리를 위해 근심하신다. 어떠한 상황에서도 우리가 신앙생활을 기쁘고 행복하게 해 나가는 모습을 보이면, 성령님 또한 기뻐하신다.

성령님을 근심케 하는 다른 하나는 우리가 죄악을 저지를 때이다. 우리는 죄를 지을 때면 마음에 꺼림칙한 느낌을 가지게 된다. 그것은 성령께서 근심하시는 마음이 우리에게 전이가 된 것이다. 어떤 상황에서는 우리도 모르게 죄를 짓는다. 그러면 성령께서는 우리에게 답답한 마음을 주신다. 신앙생활을 제대로 하지 않을 때에도 우리는 스스로 괴로움을 느낀다. 이것은 성령이 함께 근심하고 있기 때문이다. "성령이 말할 수 없는 탄식으로 우리를 위하여 친히 간구하시느니라"(롬 8:26)라는 말씀처럼, 성령께서는 우리를 위해 간구하신다.

윌리엄 카우퍼가 지은 "샘물과 같은 보혈"이라는 찬송이 있다. 서른두 살 때, 그는 인생이 너무나 고통스럽다고 느낀 나머지 이런 인생을 계속 살기보다 차라리 인생을 포기하는 것이 낫다는 결론에 도달했다. 그는 마차를 타고 템스강으로 가자고 말했다. 거기서 강으로 뛰어내려 자살할 작정이었다. 그런데 이 청년의 표정이 수상하다고 여긴 마부가 그를 내려놓은 후에 가지 않고 그를 지켜보다가 그가 강으로 투신하려는 순간 붙들었다. "앞길이 창창한 젊은이가 이런 일을 하면 어떻게 하오. 죽으려고 하는 그 용기를 가지고 굳세게 사시오.”

이렇게 하여 죽으려는 그의 첫 번째 계획이 실패한다. 그는 집에 돌아오자마자 두 번째로 자살을 시도한다. 약방에 가서 독약을 사서 먹었다. 그러나 그 이웃집에 사는 사람이 그의 집을 방문했다가 그가 아직도 죽지 않고 숨 쉬고 있는 모습을 보고 해독제를 먹여서 살리게 된다. 그는 죽는 일에 또 한 번 실패한다.

‘내가 이래서는 죽을 수 없겠구나’라고 생각한 그는 면도날을 가지고 자기를 자해하려고 했지만, 손목에 면도날을 대는 순간 면도날이 부러지고 말았다. 그래서 그날 그는 세 번째로 자살에 실패했다.

그러나 죽고 싶은 마음을 어쩌지 못하고, 그는 네 번째로 자살을 시도한다. 이번에는 목을 매달았다. 그런데 목을 매단 순간, 이웃집 사람이 와서 문을 두드려서 그를 발견하고는 목줄을 푼 다음 그를 병원에 데려가서 살려냈다. 바로 그때, 그는 “내가 너를 사랑하는데 너는 왜 죽으려고 하느냐?”라는 성령의 음성을 들었다.

이와 같은 일이 내가 잘 아는 장로님에게도 일어났다. 그분은 젊은 시절 사업이 망하게 되자 너무 힘들어서 자살을 결심하기에 이르렀다. 절벽에서 뛰어 내리려고 하는 순간, 그분은 “죽지 말라!”는 성령님의 음성을 들었고, 결국 자살을 포기했다. 그 후 그분은 하나님을 전적으로 의지하며 물질적으로나 영적으로나 큰 축복을 받은 믿음의 장로님이 되셨다.

이 청년도 ‘아, 나는 죽을 수도 없는 운명이구나!’라고 생각했고, 결국 그를 사랑했던 이웃들의 배려와 손길을 통해서 교회로 초청을 받아, 복음의 말씀을 통해 그리스도를 영접한다. 그리고 그리스도를 의지하기 시작하였고, 유명한 찬송작가가 되었다. 말할 수 없는 어려운 상황에 처한 신자들을 위해 성령님께서는 말할 수 없는 탄식으로 중보하고 계신다.

신자는 그 중보 기도하는 성령을 믿고 의지해야 한다. 그럴 때 성령님께서는 우리에게 좋은 길로 인도해 주실 것이다. 이런 사실을 믿고 성령을 의지하며 신앙생활을 하는 신자가 되어야 한다.

성령강림의 의미

사도행전 2:1-13

예수님은 제자들에게 있어서 신앙의 모범이자 대상인 동시에 의지할 수 있는 유일한 분이셨다. 그런데 부활하신 예수님은 지상에서 40일 동안 계시다가 승천하셨다. 보이는 신앙의 대상이었던 예수님의 부재가 제자들의 마음을 두렵고 허전하고 불안하게 만들었다. 이에 제자들은 사도행전 1장 후반부에 나타난 것처럼, 마가의 다락방에 모여 집중적으로 하나님께 기도한다. 이때 모인 120명의 제자들에게 성령이 임하는데, 이것이 바로 성령강림의 기원이다.

사도행전에 나오는 이 성령 강림 사건을 두고 신학자들의 해석은 둘로 나뉜다. 하나는 성령강림 사건은 교회사에서 사도행전에서만 유일하게 나오는 단 일회적인 사건이라고 주장하는 그룹이고, 다른 하나는 그때 한 번만 일어난 사건이 아니라 그때 이후로 지금까지 계속해서 일어난다고 주장하는 그룹이다. 이 두 해석을 두고 과거에 고신 교단에서 매우 논쟁이 되었던 적이 있다. 여러 모로 보아, 성령의 역사는 일회적 사건이 아니다. 지금도 계속해서 일어나고 있다. 성령은 과거에도 역사하셨고, 지금도 역사하시며, 미래에도 계속해서 역사하실 것이다.

사도행전 2장에 나오는 성령강림 사건을 보면 성령이 여러 가지 모습으로 묘사되고 있는 것을 볼 수 있다. 여기에 대해 살펴보면서, 성령 강림이 현대를 사는 우리에게 어떤 의미를 가지는지 알아보도록 하자. 사도행전 2장에서 성령은 네 가지 특성을 가진 것으로 묘사된다.

첫째, 성령은 바람으로 묘사된다. "홀연히 하늘로부터 급하고 강한 바람 같은 소리가 있어 그들이 앉은 온 집에 가득하며"(행 2:2).

제자들이 열심히 기도하자 성령이 하늘에서 내려오는데 급하고 강한 바람과 같은 소리가 들려온다. 히브리어로 성령을 '루아흐'라고 하는데, 이 말은 바람이라는 뜻도 된다. 즉 성령과 바람은 같은 말이다.

예수님도 성령과 바람을 같은 것으로 이해하셨는데, 니고데모에게 이렇게 말씀하셨다. "바람이 임의로 불매 네가 그 소리는 들어도 어디서 와서 어디로 가는지 알지 못하나니 성령으로 난 사람도 다 그러하니라"(요 3:8). 바람이 어디서 와서 어디로 가는지 잘 모르듯이 성령으로 태어난 사람은 이와 같다는 말씀이다. 예수님도 성령 충만한 사람을 바람으로 비유하신 것이다.

바람의 속성을 알면 성령의 속성도 알 수 있다. 바람의 속성은 주권적이며 임의적이고 자유롭다. 요한복음 3장에는 바람이 임의로 분다고 되어 있는데, 바로 '임의로'라는 말 속에 바람의 주권성 혹은 어떤 것에 구속되지 않는 자유로움이 나타나 있다. 바람은 주권을 가진 존재처럼 임의대로, 자기가 불고 싶은 대로 분다. 바람이라는 것은 우리가 불게 할 수 있는 것이 아니다. 성령의 바람도 마찬가지다.

성령의 바람은 주권적이고, 자유하며, 임의적이다. 어떤 것에도 구속되지 않는 자유가 있다. 성령은 바람과 같은 성질을 갖고 있어서, 자기가 불고 싶은 대로 분다.

그러하기에 성령의 바람은 우리가 잡을 수 있는 것이 아니다. 내가 성령을 받고 싶다고 해서 성령이 임하는 것이 아니다. 바람은 내가 소유하는 것이 아니다. 내가 그 바람에 쏘이는 것이다. 성령의 바람도 마찬가지로, 성령의 바람은 내가 소유할 수 없다. 성령의 바람이 잘 부는 곳에 서 있을 때, 성령을 충만하게 받을 수 있다. 우리가 아무리 바람을 소유하려고 찾아다녀도 절대로 바람을 소유할 수 없듯이, 성령의 충만함도 내 뜻대로 되는 것이 아니라 성령의 바람이 잘 부는 곳에 가 있어야 성령을 받을 수 있다. 이 세상에서 성령의 바람이 제일 잘 부는 곳이 있는데, 그곳은 바로 교회이다. 교회가 바로 성령의 바람 부는 언덕이다. 그래서 우리가 교회에서 신앙생활을 열심히 할 때 성령의 충만을 받을 수 있는 것이다.

둘째, 성령은 불과 같은 모습으로 다가온다. "마치 불의 혀처럼 갈라지는 것들이 그들에게 보여 각 사람 위에 하나씩 임하여 있더니" (행 2:3). '불의 혀'란 무엇인가? '불의 혀'는 불꽃을 말한다. 사도행전 2장을 보면, 하늘에서 큰 불이 내려오는데 이 불이 내려오면서 불의 혀처럼 갈라진다. 큰 불이 내려오면서 작은 불꽃으로 갈라지고, 그 불꽃들이 작은 불꽃 120개가 되어 각 사람 위에 하나씩 임한 것이다.

한얼산 기도원 원장이었던 이천석 목사님은, 성령을 받을 때 하늘에서 불이 자기의 가슴으로 들어오더라고 간증한다. 가슴에 불이 들어오니 뜨거워서 가만히 있지 못했다고 한다. 불같은 성령을 받은 사람은 가만히 있지 못한다. 그래서 전도를 하지 말라고 막아도 전도를 하고, 교회 봉사를 쉬라고 해도 뜨거움이 있기 때문에 가만히 있을 수 없다. 그 사람의 마음에 불이 들어 있으니 얼마나 뜨겁겠는가?

몽골 어린양 교회에는 장로님이 두 분이 계신데, 한 분은 몽골 사람이고, 한국인이다. 몽골 현지인 장로님은 복음 전하는 불을 받으신 분이다. 이분에게는 자기 생업이 있지만 김종진 선교사님이 어느 지역을 정해주면 모든 것을 내려놓고 그곳에 가서 전도를 하기 시작한다. 그러다가 어느 정도 사람이 모이면 교회를 건축하고, 교회가 완공되면 다시 다른 곳에 가서 또 전도 사역을 한다.

장지홍이라는 한국인 장로님은 에나꼬레 배구단을 운영하시는데, 이 배구단은 몽골 국가대표 배구단이지만 정작 정부에서는 한푼도 지원을 해주지 않는다. 장로님은 자신의 사비를 털어서 감독을 고용하고 선수들을 먹이고 재우면서 그들을 가르치고 그들에게 복음을 전하신다. 그리고 이런 과정을 거쳐서 몽골의 정부각료들을 복음화시키려고 노력하신다. 이런 분들은 다 불같은 성령을 받은 분들이다.

사람살이가 갈수록 각박해져 가고 있다. 경제가 불황이어서 마음이 낙담하기 쉽고 삶의 의욕을 잃기 쉽다. 이럴 때일수록 신자는 성령의 충만을 받아야 한다. 우리 마음이 뜨거워질 때, 우리 안에 비전과 열정이 살아난다. 성령이 우리 가운데 오시면 이런 뜨거움으로 세상을 살아갈 수 있고, 뜨거움이 있을 때 신앙생활도 열심을 다할 수 있다. 만약 이런 비전과 열정을 가지고 계신 분이 있다면, 그분은 성령의 뜨거운 불을 가지고 계신 것이다.

셋째, 성령은 하늘의 언어로 다가오신다. "그들이 다 성령의 충만함을 받고 성령이 말하게 하심을 따라 다른 언어들로 말하기를 시작하니라"(행 2:4).

"우리가 우리 각 사람이 난 곳 방언으로 듣게 되는 것이 어찌 됨이냐"(행 2:8).

"우리는 바대인과 메대인과 엘람인과 또 메소보다미아, 유대와 갑바도기아, 본도와 아시아, 브루기아와 밤빌리아, 애굽과 및 구레네에 가까운 리비야 여러 지방에 사는 사람들과 로마로부터 온 나그네 곧 유대인과 유대교에 들어온 사람들과 그레데인과 아라비아인들이라 우리가 다 우리의 각 언어로 하나님의 큰일을 말함을 듣는도다 하고"(행 2:9-11).

120명의 제자들이 성령을 받자, 그들은 일제히 하나님의 말씀을 선포하는데, 각 나라에서 온 사람들이 그 말을 다 알아듣는다. 120명은 갈릴리 사람들이고 교육을 받지 못한 사람들인지라, 외국어를 할 수 없는 이들이다. 그런데 그들이 복음을 전할 때, 천하만국에서 온 사람들이 제자들이 하는 말을 알아듣는다. 언어가 다른 사람들이지만 의사소통이 되었다는 것이다. 다시 말하면, 성령은 사람들 사이에 의사소통을 가능하게 하는 하늘의 언어로 다가온다는 것이다. 이것이 성령 강림 사건의 세 번째 특징이다.

몽골 선교를 갔을 때 김종진 선교사가 재미있는 이야기를 해주셨다. 김 선교사님은 몇 년 전에 안식년을 미국 LA에서 보낸 적이 있는데, 하루는 산길을 지나가다가 그만 사슴을 치었다고 한다. 경찰서에 신고를 하는데 '사슴'을 뜻하는 영어 단어가 생각나지 않았다. 그래서 신고하면서 이렇게 말했다고 한다. "I hit 루돌프."

그러자 경찰이 이렇게 다시 묻더라고 했다. "Are you 산타클로스?"

기발한 아이디어로 소통을 하긴 했지만, 언어가 다른 사람들끼리는 의사소통을 하는 것이 매우 어려운 것이 사실이다.

성령 강림 현상 중 언어와 관련되어 오해하기 쉬운 것이 있는데, 그것은 방언이다. 흔히 신자들이 성령을 받으면 방언을 한다고 이야기하는데, 이와 관련되어 최일도 목사님이 어느 세미나에서 자신의 경험을 이야기한 적이 있다.

최일도 목사님이 전도사로 일하실 때, 교회에서 새벽예배를 드리고 나면 할머니 권사님이 다가오셔서 말씀하시곤 했다. "전도사님은 방언으로 기도해야 해요."

권사님이 거의 매일 최일도 목사님에게 방언으로 기도하라는 말을 반복하자, 목사님은 어느 날 '주 기도문'을 희랍어로 외워서 방언기도를 하듯이 했다. 그러자 할머니 권사님은 "우리 전도사님이 방언기도를 하시네."라고 하더니, 자기에게는 통변의 은사가 있으니 전도사님의 기도를 통역하겠다고 했다. 그래서 잠자코 들어보니, '주 기도문'과는 전혀 상관없이 "돈 밝히지 말아라, 기도 열심히 해야 한다." 이런 말을 하는 것이 아닌가.

성령이 임하면 방언의 역사가 나타나는 것은 사실이다. 그러나 방언은 우리에게 소통의 은혜를 주는 것이지, 막힘의 어려움을 주는 것이 아니다. 사도행전 2장은, 성령이 오시면 언어가 다른 사람끼리도 대화가 가능해진다는 것을 여실히 보여준다. 서로 통한다는 것은 사실 같은 언어를 사용하는 사람끼리도 쉽지 않다. 오랫동안 사귀던 친구라도 대화가 안 될 때가 있고, 같은 가족 구성원이라도 통하지 않아서 답답할 때가 많다. 그런데 성령은 그 모든 막힌 담을 무너뜨린다.

SBS 방송에서 "무언 가족"이라는 시리즈를 내보낸 적이 있다. 한 가정의 사례가 나오는데, 아들은 집에 들어오면 자기 방에 들어가

문을 잠그고 부모와 전혀 대화를 하지 않는다. 아버지가 아들과 대화를 하고자 하면, 아들은 아버지에게 정색을 하며 말한다. "나는 아버지가 투명인간이 되었으면 좋겠어요." 아버지가 보이지 않았으면 좋겠다는 뜻이다. 이 말을 들은 아버지의 마음이 얼마나 아프고 찢어졌겠는가? 아버지의 소원은 아들과 대화를 하는 것인데, 아들은 그것을 거부한다.

가족 간에 이런 일이 적지 않다. 어떤 가정은 부부싸움을 하면 3개월 동안 부부가 말을 하지 않고 지낸다고 한다. 이렇게 부모와 자녀 간에, 아내와 남편 간에 말이 통하지 않을 수 있다. 교회에서는 성도와 성도 간에 말이 통하지 않을 수 있다.

성령이 임하면 이렇게 막혀 있는 담이 다 무너진다. 성령이 말씀하시는 성령의 언어를 쓰기 때문에 서로 언어가 달라도 대화가 가능해진다. 사도행전 2장에서는, 15개 나라에서 유대인들이 모였는데 그들 모두가 다 자신들의 언어로 이해하며 의사를 소통할 수 있었다. 성령 안에서는 대화가 통하지 않는 사이라는 것이 있을 수 없다.

성령 충만을 받으면 하나님과 우리가 대화할 수 있고, 사람과 사람 사이에서도 서로 대화가 가능해지고 서로 통하게 된다. 동료 신자와 대화가 안 되는 분들은 성령 충만을 받아야 한다.

넷째, 성령 충만 상태는 술 취한 것에 비유된다. "또 어떤 이들은 조롱하여 이르되 그들이 새 술에 취하였다 하더라"(행 2:13).

사람들이 술을 마시는 이유에는 여러 가지가 있겠지만, 스트레스 때문이 대부분일 것이다. 요즘 세상은 근심과 불안거리가 많아서 많은 사람들이 근심 걱정을 잊기 위해서 술을 마신다. 사람들이 술을 마시면 자신감과 용기가 생긴다고 하는데, 성령이 충만해도 똑같다.

성령이 충만하면 무엇보다도 두려움이 없어진다. 사람이 미래를 생각하면 불안해지는 것이 당연하다. 장차 우리가 어떻게 될지 모르기 때문이다. 그러나 성령 충만하면 미래를 하나님께 맡길 수 있다. 하나님께 모든 것을 맡기니 두려움이 사라지는 것이다. 성령 충만하면 두려움이 물러가고 기쁨이 충만해진다.

김종진 선교사는 몽골의 어느 시골 지역에서 길을 잃어버린 일이 있었다고 한다. 밤새 이리저리 돌아다녔는데 새벽에 보니 처음 그 자리에 있더라고 했다. 전화 연락도 안 되는 허허벌판에 홀로 서 있자니 두려움이 몰려왔다. 그러나 그 자리에서 기도를 하여 성령 충만을 받고 나니 용기가 생겼다. 그래서 무조건 앞으로 나아갔더니 길이 나오더라고 했다. 이렇게 성령 충만하면 자신감이 생겨난다.

이처럼 성령은 연약한 인간에게 늘 용기를 주시는 분이다. 용기 있는 자는 어떤 일에 있어서도 흔들림이 없이 일관되게 마음을 잡는 사람이다. 즉, 성령이 충만한 사람은 늘 마음의 자세가 일관되고 언제나 무슨 일이든지 자신감 있게 살아간다. 인생에 자신감이 없다면 술 먹지 말고 성령 충만함을 받아야 한다. 술은 일시적인 해소책에 지나지 않는다. 특별히 피곤하고 지친 인생을 사는 사람이 있다면, 또한 어려운 상황에서 절망하고 좌절하는 사람이 있다면, 반드시 성령 충만함을 받아야 한다.

술에 취하는 것은 세상 사람들이 하는 방법이다. 힘들고 괴로울 때 그들은 술을 찾는다. 그러나 신자들은 힘들고 어려울 때 술을 찾는 대신, 성령 충만함을 받아야 한다.

성령 충만하면 뜨거운 열정을 가지고 살아갈 수 있다. 또한 서로 대화가 가능하여 갈등이 없어진다. 그리고 자신감을 가지고 살아갈 수 있다. 그런데 이 성령이 임하는 곳은 바로 교회이다. 착실한 신앙생활을 할 때 그곳이 바로 성령의 바람이 부는 곳이고, 각자가 속한 교회에서 그런 성령 충만함을 받아야 할 것이다.

성령에 대한 오해

요한복음 16:7-14

고(故) 옥한흠 목사님의 설교 중에 이런 예화가 나온다.

어느 시골에 할아버지께서 수염을 아주 길게 아랫배 가까이까지 기르셨다. 그런데 동네 꼬마 중 할아버지와 친한 녀석이, 어느 날 이렇게 물었다. “할아버지, 밤에 주무실 때, 수염을 이불 속으로 넣고 자요? 아니면 이불 밖으로 빼고 자요?”

할아버지는 자신이 수염을 이불 속에 넣고 자는지 이불 밖으로 빼고 자는지 기억이 나지 않아서, 꼬마에게 오늘 밤 자고 난 뒤에 알려주겠다고 했다. 그날 밤 할아버지가 자려고 누우니, 자신이 이불 속으로 수염을 넣었는지 아니면 이불 밖으로 빼놓았는지, 여전히 생각이 나지 않았다. 결국 할아버지는 다음 날 꼬마에게 대답했다. “나도 내가 수염을 이불 밖으로 빼고 자는지 넣고 자는지 도저히 모르겠다.”

할아버지가 수염을 넣고 자는지 빼고 자는지를 고민한 것처럼 우리 신자들 중에도 성령을 받았는지 안 받았는지 알지 못한 상태에서 지내는 경우가 많다.

교회에서 성령에 대한 이야기를 많이 한다. 자신이 성령을 받았는지 안 받았는지에 대해서 의심하는 사람이 있는가 하면, 자신은 확실히 성령을 받았다고 주장하는 사람도 있다. 그런가 하면 성령이 도대체 무엇인지 모르겠다고 말하는 사람도 있다. 그러나 분명한 것은, 우리가 성령을 체험하든 체험하지 못하든, 성령을 받았든 못 받았든, 성령은 존재한다는 것이다.

만유인력 법칙에 따르면, 땅으로 떨어지는 모든 물체에는 중력이 작용한다. 성령도 마찬가지이다. 만유인력을 눈으로 보지 못해도 그것이 분명히 존재하는 것처럼, 성령도 우리의 눈으로는 확인할 수 없지만 그 작용하시는 현상을 통해서 우리가 그 존재를 확인할 수 있다. 하나님, 예수님도 우리의 눈에는 보이지 않지만 분명 계신다. 눈에 보이지 않는 하나님에 대한 지식을 형성하기란 쉬운 일이 아니다. 그럼에도 불구하고 우리는 하나님을, 예수님을, 성령님을 제대로 알아야 한다. 이러한 맥락에서 안셀무스는 이렇게 말했다. "이해하는 신앙을 추구해야 한다."

그런데 성부, 성자, 성령 중에서 우리가 가장 많이 오해하는 분이 바로 성령님이다. 그렇다면 우리는 성령님을 어떻게 오해하고 있으며, 성령님은 실제로 어떤 분이실까?

첫째, 우리는 성령을 마치 물건처럼 주고받을 수 있다고 오해한다. 흔히 '성령 받으라'라고 말한다. 이런 말이 자주 쓰이므로, 우리는 많은 신자들이 성령을 주고받을 수 있는 '물건'으로 간주하고 있음을 알 수 있다. 하지만 성령님은 분명히 인격이시다.

성경에서 성령은 근심도 하시고, 기쁨을 표현하시기도 하고, 연약하고 힘든 사람을 도와주시기도 하는 분으로 묘사된다. 성령은 인격이며, 물건처럼 주고받을 수 있는 분이 아니다.

바야흐로 인공지능 시대가 도래하고 있다. 다음 세대가 살아갈 세상은 지금과는 전혀 다른 세상이 될 것이다. 인공지능이 얼마나 발달했는지 단적으로 보여주는 사건이 있다. 인공지능 알파고와 이세돌의 대국이다. 총 다섯 번의 경기에서 이세돌은 한 판을 이기고 네 판을 졌다. 바둑랭킹 세계1위였던 커제는 알파고와의 대국에서 다섯 판을 내리 지고 펑펑 울기까지 했다. 알파고는 이렇게 인간의 지성을 뛰어넘어 엄청난 지적 능력을 갖고 있다. 그런데 알파고에게도 맹점이 있다. 감정을 가지지 못했다는 것이다. 알파고는 동정심이나 연민 같은 감정이 없어서, 상대방의 감정을 배려해서 일부러 져주는 일은 할 수 없다. 이렇듯 기계는 감성이 없지만 사람은 감성을 갖고 있다. 성령도 감성을 갖고 계신다. "이와 같이 성령도 우리의 연약함을 도우시나니 우리는 마땅히 기도할 바를 알지 못하나 오직 성령이 말할 수 없는 탄식으로 우리를 위하여 친히 간구하시느니라"(롬 8:26).

성령께서는 우리의 연약함을 아신다. 우리가 쇠잔해지고 연약해지면 성령께서 도우신다. 삶의 상황이 절박해지면 성령께서는 말할 수 없는 탄식으로 우리를 위해서 간구하신다. 성령의 역사는 보이지 않지만 그 역사는 우리의 삶에 실제적으로 임한다. 성령께서는 물건이 아니라 분명히 인격이시다.

둘째, 우리는 우리가 성령을 소유할 수 있다고 오해한다.

성령은 '바람'에 비유될 수 있다. 바람은 임의로 분다. 바람을 잡을 수는 없다. 성령은 바람처럼 자유가 있어서 우리가 마음대로 붙잡아서 우리의 소유로 삼을 수가 없다. 우리가 바람을 소유할 수 없고 바람을 쏘여야 하듯이, 우리는 성령을 소유할 수 없고, 성령의 바람이 부는 곳으로 나아가야 한다. 결국 내가 성령을 소유하는 것이 아니라 성령이 우리를 소유하시는 것이다.

이와 관련해서 한국 교회의 가장 큰 문제점은 신앙을 '소유'의 개념으로 간주한다는 것이다. 한국 교회의 신자들은 스스로 물질의 축복을 받았느냐, 방언을 받았느냐는 질문을 많이 던진다. 하지만 신앙은 소유가 아니라 존재이다. 신앙이 우리의 존재가 될 때, 삶의 상황이 악화되더라도 우리는 신앙 속에서 평안과 기쁨을 누릴 수 있다. 그러나 신앙을 소유 개념으로 생각하면, 우리는 신앙으로부터 유익을 구하고자 하기 쉽다. 신앙을 통해서 이득을 보려고만 하기 쉽다.

이와 관련하여 다음의 성구를 만나 보자. "그 안에서 너희도 진리의 말씀 곧 너희의 구원의 복음을 듣고 그 안에서 또한 믿어 약속의 성령으로 인치심을 받았으니"(엡 1:13).

이 말씀은 성령께서 우리의 이마에 우리가 하나님의 소유임을 확인하는 도장을 찍어주신다고 증거한다. 세상에 예수님을 믿는 사람들이 많지만 그 중에는 분명 알곡과 가라지가 섞여 있다. 성령께서는 믿는 자들 중에서 알곡을 골라서 알곡들 위에 그 사람이 하나님의 소유임을 확인하는 도장을 찍어주신다.

우리의 마음이 하나님을 향해 활짝 열려 있을 때, 성령께서는 우리에게 '인'(印)을 쳐 주신다.

나의 모교회는 수색감리교회이다. 수색은 서울에 위치한 작은 동네라, 천안보다 훨씬 낙후된 곳이다. 나의 모교회는 언덕 위에 있었는데, 학교가 끝나면 나를 비롯한 많은 학생들이 교회에 가서 놀기도 하고 기도회를 하기도 했다. 어느 금요일, 나는 친구들과 함께 밤을 새워 교회에서 기도회를 했다. 그런데 다음날 아침이었다. 우리를 발견하신 교회 사찰집사님께서 이런 말씀을 하셨다. "어제 꿈을 꿨는데, 우리 교회 청년들이 흰 옷을 입고 교회에서 기도를 하고 있었어. 그런데 하나님께서 청년들 머리 위에 도장을 찍어 주시더라. 참 놀라운 일이지 않니?"

성령께서 찍어주시는 도장이 어떤 것인지, 이렇게 실제적으로 경험한 적이 있다.

농장 주인은 자신이 기르는 소에 도장을 찍어서 자신의 소유를 표시한다. 심지어 캐나다에서는 캐나다 영토에 들어온 연어에게 도장을 찍어서 그 연어가 캐나다의 것임을 표시한다. 성령께서도 이렇게 자신의 소유된 자들에게 성령의 도장을 찍어주신다. 그런데 반대로 소가 주인에게 "당신은 나의 주인이니 내가 도장을 찍어주겠습니다"라고 말하면 어떻게 되겠는가? 아마 모든 사람들이 그 소는 정신이 나갔다고 말할 것이다.

'전도관'이라는 이단이 있다. 이 이단을 시작한 사람은 박태선이라는 장로인데, 실제로 이 장로는 엄청난 성령의 역사를 보이기도 했다. 박태선 장로는 처음에는 성령의 역사로 많은 사람들의 병을 고쳐주기도 하고 선한 일을 했다. 하지만 자신의 능력을 과신한 나머지 이단이 되고 말았다. 왜 박태선 장로는 이단이 되고 말았을까? 그가 자신의 능력이 성령으로부터 나오는 것이 아니라 자신으로부터 나온 것이라고 생각했기 때문이다. 목장 주인이 소에게 도장을 찍어야 하는데, 반대로 소가 목장 주인을 자신의 소유라고 도장을 찍은 셈이다. 우리가 성령의 소유가 되고 하나님의 소유가 되는 것이지, 성령이 우리의 소유가 아닌 것이다.

우리나라의 양궁선수들은 뛰어난 기량을 갖고 있다. 양궁 선수가 화살을 쏠 때, 화살의 가장 중요한 역할은 무엇일까? 말할 나위도 없이, 과녁을 향해 똑바로 날아가는 것이다. 우리의 인생 또한 화살과도 같다. 화살이 과녁을 향해 제대로 날아가려면 어떻게 해야 할까? 화살이 과녁에 맞으려면 좋은 궁수를 만나야 한다. 우리가 화살이라면 성령께서는 궁수이시다. 화살인 우리는 궁수가 멀리 쏘지 않는 한 멀리 갈 수 없다. 궁수가 화살을 50m 쏘면 50m을 가고, 100m를 쏘면 100m를 가게 된다. 그러니 화살인 우리는 궁수이신 성령에게 기도할 수밖에 없다. 우리의 인생은 내 뜻대로 되지 않는다. 성령의 바람을 제대로 받아야 한다. 우리의 삶의 궁수이신 성령께서 우리를 지배하셔서 우리를 제대로 과녁으로 날려주시길 기도해야 한다.

셋째, 성령님과 예수님을 분리하려고 하는 오해이다.

성령님과 예수님은 분리될 수 없다. 중세 교회에서 예수님과 성령님의 관계에 대한 아주 큰 신학적 논쟁이 있었다. 서방교회(가톨릭)와 동방교회(정교회)가 예수님과 성령의 관계에 대해서 논쟁을 벌였는데, 서방교회는 성령께서 하나님으로부터뿐만 아니라 예수님으로부터도 나온다고 주장했고, 동방교회는 성령께서는 하나님으로부터만 나온다고 주장했다. 이것을 필리오케 논쟁이라고 하는데, 서방교회와 동방교회가 갈라지는 데 이 성령론 논쟁이 큰 역할을 했다. 그렇다면 성경은 이러한 성령론 논쟁에 대해서 뭐라고 증언할까?

"그러나 내가 너희에게 실상을 말하노니 내가 떠나가는 것이 너희에게 유익이라 내가 떠나가지 아니하면 보혜사가 너희에게로 오시지 아니할 것이요 가면 내가 그를 너희에게로 보내리니"(요 16:7).

예수께서는 '내가 그를 너희에게 보내리니'라고 말씀하신다. 여기서 '그'는 보혜사 성령을 의미한다. 그렇기 때문에 성령께서는 하나님께서 보내시는 영이심과 동시에 예수님께서 보내시는 영이시다.

"그러나 진리의 성령이 오시면 그가 너희를 모든 진리 가운데로 인도하시리니 그가 스스로 말하지 않고 오직 들은 것을 말하며 장래 일을 너희에게 알리시리라"(요 16:13).

성령께서는 오직 '들은 것'을 말씀하신다. 즉, 성령께서는 성자이신 예수님으로부터 들은 것을 증언하는 영이시다. 또 예수께서는 이렇게 말씀하신다. "그가 내 영광을 나타내리니 내 것을 가지고 너희에게 알리시겠음이라"(요 16:14).

성령께서는 예수님의 영광을 나타내시는 분이다. 이처럼 성령은 예수님을 증언하시는 영이다. 『성령의 일그러진 얼굴』에서 박영돈 교수는, 성령께서는 신부인 우리와 신랑이신 예수님이 함께 할 수 있는 '신방'을 차려주는 분이라고 표현한다. 성령께서는 예수님과 우리 사이의 관계를 중계해주시는 분이다.

캐나다에서는 결혼식 피로연에서 신랑 신부가 테이블에 인사하러 오면 하객들이 잔을 숟가락으로 두드림으로써, 신혼 커플이 키스하는 모습을 보일 것을 강권한다. 신랑과 신부의 사랑이 싹틀 수 있도록 분위기를 만드는 것이다. 성령께서는 이와 같이 우리가 예수님을 사랑할 수 있도록 분위기를 만들어주시는 분이시다.

“그러므로 내가 너희에게 알리노니 하나님의 영으로 말하는 자는 누구든지 예수를 저주할 자라 하지 아니하고 또 성령으로 아니하고는 누구든지 예수를 주시라 할 수 없느니라”(고전 12:3).

이 말씀이 증거하는 바와 같이, 우리가 예수님을 믿도록 마음을 주시고 신앙을 주시는 분이 바로 성령님이시다. ‘성령으로 아니하고는 누구든지 예수를 주시라 할 수 없다’라는 말씀처럼 성령님의 인도함 없이 우리는 예수님을 주로 고백할 수 없다.

흔히 나무는 그 열매를 보고 안다고 말한다. 조나단 에드워드라는 목사님은 신자에게 다섯 가지 현상이 나타나면 그 사람에게 성령이 충만한 것이라고 말했다.

첫째, 성령이 충만하게 되면 예수님을 고백하게 되고 예수님을 높이게 된다. 즉, 성령님과 예수님을 분리할 수 없다는 것이다. 성령님은 예수님의 영광만을 위해 일하신다.

둘째, 성령이 충만하면 죄에 대한 각성과 회개가 일어난다. 죄에 대한 각성은 바로 죄에 대한 인식을 말한다. 우리는 죄를 짓고도 그것이 죄인지 알지 못할 때가 많다. 하지만 성령께서는 우리에게 우리의 죄를 깨달을 수 있는 영적인 눈을 열어주신다.

셋째, 성령이 충만한 사람은 말씀을 통해서 은혜를 받는다. 성령이 충만한 사람은 신비로운 현상이 아니라 성경 말씀을 통하여 은혜를 받는다.

넷째, 성령이 충만하면 진리를 깨닫게 된다.

다섯째, 성령이 충만하면 사람들을 사랑하게 된다. 원수조차도 사랑하게 된다. 상대방이 나에게 아무리 큰 고통과 피해를 주었어도,

성령이 충만한 사람은 그 사람을 사랑할 수 있다. 따라서 사랑이 넘치는 교회, 사랑이 넘치는 가정은 성령이 충만한 교회이며 가정인 것이다.

이 다섯 가지 열매를 우리가 가지고 있다면 우리는 성령에 충만한 것이고, 이러한 열매를 갖고 있지 못하다면 성령이 우리 안에 계시지 않은 것이다. 우리 모두가 성령의 열매를 소유하고 성령으로 충만한 신앙생활을 하여야겠다.

성령이 하시는 일 I

요한복음 16:7-11

몇 년 전 한 신문에 '훈계보다 CCTV가 낫다'라는 제목의 칼럼이 실렸다. 워싱턴 DC의 '케네디 예술센터'에는 선물 매장이 있는데, 많은 관람객들이 기념품을 사가기 때문에 센터에 큰 이익을 남겨왔다. 이 매장에서 근무하는 직원들은 모두 기독교인 자원봉사자였다. 그런데 이 선물 매장에는 고질적인 문제가 있었다. 매일 물건을 팔고 마감한 뒤에 그날 매출액을 정산하면 늘 돈이 부족하다는 것이었다. 이 문제를 해결하기 위해서 매장 매니저들은 매일 아침 직원들에게 훈계를 하곤 했다. 그러던 어느 날은 정산을 하자 무려 15만 불이나 되는 돈이 부족했다. 점원 모두가 기독교인임에도 불구하고 대체 누가 돈을 슬쩍하는지 아무도 정직하게 고백하지 않았다. 점원들에게 아무리 훈계를 해도 해결이 되지 않자, 결국 매니저들은 사태의 심각성을 깨닫고 긴 회의 끝에 매장 전체에 CCTV를 설치하기로 결정했다.

구역마다 CCTV를 설치한 바로 다음날부터 놀라운 일이 벌어졌다.

정산액이 정확하게 들어맞기 시작한 것이다. CCTV가 지켜보기 시작하자 매장에서 돈을 슬쩍했던 점원들은 자신들의 도둑질이 들통날까 봐 두려워 마음을 바꾸어 먹게 된 것이다. 매일 훈계해도 고쳐지지 않았던 점원들의 정직하지 못한 행동이 CCTV를 설치하자마자 고쳐졌다. CCTV가 우리의 일거수일투족을 감시한다는 사실 하나만으로 우리의 행동에 변화가 생기듯, 우리 각 사람의 일거수일투족을 감찰하시는 성령님과 함께라면, 그 누구도 쉽게 악한 일을 할 수 없을 것이다.

요한복음 16:7을 보면, 예수님께서는 자신이 승천하신 후에 우리에게 보혜사 성령을 보내줄 것이라고 약속하신다. 16:8에 보면 그 성령이 하실 일은 '죄에 대하여, 의에 대하여, 심판에 대하여 책망하는 것'이라고 쓰여 있다. 이 구절의 명확한 의미는 성령께서 오시면 우리 인간의 주관적 기준에 따라 규정하곤 하는 '죄, 의, 심판'을 책망하실 것이라는 점이다. 성령께서 우리의 '죄, 의, 심판'을 책망하신다는 것이 의미하는 바는 정확히 무엇일까?

첫째, 성령께서는 우리가 스스로 정한 죄의 기준을 책망하신다. 사람마다 '죄'에 대한 정의가 다르게 마련이다. 다시 말하자면, 죄에 대한 인간의 기준은 주관적이다. 우리는 자신에게 불이익을 준 다른 사람의 행동을 쉽게 '죄'라고 규정하기도 한다. 또 다른 사람에게 죄를 뒤집어씌우면서 없던 죄를 만들기도 하고, 있던 죄를 없애기도 한다. 죄를 지은 사람에게 돈을 받는 등, 갖은 이유를 들어 다른 사람의 죄를 말소해주기도 한다. 이처럼 사람은 '죄'를 자신의 구미에 맞게 다룰 수 있는 존재이다.

그런데 분명한 사실은, 요한복음 16:8이 증언하는 바와 같이, 인간이 생각하는 '죄'와 하나님께서 생각하는 '죄'는 다르다는 점이다. 다윗의 선대왕인 '사울'의 경우를 생각해보면, 우리는 이 차이가 얼마나 큰지 명확히 알 수 있다, 우리 인간의 관점에서 사울은 그리 큰 죄를 지은 것처럼 보이지 않는다. 사울은 다만 제사장이 오지 않은 상태에서 자신이 제사장이 되어 조금 미리 예배를 드렸을 뿐이다. 반면 다윗은 우리야의 아내를 얻기 위해서 우리야를 죽였다. 사울은 아무도 죽이지 않았다. 그럼에도 불구하고 하나님께서는 사울은 멸망시키시고, 다윗은 그가 회개하자 용서해 주셨다.

요한복음 16:9에는 "죄에 대하여라 함은 그들이 나를 믿지 아니함이요"라고 쓰여 있다. 우리는 교리에 따라 죄를 '대죄'와 '소죄'로 구분하기도 한다. '소죄'는 물건을 훔치는 등, 우리가 일상생활에서 지을 수 있는 소소한 죄들을 지칭한다. 그렇다면 '대죄'는 무엇일까? 9절 말씀에 따르면, 인간이 지을 수 있는 '대죄'는 '하나님을 믿지 않는 것'이다. 여기에 따르면, 예수님을 믿지 않는 불신자들은 모두 '대죄'를 짓고 있는 것이다. 그런데 문제는 교회에 와서 예배를 드리는 사람도 '대죄'를 지을 수 있다는 사실이다. 즉, 교회를 다님에도 예수님을 믿지 않는 사람들이 꽤 많다. 한 신학자는 기독교인이 가장 하기 어려운 것이 '예수님을 제대로 믿는 것'이라고 말하기도 했다. 성령께서는 혹여나 우리가 예수님을 믿지 않는 죄를 지을까봐 우리를 CCTV 처럼 감찰하시는 분이다.

고린도전서는 우리의 몸이 성령께서 거하는 '성전'이라고 증거한다. 성령이 우리 안에 거하시면 성령께서 우리를 축복해주시기도 하지만 우리에게 경고하시기도 한다. 사업을 하는 어느 권사님은, 사업상 고객들에게 술대접을 할 수밖에 없는 상황에 처해 있었다. 고객들과 함께 술을 마시고, 접대를 위해 유흥업소에 갈 때마다 마음이 괴로웠다. 술자리가 횟수를 더해갈수록 권사님은 자신이 언제까지 그렇게 살아야 하는지 점점 회의스러워졌다. 그러던 중 손님을 접대하러 간 유흥업소에서 뜻밖의 일을 경험하게 된다. 자신에게 술을 따라주던 여종업원이 "아저씨, 교회 다니시죠?"라고 말을 건넨 것이다. 여종업원은 아까부터 심각한 표정으로 앉아있는 권사님이 기독교인임을 한눈에 알아보았던 것이다. 이 말을 듣자마자 권사님은 어쩔 수 없이 타협해 왔던 자신의 안일한 태도를 버리기로 작정하고, 자리를 박차고 나왔다. 그리고는 과감하게 그런 식의 접대방법을 더 이상 사용하지 않기로 했다. 사업은 오히려 더 나아졌다.

성령님은 이처럼 우리가 생각하지 못한 방법으로 우리에게 경고하신다. 우리가 교회에 다니면서도 시늉만 하는 것은 아닌지, 예수님을 정말 제대로 믿고 있는지, 성령님께서 늘 감시하신다. 예수님을 제대로 믿지 못할 때마다 성령님은 경종을 울려 우리의 잠자는 영혼을 깨우시는 분이다.

둘째, 성령께서는 우리가 스스로 정한 의의 기준을 책망하신다. 파스칼은 이렇게 말했다. "죄인 같은 의인이 있고, 의인 같은 죄인이 있다." 사람이 생각하는 '의'는 하나님께서 생각하시는 '의'와 다르게 마련이다. 죄와 마찬가지로 사람은 '의' 또한 조작할 수 있다. 우리는 마음만 먹으면 어떤 사람을 영웅으로 만들기 위해서 그 사람을 의롭게 만들 수 있다. 인간은 '참된 의'가 무엇인지 알 수 없는 상태에 빠져 있다. 무엇이 '의'이고 무엇이 '불의'인지를 정확히 아시는 분은 공평의 하나님뿐이시다.

10절에는 "의에 대하여라 함은 내가 아버지께로 가니 저희가 나를 보지 못함이라"라고 쓰여 있다. 이 말씀의 속뜻은 무엇일까? 성경에서는 예수님을 하나님의 '의'라고 증거한다. 따라서 예수님을 믿는 것 자체가 우리 인간에게는 '의'가 된다. 그런데 만약 우리가 예수님 없이 우리 인간들끼리 모여서 나름의 의를 추구하고 살아간다면, 그 '의'는 참된 의가 될 수 없다. '저희가 나를 보지 못함이라'라는 구절은, 우리 인간이 예수님 없이 의를 구함으로 인해서 참된 의를 소유하지 못하게 됨을 의미한다. 참된 의를 소유하지 못할 때, 성령님께서는 우리 인간의 거짓된 의, 교만으로부터 비롯한 의를 책망하실 것이다. 우리가 예수님으로부터 비롯한 의가 아니라 우리 자신의 의를 추구하는지 성령님께서는 늘 지켜보신다.

얼마 전, 아들 졸업식에 참석하느라 캐나다에 다녀왔다. 짐을 싸들고 인천국제공항으로 향하는 KTX열차를 타러 역에 나갔다. 그런데 역에 도착하자마자 어이없는 광경을 목격하게 되었다. 출발 및 도착을 알려주는 전광판에 아무것도 쓰여 있지 않았던 것이다. 열차 출발 시각인 2시가 가까이 다가오는데도 전광판에는 열차가 출발한다는 안내가 뜨지 않았다. 놀랍고 당황스러워 대합실로 내려갔다. 대합실은 연착된 기차에 대해서 문의하는 승객들로 아수라장이었다. 기차가 운행이 멈춰버린 원인은, 2시간 동안 부산 경남지방을 훑고 내려갔던 태풍 때문이었다. 선로에는 이미 물이 찼고, 물이 차지 않는 선로는 유실되기도 했기 때문에 기차가 다닐 수 없게 된 것이다. 결국 부산에서 올라와야 하는 KTX의 운행이 중지되었고, 나는 결국 KTX를 탈 수 없었다. 리무진 고속버스를 타고 공항에 갈까 생각했지만 기차를 이용하지 못한 승객들이 버스로 몰린 상황이라 버스를 타는 것도 좋은 선택은 아닐 것 같았다. 아무런 대책 없이 비행기를 놓칠 수도 있는 상황이었다. 어떻게든지 인천공항에 가야 한다는 생각이 굴뚝같았다. 나는 결국 전도사님께 교회차로 데려다 달라고 부탁했다.

다행히도 전도사님께서 인천공항에 시간 내에 데려다준 덕에 우리 가족은 아들의 졸업식을 잘 마치고 돌아올 수 있었다.

내가 비행기를 타야 했던 날 아침, 부산과 경남지방에 태풍이 닥친 것은 우연적인 사건이다. 그 누구도 기차가 연착될 것이라고 예상하지 못했다. '태풍'이라는 우연적 사건은 결국 내 삶에 영향을 끼쳤다. 인생에는 이처럼 '우연적 사건'들이 많이 일어난다. 우리 삶에 찾아오는 우연은 좋은 우연일 수도 있고 나쁜 우연일 수도 있다. 비행기를 타야 하는 날 아침 나에게 찾아왔던 우연은 '나쁜 우연'이었다. 그런데 이 나쁜 우연을 극복할 수 있는 유일한 방법은 명확한 방향성을 가지는 것이었다. 내가 만약 인천행을 포기했더라면, 나는 비행기를 탈 수 없었을 것이다. 하지만 '어떻게 해서든 비행기를 타야 한다'는 생각이 분명했고, 그 생각이 나아가야 할 방향을 확실하게 지시했기 때문에 나는 '나쁜 우연'을 극복할 수 있었다. 삶의 방향성이 있으면 어떤 종류의 나쁜 우연이 찾아오더라도 우리는 대개는 그것을 극복할 수 있다.

때로는 좋은 우연이 찾아오더라도 우리의 삶에 방향성이 없으면 그 좋은 우연이 삶을 망치는 계기가 될 수도 있다. 예를 들어, 수십억짜리 복권에 당첨된 사람이 있다고 해보자. 더없이 행복하고 기쁜 일이지만, 복권 당첨자에게는 갑자기 생긴 엄청난 부를 어떻게 쓰겠다는 방향성이 없는 경우가 적지 않다. 갑자기 생긴 일확천금에 눈이 멀어 돈을 흥청망청 쓰기에 바쁘다면, 수십억의 당첨금을 모조리 써버리고 알거지가 되는 것도 시간문제다. 복권당첨자 중에는 예전보다 오히려 불행해졌다는 사례들이 많다. 방향성이 없는 사람에게 찾아오는 좋은 우연은, 이렇게 때로는 그 사람의 삶에 부정적인 영향을 끼치기도 한다.

그렇다면 기독교인의 삶이 지향해야 할 방향은 어디일까? 기독교인의 삶의 지향점은 바로 예수 그리스도가 되어야 한다. 10절의 말씀에 따르면 예수 그리스도를 향하는 것이 바로 기독교인의 '의'임을 알 수 있다. 삶에 좋은 일이 일어나든 나쁜 일이 일어나든, 우리는 계속 예수 그리스도를 향해야 하는 것이다. 성령님은 우리가 무슨 일을 하든 예수님을 향하고 있는가를 늘 보고 계신다. 우리의 삶의 방향이 예수 그리스도를 향해 가고 있는지 성령께서 감찰하신다.

셋째, 성령께서는 우리가 스스로 하는 심판에 대해서 책망하신다. 인간은 쉽게 타인을 판단한다. 우리는 자신도 알지 못하는 사이에 머릿속에서 판단을 내리곤 한다. 그런데 8절 말씀을 통해서, 예수께서는 하나님의 심판과 인간의 심판이 다르며, 인간이 과연 심판할 자격이 있는지 우리에게 묻고 계신다. 인간의 판단은 부정확할 때가 많다. 심지어 법을 수십 년 간 공부한 법관들도 부정확한 판단을 내릴 때가 적지 않다.

내가 미국 시카고에서 목회할 당시의 일이다. 부실 수사로 인해 25년 동안 억울한 옥살이를 했던 사람이 진범이 붙잡힘으로써 자유를 찾게 되었다. 그는 수백만 달러의 보상을 요구했다. 그러나 과연 돈이 그의 잃어버린 세월을 되찾아줄 수 있을까? 그런데 이와 비슷한 일이 내가 시카고에 있는 5년 동안 3건이나 일어났다. 뛰어난 지성과 지식을 가진 법관들이 판단했음에도 불구하고 그 판단은 정확하지 못했던 것이다. 이렇게 인간의 삶에는 부정확한 판단을 하는 일이 비일비재하게 일어난다.

11절에는 "심판에 대하여라 함은 이 세상 임금이 이미 심판을 받았음이라"라고 쓰여 있다. 이 말씀의 속뜻은 무엇일까? 이 말씀이 의미하는 바는, 예수님의 십자가 사건이 인간에 대한 하나님의 심판이라는 것이다.

우리 인간은 죄를 짓지 않을 수 없다. 우리 모두가 죄인이다. 그런데 하나님 앞에서 우리 각자가 심판당할 때, 그 앞에 서기가 가장 부끄러운 사람은 누구일까? 아마도 판사일 것이라고 생각한다. 그러나 그 어떤 판사도 하나님 앞에서는 '판사'로 설 수 없고, 오직 '피고'로 서게 될 것이다. 판사들뿐 아니라 우리 모두가 하나님 앞에서는 '죄인, 피고'로서 심판의 대상인 것이다. 왜냐하면 우리의 평소 행실을 생각한다면 그 누구도 하나님 앞에서 '저는 의롭습니다'라고 말할 수 없기 때문이다.

결국 우리 모두는 하나님 앞에 유죄 판결을 받아 죗값을 지불해야 할 처지에 놓였다. 그러나 예수님께서 우리의 죗값을 이미 십자가에서 다 치르셨다. 따라서 예수 그리스도의 십자가 사건은 우리에게 심판의 사건이 되기도 하는 것이다. 이처럼 하나님께서는 세상 모든 사람을 정의롭게 판단하실 수 있는 판사이시다. 결국 공평한 판사 하나님 앞에서 편벽된 우리가 마음대로 판단을 하는 것은 주제넘은 일이다. 결국 성령님께서는 우리가 자의적으로 한 판단에 대해서 책망하신다. 성령님께서는 우리가 하는 심판에 대해서 심판하실 것이다. 마치 감시 카메라와 같이 성령님께서는 타인을 판단하는 우리의 마음을 판단하실 것이다. 왜냐하면 죄인은 죄인을 심판할 수 없기 때문이다. 그 누구도 죄의 경중을 따질 수 없다. 우리를 정확히 심판하실 수 있으신 성령 하나님께서 우리의 모든 생각을 심판하실 것이다.

로마서 12:19에는 "원수 갚는 것이 내게 있으니 내가 갚으리라"고 하였다. 이 말씀의 의미는 심판의 권리가 오직 하나님께 있다는 것이다. 우리 인간은 타인에게 원수를 갚아서는 안 된다. 그럴 필요도 없다. 우리는 예수님을 믿는 사람들로서 하나님께서 죄인을 심판하실 것을 믿고 염려하지 말아야 한다.

이처럼 성령께서는 우리의 마음을 항상 감찰하시며 우리가 자의적으로 판단해서 만들어낸 '죄, 의, 심판'에 대해서 책망하신다. 성령께서는 이처럼 우리의 신앙이 더욱 굳건해지도록 도우시는 '하나님의 영'이다. 성령 하나님의 음성을 들으면서 안일한 우리의 신앙을 더욱 세심하게 점검해야겠다.

성령이 하시는 일 II

요한복음 16:7-11

『젊은 날의 이승만』이란 책을 보면, 새로운 이승만의 모습을 만날 수 있다. 그는 일찍이 한학에 정통하였고, 신학문까지 배웠다. 이런 와중에 절대군주제에서 신음하는 동포들을 위해 혁명을 결심하고 쿠데타 음모에 가담하였다가 감옥에 갇히게 된다. 감옥은 처참했다. 죄수들은 열악한 환경에서 짐승 같은 대접을 받았다. 몸에는 빈대가 붙어서 피를 빨아먹었다.

이승만은 감옥에서 선교사들이 보내준 성경을 읽기 시작했다. 그리고 기도하기만 하면 하나님께서 응답하신다는 어느 선교사의 말이 기억났다. 그는 평생 처음으로 감방에서 기도를 했고, 놀라운 응답이 있었다. 감방 안이 금세 빛으로 가득 채워지는 것 같았고, 그의 마음에는 기쁨이 넘치고 평안이 깃들었다. 그는 완전히 변화받은 사람이 되었다. 자기도 모르는 사이에 외국 선교사들에 대해 가졌던 증오감, 불신감이 사라져버렸다. 그는 감옥에서 복음을 전하기 시작하였다. 함께하시는 성령님을 감옥에서 체험한 것이다.

예수님은 세상을 떠나시기 전 제자들에게 보혜사 성령을 보내셔서 함께 있게 하시겠다고 하셨다(요 14:26). 보혜사의 원어는 '파라클레토스'이다. '파라'는 '곁으로', '클레토스'는 '부른다'는 의미이다. 이를 합하면 '곁으로 부른다'는 뜻이다. 영어로는 '상담자'라고 번역한다. 다시 말하면, 제자들 곁에 인격자를 보내어서 위로하고 변호한다는 뜻이다. 보혜사 성령이 그리스도인 곁에 오셔서 위로하시고 인도하실 것이라는 기쁜 소식이다.

성령은 이렇게 위로하시는 일도 하시지만 동시에 인간을 책망하는 역할도 하신다. 성령께서 심술이 나서 우리를 책망하는 것이 아니다. 성령은 늘 예수 그리스도를 가리키는 존재이기 때문에 만일 우리가 성령의 인도를 거부하여 예수 그리스도께로 가는 길이 아닌 다른 길로 간다면, 다시 말해서 우리가 신앙의 삶에서 궤도 이탈을 한다면, 그때 성령은 우리를 책망하시어 우리를 바른 길로 가게 하신다. 이것이 바로 책망하시는 성령의 모습이다.

'메멘토 모리'(Memento mori)라는 말이 있다. 이 말은 '너 또한 죽는다는 사실을 잊지 말라.'는 뜻이다. 고대 로마제국에서는, 전쟁에서 승리한 개선장군이 로마로 들어와 시가행진을 할 때 노예를 시켜 행렬 뒤에서 큰 소리로 이 말을 외치게 했다고 한다. 전쟁에서 큰 승리를 거두어 사람들의 환호를 받으며 최고의 명성을 날리고 있는 그 장군에게도 언젠가는 죽을 날이 찾아온다는 것을 상기시켜 준 것이다. 성령의 역할이 바로 이것이다. 개선장군에게 죽음이 있다는 것을 알려주는 것은 곧 그에게 자만에 빠지지 말라는 것을 알려주는 것인데, 성령도 우리를 책망하시면서 신자가 자만에 빠지지 않게 붙들어 주시는 것이다.

인간관계론에 보면 '장님놀이'라는 것이 있다. 이 놀이에서 한 사람은 장님 역할을 하고 다른 한 사람은 인도자 역할을 한다. 장님 역을 맡은 사람이 앞을 가게 되면 인도자가 옆에서 "오른쪽이다, 왼쪽이다." 소리를 치면서 장님 역할을 하는 사람이 바른 길로 갈 수 있도록 돕는다.

우리의 신앙을 장님놀이에 비유하면, 장님 역할을 하는 존재는 우리 신자이고, 옆에서 장님을 인도하는 인도자는 성령이다. 성령은 앞을 보지 못하는 우리를 인도하여 바른 길로 가게 한다. 성령이 우리를 바른 길로 인도하는 방법 중의 하나가 책망이다.

요한복음 16:7-11은 성령께서 우리를 바른 길로 이끄는 책망의 말씀이다. 특히 7-8절에서 책망에 대해서 말씀하고 있다. "그러나 내가 너희에게 실상을 말하노니 내가 떠나가는 것이 너희에게 유익이라 내가 떠나가지 아니하면 보혜사가 너희에게로 오시지 아니할 것이요 가면 내가 그를 너희에게로 보내리니 그가 와서 죄에 대하여, 의에 대하여, 심판에 대하여 세상을 책망하시리라"(요 16:7-8).

앞으로 예수님이 승천하시면 보혜사 성령이 오시는데, 그 보혜사 성령이 오셔서 죄에 대하여, 의에 대하여, 심판에 대하여 세상을 책망하신다고 말씀하신다. 인간의 죄, 인간이 생각하는 의, 그리고 인간이 판단하는 모든 것들을 다 책망하신다는 것이다. 그러면 구체적으로 "죄에 대하여, 의에 대하여, 심판에 대하여" 책망하신다는 것이 무엇일까? 죄, 의, 그리고 심판에 대해서 책망하는 성령의 역할을 살펴보자.

첫째, 성령은 죄에 대해서 책망하신다.

여기서 말하는 죄는 인간 스스로 정한 죄를 말한다. 그러면 가장 큰 죄는 무엇일까? "죄에 대하여라 함은 그들이 나를 믿지 아니함이요"(요 16:9). 나를 믿지 않는 것, 즉 예수 그리스도를 믿지 않는 것이 가장 큰 죄이다. 기독교는 전통적으로 죄를 두 가지로 구분하는데, 하나는 대죄(大罪)이고 또 다른 하나는 소죄(小罪)이다. 대죄는 큰 죄로 하나님을 믿지 않는 것, 예수님을 안 믿는 죄, 즉 불신의 죄를 말한다. 소죄는 우리가 행동으로 짓는 죄, 즉 거짓말이나 도둑질 같은 죄를 말한다.

신자들이 오해하는 것 중의 하나는 자신이 교회에 나오기 때문에 대죄는 자신과 상관없다는 것이다. 이런 생각이 기독교인이 범하기 쉬운 가장 큰 오류이다. 아이러니하게도, 교회 나오면서 또 예수를 믿는다고 하면서도 예수를 진실로 믿지 않는 사람들이 많다. 그래서 어떤 신학자가 이런 말을 했다. "크리스천이 진짜 하기 어려운 것이 정말 하나님을 믿는 것이다." 신자가 예배를 드리러 나가면서도 신령과 진정으로 예배를 드리지 못한다면 그것은 죄이다. 교회에서 신앙생활을 열심히 해야 하는데 그렇지 못한 것 역시 죄이다.

이런 상황은 예수님을 따르던 제자들을 보더라도 큰 차이가 없었다. "내가 나를 보내신 이에게로 가는데 너희 중에서 나더러 어디로 가는지 묻는 자가 없고"(요 16:5). 제자들은 예수님과 동행한다고 하면서도 그것이 무엇을 뜻하는지 그 본질에는 관심이 없었다. 제자들은 3년 동안 예수님과 동행했으면서도, 왜 예수님이 십자가를 져야 하는지 또 어디로 가는지 묻는 자가 아무도 없었다. 이런 사정은 오늘날도 마찬가지다. 교회는 오래 다녔지만 복음의 본질에 대해서는 관심 없는 분들이 있다. 예수님이 왜 십자가를 지셔야 했는지, 왜 부활을 하셨는지, 이런 것에 대해 관심이 없고 묻는 사람이 없다면 그 교회는 공허한 것이다.

신자의 차이는 세상의 지식, 경험, 신앙 연륜의 차이가 아니다. 차이는 믿음에 있다. 어떤 신자는 믿음이 있고, 어떤 신자는 믿음이 없다. 어떤 신자는 믿음이 크고, 어떤 신자는 믿음이 작다. 어떤 신자는 믿음이 건강하고, 어떤 신자는 병든 신앙을 가지고 있다.

복음서에는 베드로가 물 위를 걷는 장면이 나온다. 폭풍 중에서 두려움에 떨고 있는 제자들에게 예수님이 물 위를 걸으며 나타나시자 베드로는 자신도 물 위를 걷겠다고 예수님께 간청한다. 그래서 예수님께서 오라고 하시자 베드로는 물 위를 걷게 된다. 이것이 상징하는 것은 신앙생활의 시작을 의미한다. 그런데 물 위를 걷던 베드로가 풍랑을 의식하게 되자 그만 물에 빠지고 만다. 이것은 신앙생활의 시작은 좋았지만 그 과정이 쉽지 않음을 말한다. 신자는 처음에는 뜨겁게 믿을 수 있지만 시간이 지나면 그 신앙이 식을 수 있다. 그럴 때 우리는 베드로처럼 풍랑을 의식하게 되고, 그 결과 물에 빠지게 된다. 그때 예수님께서 이렇게 말씀하신다. "믿음이 적은 자여 왜 의심하느냐?"

이 말씀은 믿음 없는 베드로를 향한 예수님의 책망의 말씀이며, 또한 믿음이 없는 우리들을 향한 성령의 질책이다. 지금 우리 신앙생활을 보면, 예수님이 제자들과 함께 계시는 것은 아니지만 성령께서는 함께 하신다. 그러면서 성령은 우리에게 "왜 기도를 하지 못하느냐? 왜 믿음이 없느냐?"라고 묻고 있다.

오늘날에는 어디를 가나 감시카메라가 있어서 범죄자들이 어렵지 않게 붙잡히곤 하는 것을 볼 수 있다. 성령께서는 감시카메라와 같은 역할을 한다. 성령은 우리가 잘못된 길을 갈 때마다 내면적인 음성을 통해서 말씀하신다. 우리가 그 소리를 듣고 제대로 길을 가면 다행이지만, 그 음성을 듣지 못하면 불행한 일이 닥치게 된다.

둘째, 성령은 의에 대해서 책망하신다. 여기서 말하는 의란 세상 사람의 의를 말한다. "의에 대하여라 함은 내가 아버지께로 가니 너희가 다시 나를 보지 못함이요"(요 16:10).

조금 있으면 제자들은 예수님의 부재(不在) 시대를 맞게 된다. 예수님이 현존하는 시대에는 예수님만 따르면 되었는데, 예수님의 부재 시대에는 어려움이 많다. 우리가 예수님을 따르면 의로운 삶을 살 수 있는 이유는 예수님 자체가 의(義)이기 때문이다. 그래서 기독교에서 말하는 참된 의는 보이지 않는 예수님을 따르고 믿는 것이다.

거의 평생 동안을 수도원에서 보내면서, 청빈 · 정결 · 순종의 생활을 하고 재산은 공유하며 스스로의 노동으로 그날그날의 양식을 벌었던 토마스 아 켐피스는 『그리스도를 본받아』라는 명저를 남겼다. 사람은 누구를 닮고자 하느냐가 중요한데 신자는 그리스도를 본받는 것이 중요하다. 만약 신자이면서도 예수님을 닮지 못하면 '명목상의 그리스도인'일 뿐이다.

몇 년 전, 콜로라도 덴버시(市)에서는 영화관에서 무차별 총격 사건이 벌어져 12명이 죽고 58명이 다치는 참상이 벌어졌다. 「배트맨 다크 라이즈」를 상영하던 중이었다. 범인은 콜로라도 의대 신경정신과 박사 과정의 학생이었던 제임스 홈즈로, 그는 뇌의 기능 연구를 하던 사람이었다. 배트맨에 악당으로 나오는 '조커' 역과 같은 악역을 맡았던 배우들이 자살하는 빈도수가 많은 것에 흥미를 느껴 연구하던 그는, 어느 날 학교를 중퇴하고 수개월 간 총기를 구입했다고 한다. '조커'를 연구하다가 자신이 조커라고 생각하게 되었고, 결국 그런 끔찍한 사건을 벌인 것이다.

더욱 흥미로운 사실은, 영화 배트맨의 악역인 조커 역을 맡았던 배우나 성우들 중에 많은 사람들이 성격장애를 호소하거나 급작스런 병으로 일찍 생을 마감한 경우가 많았다는 것이다. 영화「배트맨 다크나이트」에서 조커 역을 맡은 히스 레저는, 2008년도에 불면증과 우울증에 시달리다가 약물 과다복용으로 사망했다. 이 사람은 조커 역할을 더 잘 하려는 욕심에서 매일 저녁 노트에 세상에 대한 원망의 글을 썼다고 한다. 영화 촬영을 끝내긴 했지만 히스 레저는 조커 연기에 너무나 빠져서 심한 우울증이 걸렸고, 우울증을 극복하려고 애쓰다가 약물 과다복용으로 사망한 것이다. 히스 레저가 처음 조커 역할에 발탁되었을 때, 전에 배트맨 영화에서 조커 역할을 맡았던 잭 니콜슨이 조커 연기에 너무 심취하지 말라며 충고를 한 적이 있다고 한다. 그런데 히스 레저의 연기를 보면, 조커 역을 연기로 한 것이 아니라 악에게 먹힌 상태에서 했다는 느낌이 강하게 든다. 연기를 잘 한다 정도가 아니라 저절로 오싹한 기운을 느끼게 한다. 그것은 히스 레저가 연기를 넘어 '악'에 그대로 빠지고 말았다는 것을 보여준다.

심리학자들은 행동이 생각을 결정한다고 한다. 어떤 역할을 맡아 그 역할을 행동하면 그렇게 된다는 것이다. 우리에게 좋은 멘토가 있는 것, 닮아야 할 대상이 있는 것이 매우 중요한 것은 바로 그 때문이다. 부모가 자녀 교육을 잘 시키려면, 부모가 인생을 살며 좋은 모습을 보여주어야 한다. 자녀들은 저절로 부모를 닮게 마련이다.

신자는 의(義) 자체이신 예수님을 따르고 닮아야 한다. 비록 예수님이 지금 육신의 눈으로는 보이지 않는다고 해도, 신자는 성경에 나온 예수님의 모범을 닮아야 한다. 우리가 예수님을 닮지 않고 이탈을 하면, 성령께서 책망하신다.

셋째, 성령은 심판에 대하여 세상을 책망하신다. "심판에 대하여라 함은 이 세상 임금이 심판을 받았음이라"(요 16:11). 여기서 말하는 심판의 의미는 우리가 다른 사람을 판단하고 정죄하는 것을 말한다.

예수님이 십자가 지심으로 이 세상 사람은 이미 심판을 받았다. 그런데도 사람이 제일 잘하는 것은 남을 심판하는 것이다. 스포츠 경기를 볼 때마다 느끼는 것은, 판정에 오심이 많다는 것이다. 오심은 곧잘 문제를 일으킨다. 사실은, 모든 심판이 다 오심을 한다고 보아야 한다. 인생을 살면서 되도록 심판하는 위치에 서 있지 말아야 한다. 심판은 잘해야 본전이다.

세상의 법정도 마찬가지이다. 살인자로 몰려 사형을 당한 사람 중에는 나중에 진범이 나와 억울한 죽음을 당했다는 것이 밝혀지는 경우가 적지 않다. 세상 재판은 삼심제로 운영되는데도 오심을 피할 수가 없는 것이다.

인생은 하나의 경기와 같다. 심판자의 위치에 서고 싶어 하는 사람들이 많은데, 기독교인은 되도록이면 심판자가 되지 말아야 한다. 왜냐하면 심판은 복음과 거리가 멀기 때문이다. 우리가 어떤 극단적인 죄를 범했어도, 간음하고 살인을 했더라도, 예수님이 십자가를 통해서 모든 죄를 용서하셨다는 것이 복음의 내용이다. 심판을 받아야 하는 우리는 심판을 받은 대신 용서를 받은 것이다. 그러니 용서를 받은 신자는 심판자의 위치에 서지 말아야 한다. 신자는 인생이라는 경기에서 참 좋은 심판자를 만났다. 하나님은 좋은 심판자로 심판을 받을 우리에게 자비를 베풀어 주셨다. 이것이 은혜이다. 그래서 신자는 심판의 삶이 아니라 은혜의 삶을 살아야 한다. 만약 그렇지 못하면 성령께서 우리를 책망하신다.

어쩔 수 없이 심판을 해야 하는 상황에 직면했을 때, 신자는 어떻게 해야 할까? 솔로몬을 통해서 우리는 우리가 어떤 자세를 취해야 하는지 알 수 있다. "누가 주의 이 많은 백성을 재판할 수 있사오리이까 듣는 마음을 종에게 주사 주의 백성을 재판하여 선악을 분별하게 하옵소서"(왕상 3:9). 우리는 흔히, 솔로몬이 하나님께 '지혜'를 구한 것으로 알고 있지만, 히브리어 원문을 보면 '지혜'가 아니라 '듣는 마음'(레브 쇼메아)이다. 주전 2세기에 헬라어로 번역된 70인역에도 '듣는 마음'으로 되어 있다. 루터가 번역한 독일어 성경에는 '순종하는 마음'이라고 되어 있고, 영어 성경에는 '이해하는 마음'(an understanding heart, NLT, NASB, KJV), '분별하는 마음'(a discerning heart, NIV) 등으로 되어 있다.

이것을 보면, 우리가 지금까지 알고 있었던 '지혜'는 '듣는 마음', '순종하는 마음', '이해하는 마음', '분별하는 마음'이라고 정리할 수 있다. 즉, 하나님의 말씀을 듣고, 순종하고, 타인을 이해할 때, 선악을 분별하는 지혜가 생기고, 하나님의 마음이 우리 안에 자리 잡을 수 있는 것이다. 이런 모든 것이 요한복음 16:9에 나오는 것처럼 '선악을 분별'할 수 있게 하는 것들이다.

선악을 분별하기 전에 먼저, 하나님의 말씀을 올바로 들을 수 있어야 하고, 다른 사람들의 마음을 이해할 수 있는 마음이 되어야 한다. 하나님의 말씀을 들을 수 있는 능력이 있으면 다른 사람을 이해할 수 있다. 다른 사람을 이해할 수 있다면, 우리는 부족하지만 그래도 상황 속에서 나름대로 최선의 판단을 할 수 있게 된다. 그래서 신자는 판단 이전에 하나님 말씀 앞에 자신이 바로 서 있는지를 점검해야 한다. 만약 이런 과정 없이 심판을 하면 성령께서 책망을 하시는 것이다.

"내 사랑하는 자들아 너희가 친히 원수를 갚지 말고 하나님의 진노하심에 맡기라 기록되었으되 원수 갚는 것이 내게 있으니 내가 갚으리라고 주께서 말씀하시니라 네 원수가 주리거든 먹이고 목마르거든 마시게 하라 그리함으로 네가 숯불을 그 머리에 쌓아 놓으리라 악에게 지지 말고 선으로 악을 이기라"(롬 12:19-21).

이 말씀이 바로 성령께서 원하시는 삶이다. 원수가 주리거든 먹여야 한다. 원수가 목마르거든 마시게 해야 한다. 원수 갚은 것, 즉 복수는 나의 것이 아니라 하나님의 것이다. 그렇기 때문에 우리는 심판을 해서는 안 되는 것이다. 심판하는 일, 이것은 성령께서 원하는 일이 아니다.

성령께서 원하지 않는 일을 우리가 한다면 그것은 성령훼방죄가 된다. 성령훼방죄는 결코 사함이 없는 중한 죄이다.

성령께서 원하시는 삶은 은혜의 삶, 사랑의 삶, 용서의 삶이다. 성령은 지금도 우리에게 이런 삶을 살라고 말씀하신다. 성령께서 말씀하시는 그 음성을 듣고 그 말씀을 따라 사는 신자가 되어야 한다. 성령의 책망보다 성령의 위로가 넘치는 신자가 되어야 한다.

성령과 생명

요한복음 3~6장

성령은 인간의 자연적 생명에 역사하여 영적으로 거듭난 생명이 되게 하신다. 요한복음 3장에서 예수님은 니고데모에게 "물과 성령으로 거듭나지 아니하면 하나님의 나라에 들어갈 수 없다"고 말씀하시면서, 다시 태어난 사람을 성령으로 난 사람이라고 명명하신다.

인간은 부모로부터 태어나지만, 신자는 물과 성령으로 태어난다. '다시 태어난다'라는 말은 문자 그대로 일어날 수 없는 일이지만, 영적으로는 이런 일이 가능하다. 인간은 "위로부터" "하나님으로부터" "성령으로부터" 다시 태어날 수 있다. 다시 태어난 생명은 참 생명이고, 영원한 생명이다.

니고데모는 밤중에 예수님을 찾아간다. 왜 하필이면 밤중에 예수님을 찾아갔던 것일까? 니고데모는 산헤드린의 공회원이었다. 사회적으로 높은 위치에 있는 자신이 나사렛에서 온 보잘것없는 청년인 예수님을 만나러 간다는 것을 숨기고 싶었을 것이다. 그러면서도 니고데모의 마음 한켠에는 수치심을 넘어서는 호기심과 영적인 갈망이 있었다. 그래서 그는 자신의 신분을 숨기고자 밤중에 예수님을 찾아가, 사람이 어떻게 하면 하나님 나라에 갈 수 있는지를 여쭤본다. 예수께서는 니고데모의 질문에 다음과 같이 답하신다. "진실로 진실로 네게 이르노니 사람이 거듭나지 아니하면 하나님의 나라를 볼 수 없느니라"(요 3:3).

예수의 이 말씀은 신약의 생명관을 그대로 보여준다. 신약의 생명은 '거듭나야' 얻을 수 있는 것이다. 유대인인 니고데모는 '거듭나야' 한다는 말씀에 이렇게 되묻는다. "사람이 늙으면 어떻게 날 수 있사옵나이까 두 번째 모태에 들어갔다가 날 수 있사옵나이까"(요 3:4).

니고데모의 대답은 히브리적, 구약적 생명관을 그대로 드러낸다. 이는 신약의 생명관과 충돌한다. 그러자 예수께서는 이렇게 말씀하신다. "진실로 진실로 네게 이르노니 사람이 물과 성령으로 나지 아니하면 하나님의 나라에 들어갈 수 없느니라"(요 3:5).

히브리적, 구약적 생명관은 육체적 생명을 중심에 두고 있고, 예수님이 말씀하시는 신약적 생명관은 영적인 생명을 중심에 두고 있다.

고린도후서 5:17에 "누구든지 그리스도 안에 있으면 새로운 피조물"이라고 했다. 거듭나면 다시 태어났기 때문에 새로운 피조물이 되고 새 사람이 되는 것이다. 거듭나면 예수님의 생명, 곧 하나님의 생명으로 다시 태어났기 때문에 하나님의 자녀가 되는 것이다. 요한복음 10:10에서 "예수님은 우리에게 풍성한 생명을 주시려고 오셨다"고 말씀하신다. 예수님이 우리에게 주시려고 하는 생명은 영원한 생명이다. 따라서 거듭난다는 것은 새 생명, 곧 예수님의 생명으로 다시 태어난다는 것인데, 우리 안에서 다시 태어난 이 예수님의 생명은 참 생명이며, 영원한 생명인 것이다.

예수께서는 생명을 말씀하시면서 속죄론에 대한 답을 내놓으신다.

예언자 에스겔은 "맑은 물을 너희에게 뿌려서 너희로 정결하게 하여 모든 더러운 것에서와 모든 우상숭배에서 너희를 정결하게 할 것이라" 라고 말한다(겔 36:5). 이 말씀은 물과 성령을 통해서 죄 씻음을 받는 것을 상징적으로 표현해주고 있다. 이것은 예수님의 보혈로 죄 씻음을 받는 것을 의미하며, 세례를 통하여 죄 사함을 받는 것을 가리키고 있다. 여기에 대해 사도 바울은 "이는 그리스도 예수 안에 있는 생명의 성령의 법이 죄와 사망의 법에서 너를 해방하였다"라고 말하고 있다(롬 8:2). 성령께서는 우리에게 생명을 주시는 생명의 영이다. 이 생명의 성령이 예수 그리스도를 통해서 죄를 극복하게 하신다. 예수 그리스도의 십자가를 통한 속죄는 선언적 의미가 있지만, 성령을 통한 죄의 극복은 실제적인 것이다.

그러므로 거듭남은 예수님의 피로 죄 씻음을 받고 성령의 역사로 다시 태어나는 것이다. 성령의 역사로 우리가 예수님의 십자가 구속의 은혜를 깨닫고, 죄를 회개하며 예수님을 구주로 영접할 때, 우리는 예수님의 생명, 즉 참 생명, 영원한 생명으로 다시 태어나는 것이다.

따라서 우리 안에서 성령께서는 예수 그리스도를 통하여 거짓된 생명을 참 생명으로 변화되게 하신다. 이러한 점에서 우리가 예수님을 믿기 시작하는 순간부터 그리스도를 통한 참된 부활이 성령을 통해서 우리 안에 이미 시작되었다고 할 수 있다.

요한복음 3장에서 시작된 생명에 관련된 문제는 요한복음 6장에서는 떡의 문제로 옮겨간다. 예수님이 주시는 떡은 생명의 떡이며, 이 생명의 떡은 말씀을 의미한다.

구약의 '떡'과 신약의 '떡'은 차이가 있다. 구약의 떡은 '만나'이다. 광야에서 이스라엘 백성들은 만나를 먹고 배를 채웠다. 신약에서도 구약의 떡과 같이 사람을 배부르게 하는 떡이 등장하는데, 바로 오병이어의 사건이다. "그들이 배부른 후에 예수께서 제자들에게 이르시되 남은 조각을 거두고 버리는 것이 없게 하라 하시므로"(요 6:12-13).

이렇게 사람들을 배부르게 했던 떡에 대한 요한복음의 설명은 다음과 같다.

"기록된 바 하늘에서 그들에게 떡을 주어 먹게 하였다 함과 같이 우리 조상들은 광야에서 만나를 먹었나이다 예수께서 이르시되 내가 진실로 진실로 너희에게 이르노니 모세가 너희에게 하늘로부터 떡을 준 것이 아니라 내 아버지께서 너희에게 하늘로부터 참 떡을 주시나니"(요 6:31-32).

"예수께서 이르시되 나는 생명의 떡이니 내게 오는 자는 결코 주리지 아니할 터이요 나를 믿는 자는 영원히 목마르지 아니하리라" (요 6:35)

"내가 곧 생명의 떡이니라 너희 조상들은 광야에서 만나를 먹었어도 죽었거니와 이는 하늘에서 내려오는 떡이니 사람으로 하여금 먹고 죽지 아니하게 하는 것이니 나는 하늘에서 내려온 살아 있는 떡이니 사람이 이 떡을 먹으면 영생하리라 내가 줄 떡은 곧 세상의 생명을 위한 내 살이니라 하시니라"(요 6:48-51).

광야에서 먹은 만나는 생명의 떡으로 재해석된다. 요한복음에서 말하는 생명은 영생이다. 그리고 영생을 가능하게 하는 것은 예수 그리스도, 예수 그리스도의 말씀이다. 우리는 여기서 구약의 '육신의 생존을 위한 떡'이 형이상학적으로 해석되고 있음을 알 수 있다. 즉, 구약의 떡은 물리적이고 신약의 떡은 형이상학적이다. 이처럼 신약의 신학은 구약의 창조신학을 전제하고 있다. 이 창조신학이 신약에서 예수님과 성령을 통하여 구속신앙으로 새롭게 해석되고 있는 것이다.

이것은 또 물이라는 소재에 대한 해석에서도 마찬가지이다. 구약성서에 말하는 물과 신약성서에서 말하는 물도 역시 차이가 있다.

"거기 또 야곱의 우물이 있더라 예수께서 길 가시다가 피곤하여 우물 곁에 그대로 앉으시니 때가 여섯 시쯤 되었더라 사마리아 여자 한 사람이 물을 길으러 왔으매 예수께서 물을 좀 달라 하시니"(요 4:6-7).

사마리아 여인은 6시(정오)에 물을 길러 나왔다. 이 여인이 이 시각에 물을 길러 나온 것은 자신의 신분을 드러내고 싶지 않았기 때문이다. 그렇게 더운 대낮에 누가 물을 길러 나오겠는가. 예수께서 이 여인과 잠시 대화를 주고받다가, 여인으로서는 전혀 들어본 적이 없는 생경한 말씀을 하신다.

"예수께서 대답하여 이르시되 이 물을 마시는 자마다 다시 목마르려니와 내가 주는 물을 마시는 자는 영원히 목마르지 아니하리니 내가 주는 물은 그 속에서 영생하도록 솟아나는 샘물이 되리라"(요 4:13-14).

구약의 물은 마시는 물이다. 이와 달리 신약의 물은 '영생하도록 솟아나는 샘물'이다. 예수께서는 "하나님은 영이시니 예배하는 자가 영과 진리로 예배할지니라"라고 말씀하신다(요 4:24).

"여자가 물동이를 버려두고 동네로 들어가서 사람들에게 이르되 내가 행한 모든 일을 내게 말한 사람을 와서 보라 이는 그리스도가 아니냐 하니"(요 4:28-29).

위의 구절을 통해, 신약의 물은 "예배하는 자가 영원히 목마르지 아니할 것이라"는 속죄의 은총을 지칭하고 있음을 알 수 있다. 이 은총을 깨달은 사마리아 여인은 자신이 메시아를 만났음을 깨닫고 마을로 향한다.

물의 기능 중에 제일 중요한 것이 생명력을 주고, 모든 더러운 것을 씻어내는 것이다. 마찬가지로, 성령의 물이 하시는 일은 우리의 죄를 용서하고 우리 죄를 씻기는 것이다. 신자는 죄 용서를 받아야 새롭게 태어나고 새로운 사람이 될 수 있다. 앞서 말한 대로, 이러한 죄 용서를 실질적으로 해주시는 분이 바로 물 같은 성령이다. 예수님은 이미 우리의 죄가 십자가에서 용서되었다고 선언하셨다. 그러나 매일 매일의 상황에서 죄를 지을 수밖에 없는 인간은 성령의 인도하심 속에서만 죄로부터 자유로워질 수 있다.

어렸을 때, 밖에서 놀다가 저녁에 들어오면 어머님께서는 매일 매일 나를 물로 씻기시고 재워 주셨다. 매일 더러운 것을 씻어서 깨끗하게 해주신 것이다. 이와 마찬가지로, 성령께서는 매일 우리의 죄를 씻겨 주신다. 즉, 성령은 우리에게 죄를 이길 수 있는 힘을 주시는 분이다. 성령은 우리의 죄를 늘 씻겨 주시고, 죄를 이길 수 있는 힘을 주신다.

노아의 홍수 때에 하나님께서는 죄된 모든 세상에 홍수를 보냄으로써 세상을 심판하시고, 만물과 세상을 새롭게 하셨다. 세례의 물로 거듭난다는 것은, 이렇게 우리의 옛것이 죽고, 새롭게 창조된다는 의미를 갖고 있다.

요한복음 7장에는 성령과 물에 대하여 다음과 같은 말씀이 실려 있다. "명절 끝날 곧 큰 날에 예수께서 서서 외쳐 이르시되 누구든지 목마르거든 내게로 와서 마시라 나를 믿는 자는 성경에 이름과 같이 그 배에서 생수의 강이 흘러나오리라 하시니 이는 그를 믿는 자들이 받을 성령을 가리켜 말씀하신 것이라 아직 영광을 받지 않으셨으므로 성령이 아직 그들에게 계시지 아니하시더라)" (요 7:37-39).

이 구절은, 구약의 하나님의 백성과 비교하여 신약의 성도들이 받은 성령에 대하여 언급하고 있다. 특히 38절의 '그 배에서 생수의 강이 넘쳐난다'는 말씀은 우리 안에 깊숙이 역사하시는 성령의 내주를 의미한다. 즉, 성령을 통한 내면 깊은 곳에서의 변화를 의미하고, 또 성령의 충만함을 의미한다. 성령께서 우리 안에 충만하게 임하셔서 성령이 주시는 생명이 우리 안으로부터 충분히 흘러넘치게 하신다.

예수님은 "이 물을 마시는 자마다 다시 목마려르니와 내가 주는 물을 마시는 자는 영원히 목마르지 아니하리니 내가 주는 물은 그 속에서 영생하도록 솟아나는 샘물이 되리라"라고 말씀하셨다(요 4:13-14). 예수님이 우리에게 주시는 물은 생명수로서, 성령의 역사를 의미한다. 신자는 매일 매순간 생명수 같은 성령을 경험해야 참 생명을 유지할 수 있는 것이다.

이처럼 성령의 생명으로 거듭난 하나님의 자녀들은 자연스럽게 천국의 시민이 된다. 사망에서 참 생명으로 옮겨져서 영원한 생명을 얻게 되는 것이다. 그 누구도, 그 무엇도, 우리를 그리스도 예수 안에 있는 하나님의 사랑에서 끊을 수 없으며, '생명의 성령'의 법에서 떼어놓을 수 없다. '생명의 성령'의 법은 죄와 사망의 법에서 우리 성도를 영원히 해방시켜, 그리스도 안에서 참 생명과 자유를 누리게 하는 것이다.

요한의 성령

요한복음 14~16장

성경이 우리에게 이야기해주는 성령에는 두 가지 종류가 있다. 하나는 사도행전적인 성령이고, 또 하나는 사도 요한이 말하는 성령이다. 사도행전적인 성령은 마치 다이너마이트와 같이 폭발적인 힘과 권능을 가진 성령이고, 요한복음의 성령은 자녀를 돌보는 어머니의 사랑처럼 우리를 온유하게 위로하고 보살펴주시는 성령이다. 이 요한복음적 성령은 마치 비둘기같이 온유하게 임하시는 성령이다. 요한복음에서 이야기하는 성령은 주로 요한복음 14-16장에 설명되고 있다.

전술한 대로, 사도행전의 성령은 강한 능력이 있는 분으로 묘사된다. 사람들의 병을 고치고 기적을 일으키는 강력한 능력을 가진 성령님이 바로 사도행전에서 증거하는 성령의 모습이다. 요한복음에서는 성령을 '보혜사'라고 설명하는데, 이 보혜사 성령이라는 말이 중요하다. 왜냐하면 예수님께서 직접 성령을 '보혜사'라고 칭하셨기 때문이다.

보혜사는 희랍어로 '파라클레토스'라고 하는데, 여기서 '파라'는

'옆에'라는 뜻을, '클레토스'는 '부름을 받은 존재'라는 뜻을 가진다. 말하자면 파라클레토스는 '함께 있도록 부름을 받은 존재'라는 뜻을 가지고 있다. 즉, 성령은 하나님에 의해서 우리와 함께 있도록 부르심을 받은 분이시다. 보혜사 성령께서는 우리의 마음속에서 우리가 어려울 때 도와주시고, 낙심할 때 위로해 주시고, 길을 찾지 못하고 방황할 때 길을 찾아 주신다.

보혜사 성령께서는 우리의 곁에 동행하시며 결코 우리를 고아와 같이 버리지 않는 분이시다. 그렇다면 보혜사 성령께서는 우리와 함께하시면서 우리를 어떻게 도와주실까?

첫째, 보혜사 성령께서는 우리의 인생길에 동행하신다. "내가 아버지께 구하겠으니 그가 또 다른 보혜사를 너희에게 주사 영원토록 너희와 함께 있게 하리니"(요 14:16). 예수께서는 보혜사 성령께서 영원토록, 항상, 어떤 경우에든지, 어떤 형편에서든지, 함께 하실 것이라고 약속하셨다. 우리가 외롭고 힘든 인생길을 걸어갈 때, 우리 주변의 모든 사람들이 떠나버렸을 때에도, 보혜사 성령께서는 우리의 곁에서 함께하신다. 이처럼 보혜사 성령께서는 우리와 동행하시는 분이다.

최근 들어 '혼밥', '혼술'이라는 말이 유행하고 있다. 이 유행어들은 그 어느 때보다도 고독 속에서 살아가는 현대인의 현실을 잘 반영해 주는 말들이다. 현대인들은 늘 자신의 삶에 함께해줄 사람, 자신의 곁에서 늘 그 마음을 이해해줄 사람을 찾고 있다.

보혜사 성령님께서 우리의 인생길에 동행해야 하는 이유는, 인생길이 혼자서는 외롭기 때문이다. 예수께서는 우리를 고아와 같이 버리지 않고 성령님을 보내신다고 약속하셨다. '고아'들은 아무도 불러주는 이가 없는 외로운 아이들이다. 소속된 공동체가 없으니 마음 편히 쉴 곳이 없다. 그래서 '고아'같이 사는 사람들의 삶은 외롭고 삭막하다. 하지만 성령님은 우리를 고아같이 내버려두지 않고 늘 우리의 마음을 위로하시고 평안을 주신다.

에녹도 일평생 하나님과 동행했다. 참으로 아름다운 동행이었다. 금슬 좋은 부부가 평생 아름다운 동반자가 되듯이, 신자들도 보혜사 성령님과 아름다운 동행을 해야 한다.

둘째, 보혜사 성령께서는 우리의 인생이 힘들 때 우리에게 힘을 주시고 우리에게 위로와 격려를 주신다. 우리의 삶이 어려움에 처해 있을 때, 성령께서는 우리를 버리지 않으시고 우리를 위로하신다. 게르하르트 에벨링이라는 신학자는 성령을 '용기를 주시는 영'이라고 소개한다. 인생길을 살면서 우리의 마음이 두렵고 불안할 때, 보혜사 성령께서 우리의 곁에서 우리에게 용기를 주시고, 우리를 격려해 주실 것이다.

인생길은 너무 힘들어서 우리 혼자서는 감당할 수 없다. 하나님께서 부르셔서 그리스도인이 된 사람에게는 예외 없이 모두 사명이 있다. 하지만 성령님의 동행 없이는 누구도 혼자서 맡겨진 사명을 감당할 수가 없다. 그런 우리에게 성령님께서는 조금만 참고 인내하면 점점 나아질 것이라고 말씀하신다. 우리는 이 어려운 인생길에서 인생의 문제들을 만날 때마다 보혜사 성령님이 주시는 힘과 용기로 그 문제들을 해결하며 믿음으로 승리하게 될 것이다.

셋째, 보혜사 성령께서는 신자들을 진리로 가르치신다. "보혜사 곧 아버지께서 내 이름으로 보내실 성령 그가 너희에게 모든 것을 가르치고 내가 너희에게 말한 모든 것을 생각나게 하리라"(요 14:26).

인간은 연약해서 스스로 나아가야 할 길을 알지 못한다. 성령은 우리가 삶의 상황을 점검하고 신중한 선택을 할 수 있도록 우리를 이끌어 가신다. 이처럼 보혜사 성령은 하나님의 지혜로 우리가 나아가야 할 길을 알려주시는 최고의 멘토이시다.

요한복음 16:13을 보면 "진리의 성령이 오시면 그가 너희를 모든 진리 가운데로 인도하신다"고 나와 있다. 성령께서는 늘 우리를 진리의 길로 인도하신다. 진리란 하나님의 말씀을 뜻한다. 성령께서는 우리를 하나님의 말씀으로 인도하시고, 하나님의 말씀을 바르게 깨닫도록 하신다. 성령께서 우리 가운데 임하실 때 진정으로 하나님의 진리의 말씀 가운데 서게 되는 것이다.

아시다시피, 인간은 지혜가 부족하다. 여러 가지로 한계가 있다. 인간은 혼자서는 길을 찾을 수 없는 길치이다. 성경은 인간이 올바른 길, 선한 길, 좋은 길을 자신의 힘만으로는 찾을 수 없다고 증거한다. "기록된 바 의인은 없나니 하나도 없으며 깨닫는 자도 없고 하나님을 찾는 자도 없고 다 치우쳐 함께 무익하게 되고 선을 행하는 자는 없나니 하나도 없도다"(롬 3:10-12). 인간은 성령께서 함께하셔야만 참된 길, 생명의 길을 찾아 나아갈 수 있다.

요한복음 14:25-27의 말씀은 성령께서 우리의 생각을 주관하신다는 것을 중심내용으로 하고 있다. "성령 그가 너희에게 모든 것을 가르치고 내가 너희에게 말한 모든 것을 생각나게 하리라"(요 14:26). 성령님께서 우리에게 임하실 때에 하나님의 계시가 우리에게 임하신다는 것이다. 즉, 성령께서 우리의 생각을 주관하셔서 우리가 예수님에 대해서 잊은 것을 생각나게 하신다는 것이다.

인간에게 생각은 중요한다. 인간은 생각하는 존재이며, 생각나는 존재이기 때문이다. 인간이 행동이라는 열매를 수확하려면 생각이라는 씨를 뿌려야 한다. 즉, 생각을 심으면 그것이 행동이 된다. 존 템플턴은 "인간이 마음에 품었던 생각은 반드시 미래에 행동으로 표출될 것이다"라고 말했다. 생각이 곧 우리의 현실이 된다는 이야기이다. 그러므로 일상뿐 아니라 신앙생활에 있어서도 생각을 잘 관리하는 것이 중요하다. 생각을 어떻게 하느냐에 따라서 우리의 신앙생활은 성공할 수도 있고 실패할 수도 있다.

요한복음 14:26에서는 우리가 신앙생활을 열심히 하면 성령께서 우리의 생각을 주관하실 것이라고 한다. 그러나 우리는 성령께서 우리의 생각을 주장하도록 하지 못하고 헛된 공상에 시달리기 일쑤이다. 헛된 생각을 막기 위해서는 어떻게 해야 할까? 우리는 성령께서 우리의 생각을 주관하셔서 그 생각을 통해서, 요셉과 같이, 에티오피아 내시를 만났던 집사 빌립과 같이, 하나님의 뜻을 알게 해달라고 간구해야 한다.

성령께서 우리의 마음을 주관하실 때는 항상 우리에게 좋은 생각, 긍정적인 생각을 심어주시고 우리 마음에 평안을 주는 생각을 주신다. 그래서 우리가 기도를 많이 하고 성령이 충만하면 우리 마음에 평강이 넘치게 된다. 그런데 성령만 우리의 생각에 개입하는 것이 아니라 사탄도 우리의 생각에 개입하려 한다. 따라서 우리의 생각은 성령과 사탄의 전쟁터이다. 성령께서 온전히 우리의 생각을 주관하시도록 우리가 손을 높이 들어 늘 기도하는 생활을 할 때, 우리의 생각은 온전히 성령께 지배받을 것이다. 그리고 성령에 의해 주관되는 우리의 생각은 우리의 마음을 평안으로 이끌어줄 것이다.

많은 사람들은 자신의 생각이 자신의 의지와 주도 아래에서 이루어진다고 생각한다. 데카르트라는 철학자는 이런 말을 남겼다. "나는 생각한다. 고로 나는 존재한다." 데카르트는 자신이 생각이라는 활동을 주도적으로 하고 있기에 자신이 존재하고 있다는 사실을 분명히 알 수 있다고 말했던 것이다.

하지만 사실 우리의 생각은 우리의 마음대로 되지 않는다. 때로 나의 생각은 나의 통제를 벗어나기도 한다. 원치 않는 생각들이 떠오를 때도 있고, 괴기스러운 생각이 우리의 마음을 뒤덮을 때도 있다. 특히 예배를 드릴 때, 우리는 생각을 온전히 예수님께 집중해야 하지만 갑작스럽게 떠오르는 불필요한 생각들로 인해서 그렇게 하지 못할 때가 많다.

이러한 의미에서 자크 라캉이라는 정신분석학자는 "내가 생각하는 곳에 나는 존재하지 않고, 내가 존재하는 곳에서 나는 생각하지 않는다"라는 말을 남겼다.

그렇다면 우리는 우리의 생각을 어떻게 지켜야 할까? "보혜사 곧 아버지께서 내 이름으로 보내실 성령 그가 너희에게 모든 것을 가르치고 내가 너희에게 말한 모든 것을 생각나게 하리라"(요 14:26). 이 말씀이 증거하는 바와 같이, 성령께서는 우리를 '생각나게 하시는 분'이시다. 우리가 과거에 받았던 은혜, 내가 들었던 말씀을 우리의 삶에 고난과 역경 앞에서 생각나게 하시는 분이 바로 성령님이신 것이다.

이와 반대로 사탄 마귀는 우리의 머릿속에 부정적인 생각을 자꾸 집어넣으려 한다. 따라서 우리는 부정적인 생각이 들 때마다 성령께서 우리의 생각을 지켜주시길 기도해야 한다. "그리하면 모든 지각에 뛰어난 하나님의 평강이 그리스도 예수 안에서 너희 마음과 생각을 지키시리라"(빌 4:7). 이 말씀이 증거하는 바와 같이, 우리가 어려운 일을 당할 때, 성령께서 우리의 마음과 생각에 '구원의 투구'를 덧씌워 보호해주실 것이다. 우리의 내면세계가 성령과 마귀가 싸우는 영적 전쟁터임을 기억하고 이 전쟁에서 성령께서 승리하시도록 기도해야 한다.

보혜사 성령님께서 우리에게 임하실 때, 하나님의 계시가 우리에게 임한다. 우리가 기억해야 할 것은, 우리의 생각은 성령과 마귀가 싸우는 영적인 전쟁터라는 것이다. 하나님의 임재와 다스림 가운데 거하지 못할 때, 마귀가 우리 생각을 지배할 것이다. 성령 충만함을 통하여 우리 자신의 생각이 온전히 하나님의 다스림 아래 있기를 늘 기도해야 한다.

또한 성령께서는 우리의 잘못된 인간적 판단을 바로잡는 역할을 한다. 요한복음 16:8에는, "그가 와서 죄에 대하여, 의에 대하여, 심판에 대하여 세상을 책망하시리라."라고 되어 있다. 우리는 이 세상을 살아가면서 너무 쉽게 "이것은 죄다"라고 정죄하고, "이것은 의다"라고 판결하며, 남을 너무나 쉽게 심판한다. 그러나 우리에게는 죄와 의를 구별해서 판결할 능력이 없다. 나의 주관적 판단은 언제나 올바른 결정을 그르칠 위험을 안고 있는 것이다. 그러나 성령께서 임하시면 어떤 것이 죄인지, 어떤 것이 참다운 의인지 알게 된다. 또한 성령께서 임하실 때 '나'의 죄에 대해 민감해진다. 로마서에는 "죄가 많은 곳에 은혜가 넘친다"라는 구절이 있다. 성령이 임하시는 곳에 죄의 자각이 있고 은혜가 넘친다는 말씀이다. 성령이 임하시는 곳에 참죄가 드러나고 참의가 드러나며 진정한 판결이 이루어진다.

이처럼 요한복음 16장은 보혜사 성령의 진정한 판결이 무엇인지 잘 보여주고 있다. 전술한 대로, 성령께서 오시면 우리 인간의 주관적 기준에 따라 규정한 '죄, 의, 심판'을 책망하실 것이다. 이 점에 대해서 좀 더 살펴보도록 하자.

첫째, 성령께서는 우리가 스스로 정한 죄의 기준을 책망하신다. 사람마다 '죄'에 대한 정의는 다 다르다. 즉, 죄에 대한 인간의 기준은 주관적이다. 그러나 공평하신 하나님께서는 '죄'를 정확히 판단하실 수 있으신 분이다. 하나님의 기준에 따르면 인간이 지을 수 있는 가장 큰 죄는 바로 예수님을 믿지 않는 것이다. 교회를 다니지 않는 사람뿐 아니라 교회를 다니는 사람도 예수님을 믿지 않을 수 있다. 한 신학자는 기독교인이 가장 하기 어려운 일이 '예수님을 제대로 믿는 것'라고 말했을 정도이다. 성령께서는 혹여나 우리가 예수님을 믿지 않는 죄를 지을까봐 우리를 CCTV처럼 감찰하시는 분이다.

하나님의 기준에 따라 인간이 지을 수 있는 그 다음의 큰 죄는, 말씀대로 살지 않는 것이다. 보혜사 성령께서는 말씀대로 살지 않는 우리의 죄를 제대로 판단해주신다.

둘째, 성령께서는 우리가 스스로 정한 의의 기준을 책망하신다. 사람이 생각하는 '의'와 하나님께서 생각하시는 '의'는 다르다. 죄와 마찬가지로, 사람은 '의'를 조작할 수 있다. 결국 인간은 '참된 의'가 무엇인지 알 수 없는 상태에 빠져 있다. 성경은 예수님이 하나님의 참된 '의'라고 증거한다. 따라서 예수님을 믿는 것 자체가 우리 인간에게는 '의'가 된다. 성령께서는 우리 인간이 예수님 없이 추구하는 교만한 의를 책망하신다. 혹여나 우리가 예수님으로부터 비롯한 의가 아니라 우리 자신의 의를 추구하는지 성령께서는 지켜보신다.

셋째, 성령께서는 우리가 스스로 하는 심판에 대해서 책망하신다.

인간은 쉽게 타인을 판단한다. 때로 이러한 판단은 우리가 알지 못하는 사이에 우리의 머릿속에서 일어나곤 한다. 그런데 예수께서는 하나님의 심판과 인간의 심판이 다르며, 인간이 과연 심판할 자격이 있는지 의문하신다. 부정확한 인간의 판단과는 달리 공의로우신 하나님께서는 모든 일을 정확하게 판단하신다. 성경은 하나님의 심판이 예수 그리스도의 십자가 사건을 통해서 모든 인간에게 이미 내려졌다고 증거한다. 인간의 자의적 심판 대신에 공정한 하나님의 심판이 예수님을 통해서 이미 우리에게 내려졌다. 성령께서는 우리가 다른 사람에 대해서 하는 모든 심판과 판단에 대해서 책망하실 것이다.

또한 요한복음 16장에서는 보혜사 성령에 대한 신자들의 오해에 대한 부분도 언급하고 있다. 특별히 16:7-14은 이러한 오해에 대해서 상세히 다루고 있다.

우리는 성부, 성자, 성령 삼위일체 하나님을 믿고 있는데, 그중 성령에 대한 오해를 가장 많이 하고 있는 것 같다. 믿음의 대상에 대해서 오해를 갖게 되면, 우리의 신앙이 왜곡될 수 있다. 신앙생활을 제대로 하려면 성령에 대한 올바른 이해가 필요하다. 그렇다면 요한복음 16장에서는 성령에 대한 어떠한 오해를 언급하고 있을까?

첫째, 성령에 대한 제일 큰 오해는 성령을 마치 물건처럼 주고받을 수 있다고 생각하는 것이다. 성령은 상품처럼 주고받을 수 있는 것이 아니다. 성령은 어떤 은사와 능력의 대상이 아니라, 우리에게 은사와 능력을 인격적으로 주시는, 신적 인격을 갖고 계신 하나님이시다. 성령은 지, 정, 의를 모두 가지고 계시므로 인격적 존재만이 할 수 있는 일을 행하신다. 성경은 사람의 연약함을 도우시고, 가르치시며, 근심을 하시며, 위로하시는 성령에 대해 분명히 언급하고 있다.

성령님은 단순히 능력보다는 인격적으로 대우받기를 원하신다.

성령에 대한 두 번째 오해는, 우리가 성령을 소유할 수 있다고 생각하는 것이다. 우리가 성령을 소유하는 것이 아니라, 성령님이 우리를 소유하신다. 우리가 성령께 안겨야만 되는 것이다. 에베소서 1장에 보면, "성령으로 인치심을 받았다"라는 구절이 있는데, 이 말은 성령께서 우리 각자를 당신의 소유라고 도장을 찍었다는 뜻이다. 예를 들자면, 목장 주인이 자기의 소에 도장을 찍을 수 있는 것이지, 소가 목장 주인이 자기의 것이라고 도장을 찍을 수는 없다. 만약 이것을 잊어버린다면 첫째, 자기 자신의 능력에 도취될 수 있고, 둘째, 겸손함을 잃어버리고 다른 사람을 판단하게 되고, 셋째, 공동체와 교회의 승인을 무시하며 순종의 자세를 잊을 수 있고, 넷째, 다른 사람들의 지도를 무시하며 스스로 교정하고 성장하려는 태도를 잊어버릴 수 있다. 하나님의 성령이 우리를 소유하셨다는 것을 정확하게 인지하는 것은 이와 같이 너무나 중요한 차이를 만든다.

성령에 대한 세 번째 오해는, 성령은 철저히 예수 그리스도에 대해서 일을 하신다는 것이다. 성령님과 예수님은 분리해서 생각할 수 없다. 본문 7절을 보면, "예수님께서 성령님을 너희에게 보낸다"라고 나와 있고, 13절에는 "성령님은 자의가 아닌 예수님께 듣는 것만 말한다"라고 하며, 14절에는 "성령님은 예수님의 영광만 드러낸다"고 하였다. 우리는 철저하게 예수 중심적 신앙생활을 해야 한다. 예수 중심적이란 말과 성령 중심적이란 말은 사실 같은 말인데, 이것을 분리해서 신앙생활을 하는 분들이 있다.

존 시몬즈라는 신학자는 '하나님, 그리스도, 성령'의 관계를 '의사, 약사, 간호사'의 관계에 비유하여 설명한다. 성부 하나님은 환자인 인간을 진찰하며 치료하는 의사와 같고, 성자 예수님은 제약소에 들어가서 처방대로 약을 준비하는 약사와 같고, 성령 하나님은 처방되어 나온 약을 실제로 환자에게 투여하며 건강을 회복하도록 환자를 간호하는 것과 같다는 것이다.

성령님이 없이는 우리는 예수에 대한 겨자씨만한 믿음도 가질 수가 없다. 모든 성도들은 성령에 대한 정확한 지식을 가지고 우리를 인도하고 지켜주시는 성령님의 손을 날마다 잡음으로써 건강한 신앙생활을 해야 한다.

이와 같이, 요한복음에서 이야기하는 보혜사 성령은 사도행전에서 말하는 다이너마이트와 같은 성령과는 전적으로 다르다. 분명한 것은, 이와 같은 성령론의 두 방향에 대해서 우리는 균형을 가져야 한다는 것이다. 사도행전적 성령과 요한복음적 성령이 서로 조화를 이루어야 진정한 성령 충만의 신앙생활을 할 수 있을 것이다.

살리는 영

요한복음 6:60-65

요한복음 6장에는 예수님께서 행하신 '오병이어의 기적' 사건이 등장한다. 물고기 두 마리와 보리떡 다섯 개로 오천 명을 먹이고도 열두 광주리가 남았다는 이야기이다. 예수께서는 그 뒤에 배를 타고 갈릴리 호수를 건너 맞은편의 가버나움으로 가신다. 그런데 많은 사람들이 예수님과 함께 있으니 먹을 것이 해결된다는 사실을 깨닫고, 갈릴리 호수를 건너 예수님을 쫓아간다. 예수께서는 쫓아온 사람들의 마음을 살펴보시고, 그들이 육신의 떡을 얻기 위해서 자신을 따라오셨다는 것을 아신다. 예수께서는 이 땅의 사람들에게 육신의 떡을 주러 온 것이 아니기에 자신을 따라온 무리에게 이렇게 말씀하신다. "내가 진실로 진실로 너희에게 이르노니 너희가 나를 찾는 것은 표적을 본 까닭이 아니요 떡을 먹고 배부른 까닭이로다"(요 6:26).

이어 예수님은 이렇게 말씀하신다. "내가 너희에게 육신의 떡을 줄 것이라는 생각은 너희들의 큰 착각이다. 나는 생명의 떡, 영적인 생명을 주는 떡을 너희에게 줄 것이다"(요 6:32-35). 예수님은 여기서 이 말씀을 더욱 발전시켜서 "나의 살을 먹고 나의 피를 나누어 마셔야 너희가 참 생명을 얻을 것이다"(요 6:53-58)라고 말씀하신다. 예수께서는 무리에게 영적인 진리를 말씀하셨지만 떡을 바라고 온 무리는 예수님의 말씀을 알아듣지 못한다. 무리가 오직 생명의 떡 대신 육신의 떡만을 구했기 때문이다.

예수님을 따라온 이들이 예수님의 말씀의 요점을 전혀 이해하지 못했다는 사실은, "제자 중 여럿이 듣고 말하되 이 말씀은 어렵도다 누가 들을 수 있느냐 한대"(요 6:60)라는 대목을 통해 알 수 있다.

왜 제자들은 예수님의 말씀을 제대로 알아듣지 못했던 것일까? 예수님의 말씀을 '육적인 것'으로 받아들였기 때문이다. 그들은 예수님의 생명의 말씀을 듣고도 그 진정한 의미를 깨달을 수 없었다. 결국 예수님의 말씀을 이해하지 못한 사람들이 어떻게 되었을까? "그때부터 그의 제자 중에서 많은 사람이 떠나가고 다시 그와 함께 다니지 아니하더라"(요 6:66).

여기서 말하는 '제자'는 열두 제자만이 아니라 예수님을 따르던 많은 사람들을 통칭하는 단어이다. 많은 사람들이 예수님의 말씀을 듣고도 그 뜻을 이해하지 못했기 때문에 결국 예수님을 떠나게 되었다. 여기서 우리는 중요한 신앙의 교훈을 얻을 수 있다. 우리가 신앙생활을 오래 하더라도 우리에게 하나님의 말씀에 대한 깨달음이 없다면 우리의 신앙은 오랫동안 지속될 수 없다는 것이다. 하나님의 말씀에 대한 깨달음과 이해가 있어야 우리의 신앙이 굳건히 설 수 있다. 오랫동안 교회를 다녀도 다른 것에 집중하느라 말씀에 대한 깨달음과 은혜가 없으면 요한복음 6장의 제자들처럼 예수님을 떠나게 될 수 있다. 하나님의 말씀에 대한 깨달음과 은혜가 있어야 예수님과 친밀한 관계를 이룰 수 있으며 건전한 신앙생활을 할 수 있다. 말씀에 은혜를 받고 깨달음이 있는 사람은 누가 교회에 나오지 말라 해도 교회에 나와서 하나님의 말씀을 듣는다. 왜냐하면 그 사람은 예수님과 지속적인 관계를 맺고 있고, 말씀의 달콤함을 알았기 때문이다. 따라서 기독교 신앙인이라면 반드시 말씀 중심의 신앙생활을 해야 한다.

자신의 말을 알아듣지 못하는 제자들로 인해서 예수께서는 답답하셨다. 그래서 이렇게 설명해 주신다. "살리는 것은 영이니 육은 무익하니라 내가 너희에게 이른 말은 영이요 생명이라"(요 6:63).

예수님의 이 말씀은 예수께서 앞서 하신 말씀이 '영'과 '생명'에 관한 것임을 드러내고 있다. 즉, 예수님의 말씀을 따르자면 '영'은 우리를 살리는 것이며, 우리에게 생명을 주는 것이다. 제자들이 하나님의 말씀을 해도 그 말씀을 자꾸만 육신에 관계된 것으로 받아들였기 때문에 예수께서는 '육은 무익하고 영이 생명이다'라고 자신의 말의 뜻을 설명해주신 것이다. 이를 통해서 우리는 예수님의 말씀은 영적으로 해석해야 하고, 그 해석을 통해서 영적인 깨달음을 얻어야 생명을 얻을 수 있음을 알 수 있다.

신앙생활은 '영의 세계'를 믿는 것이다. 영의 세계를 제대로 이해하기 위해서는 '영'이 과연 우리 인간과 관련하여 어떤 의미를 갖는지 제대로 알아야 한다. 성경의 인간론은 인간을 '영, 혼, 육'으로 삼분한다. '영'은 하나님께서 우리를 창조하실 때, 하나님을 예배하고 경배하는 부분을 심어주신 것이다. 인간 안에 내재된 하나님을 향하는 실체가 바로 '영'이다. '혼'은 인간의 정신을 말한다. 인간의 정신은 활동적이어서 이 세상의 문화를 형성했다. '육'은 말 그대로 우리의 '육체'를 말한다. 육체가 제대로 기능하기 위해서는 기본적인 욕구와 욕망이 충족되어야 한다. 이 육체의 본성은 우리의 본능, 욕구, 욕망이라고도 정의할 수 있을 것이다. 그런데 한 가지 주목해야 할 점은 이 '영, 혼, 육'이 하나로 합해진 통합체를 '몸'이라고 한다는 것이다. 그런데 이 '영, 혼, 육'의 삼분설을 잘못 이해하면 마치 영과 육을 분리할 수 있는 것으로 오해할 수 있다.

'영과 육'이 따로 존재한다는 것을 '영육이원론'이라고 하는데, 이것은 전혀 성경적이지 않는 인간론이다. '영, 혼, 육'은 분리될 수 없고 통일체로서 우리의 몸을 구성한다. 그렇다면 '영, 혼, 육'은 우리 몸 안에서 어떤 방식으로 있는 것일까? 한 신학자는 '영, 혼, 육'이 우리 몸 안에서 각자의 세력을 갖고 있다고 말한다. 그런데 이 세 부분은 우리의 몸 안에서 서로 갈등하기도 하고, 영향을 주기도 한다.

이와 관련하여 데카르트는 『정념론』에서 이렇게 말한다. "우리의 신체가 병이 들거나 위기에 직면하면 우리의 정신에도 영향을 끼친다." 우리의 몸이 아프면 그 고통이 우리의 정신과 영에 영향을 끼친다는 것이다. 우리가 심각한 병에 걸려서 극심한 고통에 직면하면 우리의 영과 정신은 말 그대로 요동을 칠 것이다. 또 데카르트는 우리의 감정이 분노하면 우리의 몸 전체가 분노한다고 주장했다. 즉, 감정과 영과 정신을 분리해서 생각할 수가 없다는 것이다.

데카르트의 주장과 같이 '영, 혼, 육'은 우리의 몸 안에서 각자의 세력을 갖고 있다. 그래서 사도 바울은 '정욕에 사로잡혔다'라는 표현을 사용하다. 이 말의 속뜻은 '육체의 본능에 사로잡혔다'는 것이다. 육적인 세력이 너무 커져서 우리의 몸을 지배하면 우리의 몸은 짐승의 몸과 다를 바가 없게 된다. 왜냐하면 인간을 동물과 구분짓는 것은 '영'과 '정신'인데, 육적인 것이 우리 몸 속의 많은 부분을 통제하게 되면 인간을 인간되게 하는 특징들이 없어지는 것이나 마찬가지이기 때문이다.

성경에는 '육에 사로잡혔다'라는 말과는 반대인 '성령에 사로잡혔다'라는 표현도 등장한다. '성령에 사로잡힌 상태'는 하나님과 나의 영이 결합한 상태를 의미한다. 그렇게 되면 성령이 나를 지배하고, 성령의 세력이 나의 안에서 강해져서 우리 안에 충만하게 된다. 따라서 우리는 '영, 혼, 육'의 삼분설에 따라 인간 안에는 이 세 상이한 부분이 서로 갈등하고 협력하면서 공존하고 있으며, 성령이 우리의 몸을 지배할 때만 우리가 영생을 얻을 수 있음을 깨달아야 할 것이다.

'워치만 니'라는 중국 출신의 영성가는 『영에 속한 사람』이라는 책(전체 세 권)을 썼다. 그는 크리스천을 '영에 속한 기독교인, 혼에 속한 기독교인, 육에 속한 기독교인'으로 분류한다. '육에 속한 기독교인'이란, 교회는 나오지만 세상의 육적인 가치관과 사고방식을 그대로 답습하는 사람들이다. 그들은 예수님을 믿지 않는 사람들이 따라가는 세상의 시류에 따라서 살아가기 때문에 세상 사람과 쉽게 구별되지 않는다. '혼에 속한 기독교인'의 가장 큰 특징은 인본주의적이라는 것이다. '혼'은 인간의 '정신'을 의미한다. '혼에 속한 기독교인'은 자신의 생각과 사고방식을 고집한다. 이들은 자신의 생각에 도취되어 있기 때문에 늘 자신을 자랑하려고 한다. 자신을 드러내려고 예수를 믿는 사람들, 즉, 자신의 공적과 공로를 쌓기 위해서 예수를 믿는 사람들이 바로 '혼에 속한 기독교인'이다.

마지막으로 '영에 속한 기독교인'들은 세 가지 특징이 있다. 첫째, 하나님과 '영적인 교제'를 나누는 사람들이다. '영에 속한 기독교인'은 하나님과 영적으로 교제를 나누는 능력을 갖고 있는 이들이다. 기도를 통해서 우리의 마음을 하나님께 알리고, 하나님의 뜻을 파악하고, 하나님의 음성을 들을 줄 아는 사람이 바로 '영에 속한 기독교인'이다. 이들은 하나님과 깊은 사귐과 교제의 관계를 유지하며 하나님의 음성에 민감하게 반응하며 살아간다.

둘째, '영에 속한 기독교인'은 '영적인 직관'을 가지고 있다. 직관은 영어로 'Intuition'으로, 다음의 이야기에서 그 말뜻을 알 수 있다. 동남아시아에 몇 년 전 큰 지진해일이 닥쳤다. 그런데 개미와 동물들은 이 지진해일이 닥치기 일주일 전에 지진해일을 예지하고 미리 다 피신을 했지만, 사람들은 지진해일이 올 것을 알지 못하고 많은 사람이 희생되고 말았다. 앞을 내다보는 예지력, 삶을 바라보는 통찰력이 바로 '직관'이다.

프랑스의 앙리 베르그송은 직관이 무엇인지 알고자 많은 동물과 곤충을 연구했다. 그는 곤충들에게는 생존을 위한 직관이 아주 많이 발달되어 있다는 것을 발견했다. 나는 베르그송의 발견을 나의 집에서 실감한 적이 있다. 세수를 하려고 하다가, 세면대의 습한 곳에서 벌레들을 발견했는데, 이 벌레들은 내가 세면대의 물을 틀자마자 그 물줄기를 피하기 위해서 열심히 위로 올라가기 시작했다. 이것을 보면서 나는 고민했다. '우리 집의 청결을 위해서 이 벌레를 죽여야 하는가, 아니면 이 벌레도 생명인데 죽이지 말고 살려주어야 하나?'

이 벌레들은 세면대 끝을 넘어갈 수가 없다. 그럼에도 불구하고 벌레들은 최선을 다해서 끝을 향해 기어 올라갔다. 결국 나는 청결을 위해서 벌레를 죽이기로 작정하고 벌레를 익사시켰다. 그런데 이 벌레는 그 죽음의 순간에도 직관을 발휘하여 생존을 위해 발버둥

쳤다.

벌레들의 죽음을 통해서 확실히 알 수 있었던 것은, 그들에게 생존을 위한 '직관'이 있다는 사실이다. 앙리 베르그송은 이렇게 한 생명이 자신의 삶을 끊임없이 새롭게 하고 그 삶을 지속하기 위해서 갖는 직관을 '엘랑비탈'(elan vital)이라고 표현했다. 즉, 그는 정신에 내재된 직관이 우리의 삶을 지속적으로 유지하는 동력이라고 보았다. 동물은 이러한 직관이 굉장히 민감하게 발달되어 있는데 반해, 인간은 그런 직관이 무디다. 베르그송의 정의에 따른다면 '직관'은 우리의 생명을 위해 우리의 정신에 내재된 예지력과 통찰력을 의미한다.

왓치만 니가 말한 '영적 직관'이라는 것도 우리의 삶에 대한 예지력과 통찰력을 가리킨다. 그러나 '영적 직관'은 일반적인 직관과는 달리, 우리 자신으로부터 비롯한 것이 아니라 하나님께서 우리에게 성령을 주심으로 인해서 '외부로부터 주어지는' 것이다. 영적 직관이 충만한 사람은 다른 사람이나 상황을 한눈에 파악한다.

한 목사님께서 시골에서 버스를 탔는데, 한 아주머니가 자신의 뒤에서 방언으로 열심히 기도를 하고 있었다. 목사님은 아주머니가 분위기를 해친다고 생각하고, '너무 분별력 없이 신앙생활을 하시는 아주머니'라고 속으로 탓하고 있었다. 그런데 이 아주머니께서 기도를 하시다가 운전사에게 생떼를 쓰기 시작했다. '하나님께서 나보고 여기서 내리라고 하시는데 빨리 내려달라'고 울상이 되어 운전사에게 애원을 하는 것이다. 운전사는 결국 정류장이 아닌 곳인데도 이 아주머니를 내려줄 수밖에 없었다. 그런데 놀라운 일이 벌어졌다. 아주머니가 내린 후 얼마 지나지 않아서 이 버스는 그만 사고가 나서 한 바퀴를 구르고 말았던 것이다. 이 이야기 속의 아주머니는 하나님께서 주시는 '직관'이 뛰어난 분이셨던 것이다.

"너희는 이 세대를 본받지 말고 오직 마음을 새롭게 함으로 변화를 받아 하나님의 선하시고 기뻐하시고 온전하신 뜻이 무엇인지 분별하도록 하라"(롬 12:2).

영적인 직관을 가진 사람은 무엇이 영적으로 옳고 그른지를 분별할 줄 아는 사람이다. 하나님의 영으로 충만한 사람은, 하나님의 뜻을 잘 분별할 줄 알고 따라서 쉽게 타락의 길로 빠지지 않는다.

마지막으로 '영에 속한 기독교인'의 특징은 바로 영적 양심이다. 우리는 '신비적이고 초월적 신앙을 가진 사람은 자신의 양심과 무관하게 살 것'이라고 쉽사리 오해하곤 한다. 하지만 우리의 오해와는 달리 결코 그렇지 않다. 사도 바울의 서신에 보면 '양심'이라는 단어가 굉장히 많이 등장한다. 희랍어로 양심은 '카르디아'(καρδιά)라고 하는데, 바울은 서신을 통해서 초대 교회 성도들에게 '선한 양심을 가지라'라고 권면한다. 워치만 니는, 영적인 사람은 '선한 양심'이 발달되어서 그 마음이 깨끗하다고 말한다. 우리 모두가 영에 속한 기독교인이 되어 살아가야 한다.

"육의 몸으로 심고 신령한 몸으로 다시 살아나나니 육의 몸이 있은즉 또 영의 몸도 있느니라"(고전 15:44).

바울은 이 말씀에서 '육의 몸'과 '영의 몸'을 구분한다. '육의 몸'은 앞서 말씀드린 '육체의 지배를 받는 몸'을 말한다. 신령한 몸은 희랍어로 '소마 프뉴마티콘'(σῶμα πνευματικὸν)이라고 하는데, 쉽게 말하면 이 단어는 '영적인 몸'을 뜻한다. 영이 우리를 완전히 지배하는 몸이 바로 '영적인 몸', '신령한 몸'이다.

고린도전서 15장은 '부활의 장'으로 불리는데, 사도 바울이 이 '부활의 장'을 쓰게 된 것은, 어떤 사람이 사도 바울에게 '우리가 부활해서 천국에 가면 어떤 형체의 몸을 입게 됩니까?'라고 물어보았기 때문이다. 바울은 이 질문에 대해서 이렇게 대답한다. "물속에 있는 물고기는 물속에 살도록 몸이 만들어졌다. 공중에 사는 새는 하늘에 살도록 몸이 만들어졌다. 사람도 마찬가지로 천국에서 살게 되면 천국에 맞게 하나님께서 우리의 몸의 형체를 만들어 주실 것이다." 이렇게 대답하면서 바울은 그 천국에서 우리 몸의 형체가 어떻게 될 것인지를 암시한다. 바울이 생각하기에, 천국에서 우리는 바로 우리의 영이 하나님의 영과 온전히 결합해서 하나님의 지배를 받는 몸, 즉, '영의 몸'을 갖게 될 것이다.

다시 한 번 강조하지만, 우리를 살리는 것은 '영'이다. 그리고 하나님의 '영'과 결합된 우리의 몸이 바로 우리가 영광스러운 천국에서 입게 될 몸이다. 이제 '살리는 것은 영이니'라는 구절의 의미가 좀 더 분명해진다. "살리는 것은 영이니 육은 무익하니라 내가 너희에게 이른 말은 영이요 생명이라"(요 6:63).

우리는 우리의 혼, 즉 우리의 생각에 따라서도 아니요, 우리의 육, 우리의 본능에 따라서도 아니요, 하나님의 영으로 충만해서 우리의 영이 몸을 지배함으로 말미암아 하나님의 생각대로 신앙생활을 해야 한다. 요한복음 전체가 말하는 바는, 이미 우리 안에서 부활이 시작되고 있으며 하나님의 영이 역사하기 시작했다는 것이다. 우리의 몸 안에서 하나님의 영이 일하시면서 우리의 혼과 육을 지배하고 우리의 영을 지배하면서, 우리를 하나님의 영에 사로잡힌 사람으로 만들어가고 있다. 우리가 성령 충만한 영적인 몸으로 거듭나게끔 하나님께서는 부활의 역사를 우리 안에서 시작하셨다. 따라서 기독교인은 모두 부활의 '과정 중'에 있는 사람이다. 우리는 모두 우리를 온전케 하시는 하나님의 고치는 손길로 '수리 중'에 있는 사람이다.

지금도 하나님의 영이 우리 안에서 발아하면서 우리를 충만케 하고 계신다. 우리 모두가 성령에 충만하고, 하나님의 영에 사로잡혀 생명의 삶을 살아가길 바란다.

보혜사 성령 I

요한복음 14:16-18

'악마대가리 좀나방'이라는 나방이 있다. 굉장히 괴이하고 특이한 이름이다. 또한 이 나방의 이름만큼이나 아주 이상한 이름의 식물도 있다. '노루오줌', '사위질빵'이 바로 그것이다. 그런데 성경에는 이렇게 이상한 동식물의 이름만큼이나 생소한 이름이 나온다. 바로 '보혜사'라는 단어이다. '보혜사'라는 명칭은 처음 듣는 사람에게 아주 생소하게 느껴진다. 나 또한 처음 성경을 읽으면서 '보혜사'라는 단어의 의미가 무엇인지 너무나 궁금했다.

보혜사라는 단어는 성경에만 나오는 단어이다. 보혜사의 '보'는 지킬 '보'이고, '혜'는 은혜 '혜'이며, 사는 스승 '사'이다. 즉. 보혜사는 보호해 주시고 은혜를 주시는 스승님이라는 의미를 갖고 있다. '보혜사'라는 이름은 요한복음의 헬라어 원문 '파라클레토스'(παράκλητος)라는 단어를 우리나라의 성서학자들이 번역한 것이다. 파라클레토스에서 파라(παρά)는 '옆에'라는 의미를 갖고 있고, 클레토스(κλητος)는 '부름을 받다'라는 뜻을 갖고 있다. 즉, 파라클레토스는 우리의 곁에 계시도록 하나님께 부름을 받은 분이라는 뜻을 갖고 있다.

좀 더 쉽게 말하자면, 보혜사는 '우리의 옆에 계시는 분'이다.

요한복음 14:16-18에서 예수께서는 자신이 보혜사 성령을 제자들에게 보내시겠다고 약속해 주신다. 그런데 왜 예수께서는 보혜사를 약속하셨던 것일까? 그 이유는 예수께서 십자가를 지시고 부활하신 뒤에 승천할 것을 아셨기 때문이다. 예수께서는 자신이 부재하셨을 때, 제자들이 방황할 것을 염려하셨다. 그래서 제자들에게 보혜사를 보내주겠다고 약속하신 것이다. 예수께서는 보혜사에 대해서 이렇게 말씀하신다.

"내가 아버지께 구하겠으니 그가 또 다른 보혜사를 너희에게 주사 영원토록 너희와 함께 있게 하리니 그는 진리의 영이라 세상은 능히 그를 받지 못하나니 이는 그를 보지도 못하고 알지도 못함이라 그러나 너희는 그를 아나니 그는 너희와 함께 거하심이요 또 너희 속에 계시겠음이라 내가 너희를 고아와 같이 버려두지 아니하고 너희에게로 오리라"(요 14:16-18).

예수께서는 보혜사가 우리와 영원토록 함께하실 것이라고 말씀하신다. 또 보혜사께서 우리를 고아와 같이 버려두지 아니할 것이라고 말씀하신다. 그렇다면 우리와 함께하시고, 우리를 버리지 아니하시는 보혜사 성령께서 우리와 함께하시면 우리의 삶에 어떤 일이 생기게 될까?

첫째, 보혜사 성령께서는 우리의 인생길에 동행하신다.

예수께서는 보혜사께서 '영원토록' 우리와 함께하실 것이라고 말씀하신다. 여기서 말하는 '영원토록'은 다른 말로 '항상', '어떤 경우에든지', '어떤 형편에서든지'라는 뜻을 갖고 있다. 때로 우리는 절박한 상황에 직면한다. 탕자의 비유 속에서 탕자가 돈을 모두 탕진했을 때 친구들이 모두 그의 곁을 떠났던 것처럼, 우리가 절박한 상황에 처하면 우리 주변에 있던 사람들은 쉽게 우리를 떠나고 말 것이다. 하지만 보혜사 성령께서는 우리가 절박한 상황 속에서 가진 것이 아무것도 없어도 우리와 함께하실 것이다.

누구나 잘못된 길을 걸어갈 때가 있다. 사람들은 우리가 잘못된 길을 가면 흔히 우리를 외면하고 만다. 하지만 보혜사 성령께서는 우리가 잘못된 길을 갈 때에도 함께하신다. 기도조차 나오지 않는 상황에 직면했을 때에도 보혜사 성령께서는 우리와 함께하신다. 이것이 바로 예수님의 '보혜사께서 영원토록 함께하실 것'이라는 약속이다.

나는 여러 번 결혼 주례를 서본 적이 있다. 우리나라의 모든 주례를 보시는 분들은 신랑과 신부에게 이렇게 물을 것이다. "검은 머리가 파뿌리가 될 때까지 서로 함께하겠습니까?" 이렇게 물으면 신랑들은 아주 큰 목소리로 '예'라고 대답한다. 그런데 미국 같은 경우 이혼율이 50%가 넘는다. 우리나라도 이혼율이 점점 증가하는 추세에 있다. 이처럼 부부는 결혼하면서 서로 영원히 함께할 것이라고 약속하지만 약속이 깨지게 되는 경우가 적지 않다. 많은 부부들이 서로 영원히 함께하겠다는 약속을 지키지 못한다. 하지만 보혜사 성령께서는 우리와 영원히 함께하시겠다는 약속을 반드시 지키시며, 우리가 기쁠 때나 슬플 때나 함께하신다.

사람은 혼자서 길을 찾을 수 없다. 사람은 혼자 인생길을 가면서 큰 외로움을 느낀다. 최근에는 '고독사'가 큰 사회적 이슈가 되고 있다. 45세의 한 남성이 부산의 원룸에서 죽은 지 9개월 만에 발견되는 일이 발생하기도 했다. 지난 1년 동안 대한민국에서 고독사하는 사람이 1천 명 정도나 된다고 한다. 이처럼 우리가 사는 인생길은 외로운 길이다.

「캐스트 어웨이」라는 영화는 비행기가 추락해서 어느 섬에 혼자 표류하는 것을 내용으로 하고 있다. 외딴 무인도에 혼자 버려린 주인공은 너무나 외롭게 지나다가, 비행기에서 버려진 배구공 하나를 친구 삼아 배구공과 대화를 나누기 시작한다. 그는 자신의 배구공에 '윌슨'이라는 이름을 짓고, 자신의 피로 배구공 위에 얼굴까지 그려서 배구공을 벗삼아 무인도 생활을 버텨나간다. 아침에 일어나자마자 배구공 친구 윌슨에게 아침인사를 나눌 정도로 그는 배구공에게 정을 붙이게 된다. 나도 전에 내가 몰던 자동차에 꽤나 정을 붙인 적이 있기에 주인공의 배구공을 향한 애틋한 마음에 공감이 갔다. 그런데 주인공은 구출되는 과정에서 자신의 유일한 친구였던 윌슨을 잃어버리고 만다. 그는 윌슨을 잃어버린 슬픔에 땅을 치면서 눈물을 흘린다. 약혼녀를 생각하면서 고향으로 돌아오지만, 약혼녀는 이미 다른 남자와 결혼한 뒤다. 주인공의 삶은 표류했을 때나 일상으로 돌아왔을 때나 마찬가지로 고독하고 외로워 보인다.

우리의 삶도 이 영화 주인공의 삶처럼 고독하고 외롭다. 하지만 보혜사 성령님은 어느 누구도 줄 수 없는 참된 위안을 우리에게 주시며, 우리를 외롭지 않게 지켜주신다. 우리에게 맡겨진 많은 일들을 혼자 감당하면서 외롭고 힘에 부칠 때, 성령께서는 우리에게 힘을 주신다.

때로 교회에서 일을 하다보면 내가 혼자서 모든 일을 다하는 것 같은 느낌을 받을 때가 있다. 과거에 어느 교회에 부임했을 때에는, 실제로 일꾼이 하나도 없었다. 전임 목사님께서 수백 명이 넘는 교회의 교인들과 함께 교회 근처에 새로운 교회를 개척하셨기 때문이다. 나는 그 지역이 처음이었기 때문에 아는 사람이 하나도 없었고, 너무나 외로웠다. 그래서 하나님께 이렇게 기도했다. "주님, 어떻게 제가 이 일을 혼자서 감당할 수 있겠습니까? 제가 어떻게 상처받은 성도들을 치유하고 이 교회를 다시 일으킬 수 있겠습니까?"

하나님께서는 응답으로 한 부목사님을 보내주셨다. 티베트에서 선교사로 일하던 나의 제자 목사님이 자신의 친구를 추천해서 필리핀 선교사로 있던 분을 부목사로 모시게 되었는데, 이 새로운 부목사님이 진실하고 성실하게 나를 10년 동안이나 보좌해주었다. 10년 동안 함께했던 목사님이 떠나게 되었을 때는, 마치 나의 양팔이 떨어져 나가는 것 같았다. 이 부목사님을 보내어 나의 사역을 도와주었던 분이 바로 보혜사 성령님이심을 믿는다. 보혜사 성령께서는 이처럼 우리가 어려운 인생길을 갈 때, 우리를 도우시는 분이다.

둘째, 보혜사 성령께서는 우리의 인생이 힘들 때, 우리에게 힘을 주시고 우리에게 위로와 격려를 주신다. "내가 너희를 고아와 같이 버려두지 아니하고 너희에게로 오리라"(요 14:18).

보혜사 성령께서는 우리의 삶이 어려움에 처해 있을 때, 우리를 버리지 않으시고 우리를 위로하신다.

돌봐줄 부모가 없는 고아는 이 세상에서 자신을 위로하고 격려할 사람을 갖고 있지 못한다. 과거에 부모가 결핵에 걸리면 결핵에 걸리지 않은 자녀를 병으로부터 보호하기 위해서 자녀를 고아원에 보내곤 했었다. 당시에는 결핵을 치료하는 것이 쉽지 않은 일이라 불가피한 조치였지만, 이로 인해서 많은 가족들이 생이별을 해야 했다.

결핵에 걸린 부모로 인해 고아원으로 가게 된 한 아이는 이렇게 말했다고 한다. "병에 걸린 엄마라도 저는 엄마랑 함께 있고 싶어요." 아이는 부모가 없는 고아의 삶이 비참한 것을 알았기 때문에, 병에 걸릴 위험을 무릅쓰고서라도 부모의 곁에 남아 있고 싶었던 것이다.

부모가 없는 고아의 삶은 비참하다. 그런데 보혜사 성령께서는 우리와 늘 함께 하시면서 우리를 고아처럼 버려두지 아니하시고, 우리에게 새로운 힘을 주시고 우리를 격려하신다. 그래서 게르하르트 에벨링이라는 신학자는 성령을 우리에게 '용기를 주는 영'이라고 소개한다. 인생길을 살면서 우리의 마음이 두렵고 불안할 때, 보혜사 성령께서 우리의 곁에 계시면서 우리를 붙들어주신다.

나는 36살의 나이에 미국으로 유학을 갔다. 당시에는 아내도, 아이들도 영어를 거의 하지 못했기 때문에 새로운 환경에 적응하는 데 큰 어려움을 겪었다. 나는 아직도 미국 시카고 공항에 내렸을 때를 기억한다. 아이들은 아마도 나를 잃어버리면 말이 하나도 통하지 않는 미국에서 큰일이 날 것을 직감적으로 알았던 것 같다. 그래서인지 공항에 내리자마자 아이들이 나의 바짓가랑이를 매우 세게 붙잡는 것을 느낄 수 있었다. 그 뒤에 나는 대학원 수업을 듣게 되었는데, 도저히 교수님의 강의를 알아들을 수가 없었다. 심지어 어떤 학생들은 김치 냄새가 난다면서 가까이 오지 말라고 하기도 했다.

의사소통이 되지 않는 미국에서 너무나 외롭고 힘들었다. 그래도 영어 실력이 그래도 조금 나은 내가 그렇게 힘들었는데, 거의 영어를 하지 못했던 아내와 아이들은 얼마나 외롭고 힘들었겠는가? 결국 나는 매일 저녁마다 근처에 있는 작은 교회에 가서 홀로 기도를 하고 찬양하였다. 기도할 때마다 보혜사 성령께서 찾아오셔서 '괜찮

아질 거야. 다 잘될 거야'라고 말씀해 주셨다. 그리고 얼마 뒤에 근처에 있는 한인교회를 담임하게 되었고, 교포 성도님들의 사랑 속에서 공부와 사역을 병행할 수 있었다. 성령님은 이처럼 우리를 버리지 않으시고 우리와 함께하신다. 신자는 우리를 고아처럼 버리지 않으시는 성령님을 붙들어야 한다.

셋째, 보혜사 성령께서는 신자들을 진리로 가르치신다. "보혜사 곧 아버지께서 내 이름으로 보내실 성령 그가 너희에게 모든 것을 가르치고 내가 너희에게 말한 모든 것을 생각나게 하리라"(요 14:26).

많은 사람들이 자신의 길을 지도해 주는 '멘토'를 가지고 있다. 중요한 선택의 기로에 서면 많은 사람들이 삶의 지혜와 통찰을 얻기 위해서 경륜을 가진 멘토를 찾아간다. 그런데 신자의 가장 훌륭한 멘토는 바로 보혜사 성령님이시다. 보혜사 성령께서는 우리에게 지혜를 주시고, 우리의 갈 길을 지시하시고, 우리의 삶을 진리로 인도하신다.

칼 바르트는 성령에 대해서 이렇게 말한다. "성령은 자기 자신과 자기 자신의 상황을 점검하도록 유도하고, 자신의 선택을 매우 신중하게 하도록 유도한다."

또 바울은 이렇게 적었다. "이와 같이 성령도 우리의 연약함을 도우시나니 우리는 마땅히 기도할 바를 알지 못하나 오직 성령이 말할 수 없는 탄식으로 우리를 위하여 친히 간구하시느니라"(롬 8:26).

로마서의 말씀이 증거하듯이, 성령께서는 우리의 연약함을 도우신다. 특별히, 성령은 우리의 연약함을 깨닫게 하시고, 우리를 은혜의 자리로 부르신다. 그래서 칼 바르트는 성령을 은혜의 자리를 지정해주는 영이라고 말한다.

록펠러의 어머니는 죽기 전에 록펠러에게 꼭 예배를 드릴 때는 맨 앞에 앉으라고 유언을 했다고 한다. 마치 록펠러의 어머니처럼, 성령께서는 우리의 '삶의 자리'를 직접 지정해주신다. 우리가 가야 할 자리, 가지 말아야 할 자리를 구분해주시고, 어떤 자리가 은혜의 자리인지를 우리에게 알려주시는 분이 바로 성령님이시다.

성령의 가르치심을 입지 않고 예수님을 믿는 사람은 다른 사람의 의견이나 자신의 의견만을 의지하는 사람이다. 이런 사람은 그 삶에 실수가 많고 잘못된 길로 걸어갈 수 있다. 그런데 성령께서는 잘못된 길을 가는 우리에게 빛을 비춰서 우리가 가야 할 길을 알려주시고, 그 길로 인도해주신다. 어거스틴은 성령께서 우리의 삶에 갈 길을 비춰주시는 것을 성령의 '조명'이라고 규정한다. 성령의 빛이 우리의 마음에 비치면 우리는 비로소 우리의 삶의 문제에 대해서 분별력을 가지고 무엇이 옳고 그른지를 판단할 수 있게 된다.

밴쿠버에서 심방을 하다가 생긴 일이다. 방문해야 할 가정의 위치를 정확히 몰라서 한 성도님에게 길을 인도해달라고 부탁을 드렸다. 그런데 내가 탄 차 앞에서 길을 인도하시던 성도님의 차가 출발한 지 불과 5분도 안 되어서 사라지고 말았다. 10분 정도 가던 길로 계속 달리다가 성도님에게 전화를 걸었더니, 성도님은 "이미 목적지에 벌써 도착했습니다!"라고 대답하시는 것이다. 인도를 해주어야 할 분이 인도 받아야 할 사람을 버리고 먼저 가버린 것이다.

사람의 인도와 도움은 이렇듯 불완전하다. 그러나 성령님께서는 우리의 발걸음 하나하나를 인도하시며, 우리를 올바른 길로 인도하신다. 인간은 상한 갈대이며, 어떻게 살아야 할지 알지 못하는 존재이다.

그렇기에 우리는 성령님의 인도하심을 받아야 한다. 우리 모두가 보혜사 성령님과 동행하며 외롭고 힘든 인생길을 갈 때, 우리를 아버지와 같이, 어머니와 같이 인도하시는 성령님의 도우심을 구하며 살아야겠다.

보혜사 성령 II

요한복음 14:16-18

사람은 인생길을 혼자 갈 수 없다. 누군가와 함께 동행해야 한다. 최근에 내가 많이 동행하는 사람이 누구인가 생각해봤더니 첫째는 내 아내이고, 그 다음은 행정을 보시는 부교역자라는 사실을 알게 되었다. 이처럼 사람은 늘 누군가와 동행하게 되어 있다. 그런데 성경은 말씀하시기를, 기독교 신자는 일생 동안 성령님과 동행해야 한다고 한다. 기독교 신자가 일평생 성령님과 아름다운 동행을 할 때에 신앙생활에 힘이 있게 될 것이다.

'성령'에 대해서 직접적으로 증거하는 구절이 사도행전과 요한복음에 등장한다. 사도행전의 성령은 강한 능력이 있는 분으로 묘사된다. 사람들의 병을 고치고 기적을 일으키는 강력한 능력을 가진 성령님이 바로 사도행전에서 증거하는 성령님의 모습이다. 요한복음에서는 성령을 '보혜사'라고 설명하는데, 이 '보혜사 성령'이라는 말이 중요하다. 왜냐하면 예수님께서 직접 성령을 보혜사라는 말로 언급하셨기 때문이다.

'보혜사'라는 단어는 우리가 쉽게 그 의미를 파악하기 어려운 말이다. 우리말에서는 조금 그 의미를 파악하기 어렵지만 희랍어 원어를 살펴보면 '보혜사'라는 말은 '함께 있도록 부름을 받은 존재'라는 뜻을 가지고 있다. 즉, 성령은 우리와 함께 있도록 부름 받은 분이시다.

예수님께서는 승천하시면서 제자들이 걱정이 되셨다. 그래서 "내가 다른 보혜사를 너희에게 주사 영원토록 너희와 함께 있게 하리니"(요 14:16)라고 말씀하셨다. 여기서 '다른 보혜사'라는 말에 주목해야 한다. 예수님이 승천하신 뒤에 '다른' 보혜사를 보내주신다고 했는데, 그렇다면 예수님의 이 말씀을 통해서 우리는 이미 보혜사가 제자들과 함께 있었다는 사실을 유추할 수 있다. 예수께서는 예수님 자신을 이미 '보혜사'로 인식하고 계셨다. 왜냐하면 예수께서도 제자들과 함께 있도록 부름을 받으신 분이기 때문이다. 그렇다면 예수께서 말씀하신 다른 보혜사는 누구일까? 그 '다른 보혜사'가 바로 성령님이다. 예수께서는 또 다른 보혜사인 성령님에 대해서 언급하시면서 '영원토록 너희와 함께 있게 하겠다'라고 말씀하셨다. 이 말씀은 성령께서 우리와 우리의 인생 끝까지 동행해 주시겠다는 뜻을 가지고 있다. 성령께서는 우리가 어려울 때 도와주시고, 낙심할 때 위로해 주시고, 길을 못 찾고 방황할 때 길을 찾아주실 것이다. 따라서 사도행전의 능력 있는 성령과는 달리 요한복음의 성령님은 우리의 내면에서 우리의 마음을 어루만져 주시는 분이다.

어떤 분들은 성령께서 우리와 동행하신다는 사실을 싫어한다. 하지만 그럼에도 불구하고 예수께서는 성령께서 우리와 동행하실 것이라는 사실을 약속하셨다.

"그는 진리의 영이라 세상은 능히 그를 받지 못하나니 이는 그를 보지도 못하고 알지도 못함이라 그러나 너희는 그를 아나니 그는 너희와 함께 거하심이요 또 너희 속에 계시겠음이라"(요 14:17).

그렇다면 구체적으로 성도에게 성령님의 동행이 필요한 이유가 무엇일까? 월간 「목회와 신학」의 부록인 "그 말씀" 성령 시리즈에서 유승원 목사는 그 이유를 다음과 같이 세 가지로 제시한다.

첫째, 인간의 삶이 고독하기 때문이다. 이 인생길은 혼자 걷기가 참 외로울 때가 많다. 그럴 때는 이 세상에 나 혼자 버려진 것 같은 느낌을 받는다. 이 우주에서 나 혼자라는 고독감이 찾아올 때도 있다. 그런데 주께서는 다음과 같이 말씀하셨다. "내가 너희를 고아와 같이 버려두지 아니하고 너희에게로 오리라"(요 14:18).

사람들에게는 반드시 준거그룹(Reference Group)이 필요하다. 자기가 속한 애정 공동체가 있어야 사람은 평안히 살 수 있고 자신감 있게 살 수 있다. '고아'들은 아무도 불러주는 이가 없는 외로운 아이들이다. 소속된 공동체가 없으니 마음 편히 쉴 곳이 없다. 그래서 '고아'같이 사는 사람들의 삶은 외롭고 삭막하다. 하지만 성령께서 외롭고 고독한 우리의 삶에 함께하시면서 우리의 외로움을 달래주신다. 성령께서는 고독한 우리의 삶에 좋은 동반자이시다.

둘째, 사람은 홀로 좋은 방향을 찾을 수 없기 때문이다. 인간은 자기 혼자서는 삶의 방향을 찾을 수 없다. 성경은 인간이 올바른 길, 선한 길, 좋은 길을 자신의 힘으로는 찾을 수 없다고 증거한다.

눈이 펑펑 쏟아지는 날, 나는 캐나다에서 길을 잃은 적이 있다. 길을 찾다가 국경선을 넘어 미국까지 갔다 오는 고생을 하고서야 겨우 목적지에 도착할 수 있었다. 그 막막함 속에서 나는 사람이 인생의 길을 찾는 것이 마치 눈이 쏟아지는 날 길을 찾는 것과 같다고 느꼈다. 사람이 제대로 길을 찾기 어렵다는 것은 인간이란 본래 모든 면에서 부족한 존재이기 때문이다.

어떤 분이 혈액형별 성격에 대한 이야기를 해주셨다. A형은 '소심하고 세심하고 지랄 맞다'의 줄임말인 '소세지'라고 한다. B형은 '단순하고 무식하고 지랄 맞다'의 줄임말인 '단무지'라고 한다. O형은 '오지랖이 넓고 이해심이 많고 지랄 맞다'의 줄임말인 '오이지'라고 한다. AB형은 '지랄 맞고 지랄 맞고 지랄 맞다'라는 뜻의 '지지지'라고 한다. 이 이야기가 가리키는 것처럼, 인간에게는 표현하기가 민망하지만 모두 '지랄 맞은 면'이 있다. 이것을 성경은 이렇게 이야기한다. "기록된 바 의인은 없나니 하나도 없으며 깨닫는 자도 없고 하나님을 찾는 자도 없고 다 치우쳐 함께 무익하게 되고 선을 행하는 자는 없나니 하나도 없도다"(롬 3:10-12).

인간은 스스로 삶의 길을 찾을 수 없을 뿐만 아니라, 길을 찾으려 노력하는 일은 오히려 우리의 상황을 악화시킬 뿐이다. 성령께서 함께하셔야 참된 길, 생명의 길을 찾아갈 수 있다.

셋째, 인생의 짐이 너무 무겁기 때문이다. 모든 사람들에게는 저마다 짊어져야 할 짐, 곧 사명이 있다. 하나님께서 부르셔서 그리스도인이 된 사람에게는 예외 없이 모두 사명이 있다. 그런데 그 사명은 혼자서는 감당하기가 힘들다. 성령님의 동행 없이는 혼자서 사명을 감당할 수가 없다.

또한 사람은 이 세상을 살아갈 때에 저마다 책임져야 할 부분이 있다. 가정을 책임져야 하고, 직장에서는 자기가 맡은 일을 책임져야 한다. 그런데 이렇게 책임을 지고 사명을 감당하는 일이 매우 힘들 때가 있다. 그럴 때 성령께서는 함께하셔서 우리의 사명과 책임을 다하게 하신다.

어느 유명한 제약회사의 상무였던 분이 피로회복제의 광고 프로젝트를 맡게 되었다. 신실한 집사님이셨던 그분은 생각을 거듭했지만 그럴듯한 광고 아이디어가 떠오르지 않자, 하나님께 기도를 드리기 시작했다. 나도 집사님께 '성령님께 기도하시면 깨우쳐 주실 것'이라고 격려하면서 기도를 권면 드렸다. 그런데 어느 날은 이 집사님께 '라쿠카라차'라는 유명한 민요의 멜로디를 거꾸로 불러서 CM송을 만들면 어떨까 하는 생각이 들었다. 광고 모델도 비교적 개런티가 저렴한 축구선수를 쓰기로 했다. 그렇게 해서 '간 때문이야'라는 캐치 프레이즈가 들어간 광고가 완성되었다. 결국 이 광고는 큰 성공을 거둬서 이 집사님은 회사는 물론 관련업계에서 명성을 얻게 되었다. 아이디어를 생각나게 하신 성령님의 도우심이 없었다면 불가능했을 일이다. 자신이 맡은 직분을 성령님의 도우심으로 잘 감당하게 된 것이다.

캐나다의 한인교회에서 목회하던 시절의 이야기다. 한 젊은 성도님 가정이 출석하기 시작했다. 결혼 10년차 부부였는데, 남편 분이 어느 날은 나에게 찾아와서 "아내가 이민 생활을 너무 힘들어 합니다. 어떻게 해야 할까요?"라고 고민을 털어놓았다. 나는 그분에게 아내에게 비밀편지를 써보라고 말씀드렸다. 그리하여 남편의 진심을 담은 편지는 아내의 힘들고 지친 마음을 어루만졌고, 새로운 힘으로 어려운 생활을 잘 버텨낼 수 있는 원동력이 되었다. 남편의 편지 내용은 다음과 같다.

사랑하는 여보.

오늘이 우리가 결혼하고 4,132일(11년 3개월 21일)째 되는 날이네요.

결혼하고 11년이 훨씬 지난 지금쯤엔 당연히 많은 것을 이루고 좀 여유 있게 살 것으로 생각했었지만 어째 요즘 돌아가는 것이 점점 더 힘이 드는 것 같아요.
작년에는 1년만 버티면 좀 나아질 것이라고 말했는데… 엊그제 또 동일한 말을 하게 되었네요. 앞으로 1년만 버티면 좀 좋아지겠죠?
제대로 준비하지 못하고 온 이민 생활 속에서 하루하루 노력하는 당신의 모습을 볼 때 미안하기도 하고 고맙기도 하고 든든하기까지 하네요.
당신이 첫 출근하고 돌아온 날 어머니와 부둥켜안고 울었다는 이야길 들었을 때, 한국에 계신 부모님에 대한 그리움을 애써 숨기며 돌아설 때, 처녀 때 입던 옷을 들고 잘 맞지 않는다고 고민할 때, 내 마음이 너무나 아픈데 뾰족이 대안을 찾지 못해 외면한 나를 용서해 주기 바랍니다. 비록 해답을 제시하지도 못했고 위로도 해주지 못했지만 모든 것을 잊지 않고 기억하고 있으며 늘 고맙게 생각합니다.
우리 아이들이 너무나 예쁘게 커가고 있고, 하나님을 바라보는 우리의 마음이 점점 뜨거워져 가고 있음을 압니다.
1년만 잘 버티면… 좀 좋아지겠죠?
당신이 우리 집의 중심입니다. 지금처럼만 해준다면 우리 집은 늘 든든히 설 수 있을 거라 믿습니다. 고맙고 감사합니다. 사랑합니다.

성령님의 동행은 이 남편의 편지처럼 우리에게 새 힘을 준다. 이 편지처럼 조금만 참고 인내하면 점점 삶이 나아질 것이라고 성령님께서는 우리에게 지금도 말씀하고 계신다.

제2부

성령의 역사

모든 문제의 중심에는 내가 있다는 것을 인정해야 하고,
다음으로는 하나님과의 관계를 최우선으로 삼아야 한다.
하나님과의 관계가 원만해야 한다. 그리고 다음으로는,
내가 변화되어야 한다. 우리 모두는 성령의 충만을 통해서
풍성하고 신실하고 아름다운 성령의 열매를 맺을 수 있다.

성령 충만을 받을 때

로마서 8:12-25

성령께서 역사하실 때 신자에게는 어떤 일이 일어날까? 성령이 역사하실 때, 신자는 성령으로 충만해진다. 성령 충만을 받는 것은 신자에게 있어서 가장 큰 축복이 아닐 수 없다. 성령이 충만하지 못한 신앙생활을 하는 사람은 그 신앙생활 자체에서 큰 피곤함을 느끼게 된다. 즉, 성령 충만이 없는 신앙생활은 기쁨과 평안이 없고, 근심과 염려가 많은 신앙생활일 수밖에 없다. 그렇다면 성령이 역사하셔서 성령 충만함을 받을 때 우리에게 어떤 일이 일어날까?

첫째, 성령께서는 우리의 몸의 행실을 죽이신다.

"너희가 육신대로 살면 반드시 죽을 것이로되 영으로써 몸의 행실을 죽이면 살리니"(롬 8:13).

바울은 "영으로서 몸의 행실을 죽여야 한다"라고 말한다. 영으로써 몸의 행실을 죽일 때 비로소 우리의 신앙생활이 기쁘고 평안할 수 있는 것이다.

오순절에 베드로는 성령이 충만하여 예수 그리스도의 십자가와 부활을 증거했다. 그리고 베드로가 설교하는 동안 성령께서 그 자리에 있던 제자들에게 강하게 임재하셨다. 이 모습을 본 예루살렘 백성들은 이러한 반응을 보였다. "그들이 이 말을 듣고 마음에 찔려 베드로와 다른 사도들에게 물어 이르되 형제들아 우리가 어찌할꼬 하거늘"(행 2:37).

베드로는 예루살렘 백성들의 말에 "회개하라. 그리하면 성령을 선물로 받게 될 것이다"라고 답한다. 이처럼 성령 충만함은 우리의 몸의 행실을 죽이도록 인도한다.

나의 한 후배 목사는 신학교 때에 행실이 별로 좋지 못했다. 신학교를 졸업하고 나서도 그의 삶은 크게 변화되지 않았다. 그러던 와중에 큰 교통사고를 당했고, 온몸이 쓸 수 없을 정도로 크게 부상을 입게 되었다. 그는 자신의 삶에 닥친 시련에 하나님의 뜻이 있다는 것을 깨달았고, 자신의 지난 삶을 돌아보며 회개하였다. 그가 회심하고 성령으로 충만해지자 그의 몸이 회복되고, 그의 영혼도 회복되었다. 이처럼 성령이 함께하시면 우리의 옛 행실이 버려지고, 새로운 삶을 살아갈 수 있게 된다.

미국의 저명한 사역자이신 제임스 케네디 목사님은 목회자가 되기 이전에 댄스 교습소 강사였다. 미국인들은 춤추는 것을 좋아해서 춤 교습소가 동네마다 하나씩은 있다. 제임스 케네디는 춤 교습소를 차린 이후에 크게 성공했지만, 오래지 않아 폭삭 망해버리고 만다. 그 후 그는 진로를 고민하다가 우연한 기회에 신학교에 가게 되었고 목회자가 되었다. 그 이전까지 그는 자신이 설교에 재능이 있는지 전혀 몰랐다고 한다. 결국 그는 매우 성공한 목회자가 되어 지금도 미국 전역을 순회하면서 복음을 전하고 있다.

그는 자신의 책에서 스스로에게 이렇게 질문한다. "왜 나의 춤 교습소가 한 순간에 망하고 말았는가?" 그는 자신의 실패에 대해서, "하나님께서 나를 목회자로 사용하시도록 선택하셨기 때문에 춤 교습소가 한 순간에 망해버린 것"이라고 해석한다. 이렇게 성령께서 임하시고 함께하실 때, 우리의 옛사람의 행실, 몸의 행실이 죽고 새롭게 거듭나게 되는 것이다. 만약 우리에게 잘못된 죄의 습관이 있다면 우리는 성령께 우리를 고쳐 달라고 기도해야 한다. 우리는 오직 성령 안에서만 새롭게 거듭난 피조물이 될 수 있기 때문이다.

둘째, 성령은 우리에게 우리가 하나님의 자녀라는 확신을 준다.

존 웨슬리 목사는 구원의 확증을 매우 중요하게 여기셨다. 그리고 우리에게 구원의 확증을 주시는 분은 바로 성령님이시다.

로마서에는 이렇게 쓰여 있다. "너희는 다시 무서워하는 종의 영을 받지 아니하고 양자의 영을 받았으므로 우리가 아빠 아버지라고 부르짖느니라"(롬 8:15). 이 말씀은 우리가 하나님 아버지의 자녀이며, 성령께서 이 사실을 증명하신다고 전한다.

주일학교 시절, 친구의 아버지가 내가 다니던 교회의 주일학교 선생님이셨다. 아버지는 주일학교 선생님으로, 아들은 주일학교 학생이었던 것이다. 그런데 친구의 아버지인 선생님은 매우 엄하고 무서운 분이셨다. 나와 친구들은 이 선생님을 슬금슬금 피하기 일쑤였지만, 선생님의 아들인 이 친구만큼은 우리와는 달리 자신의 아버지를 멀리서 보고도 "아버지"라고 부르면서 달려갔다. 친구는 그 선생님이 자신의 아버지이기에 전혀 무섭지 않았던 것이다.

하나님과 우리의 관계는 아버지와 자녀의 관계이다. 성령을 통해 양자의 영을 받지 못한 이들은, 하나님을 계속해서 두려워하고 피하려고 한다. 하지만 성령 충만을 통해 양자의 영을 받은 이들은, 하나님의 자녀가 되어 하나님을 무서워하지 않고 친밀한 관계를 누리게 된다. 이처럼 성령은 우리가 하나님의 자녀라는 점을 확신시켜 주신다.

"하나님이 우리에게 주신 것은 두려워하는 마음이 아니요 오직 능력과 사랑과 절제하는 마음이니"(딤후 1:7).

하나님이 우리에게 주신 마음은 두려워하는 마음이 아니라 능력과 소망, 사랑이다. 만약 우리 안에 두려움과 근심이 있다면 그것은 확실하게 사탄이 준 마음이다. 우리 안에 성령이 역사하시면 이러한 두려움과 근심이 사라지고 진취적인 삶을 살게 된다.

하나님께서는 아브라함에게 "복의 근원이 되라"고 말씀하셨다. 복의 근원이 된다는 것은, 그 사람으로 인하여 주변 사람들이 복을 받고 유익을 얻게 된다는 것을 의미한다. 복의 근원이 되려면 그 마음에 억눌린 것이나 주눅 든 것이 없어야 한다. 학업스트레스에 억눌려 살아가는 우리의 자녀들을 보면, 이 아이들이 과연 아브라함처럼 복의 근원으로 자라날 수 있을까 걱정이 되기도 한다. 자녀들이 복의 근원이 되어 어딜 가든지 평안과 기쁨을 전할 수 있게 하는 방법은 어디에 있을까? 자녀들이 성령으로 충만해져서 그 마음의 근심과 두려움으로부터 자유롭게 되는 것이다. 성령께서 우리가 하나님의 자녀이며, 하나님께서 우리를 사랑하심을 깨닫게 하실 때, 우리는 하나님의 자녀로서 당당한 삶을 살 수 있게 될 것이다.

셋째, 성령께서는 우리로 하여금 예수님을 높이게 하신다.

"자녀이면 또한 상속자 곧 하나님의 상속자요 그리스도와 함께 한 상속자니 우리가 그와 함께 영광을 받기 위하여 고난도 함께 받아야 할 것이니라"(롬 8:17).

사도 바울은 성령으로 충만해진 성도가 "그리스도와 함께 영광을 받는다"라고 전한다. 성령이 역사하시면 우리의 삶을 통해 그리스도가 영광을 받으시게 된다. 요한복음에는 이렇게 쓰여 있다.

"그러나 진리의 성령이 오시면 그가 너희를 모든 진리 가운데로 인도하시리니 그가 스스로 말하지 않고 오직 들은 것을 말하며 장래 일을 너희에게 알리시리라 그가 내 영광을 나타내리니 내 것을 가지고 너희에게 알리시겠음이라"(요 16:13-14).

성령께서는 예수 그리스도의 영광을 나타내신다. 성령이 역사하시는 곳에 있는 자들은 예수님을 높이게 되고 예수님 중심으로 살아가게 된다. 따라서 어떠한 공동체든 그 공동체가 성령이 계시는 공동체인지를 알려면, 그 공동체가 예수님께 영광을 돌리는지를 확인하면 된다. 사람 대신에 예수님께 영광을 돌리는 공동체는 성령과 늘 함께하는 공동체이다. 우리가 교회에서 하는 모든 사역은 예수 그리스도를 높이기 위한 것이다. 우리의 삶 자체가 예수 그리스도께 영광이 되어야 한다.

지난 러시아 월드컵에서 일어난 가장 큰 이변은 인구 30만에 불과한 아이슬란드가 축구 강호인 아르헨티나와 비긴 것이다. 아이슬란드 선수들은 대개 축구선수인 동시에 다른 직업을 갖고 있었다. 감독은 치과의사였고, 골키퍼는 영화감독이었고, 선수 중 하나는 소금 공장 직원이었다. 반면, 인구가 4,500만 명 정도인 아르헨티나 팀에는 세계적인 축구선수들이 즐비하였다. 그런데 도대체 무슨 수로 다윗과 같은 아이슬란드가 골리앗과 같은 아르헨티나를 이길 수 있었을까?

아이슬란드 국민들은 대부분 바이킹의 후예이다. 바이킹은 중세 시대에 온 유럽의 골칫거리였다. 그들은 배를 타고 다니면서 약탈을 일삼았고, 침략한 곳에 자신들의 왕국을 건설하기도 했다. 그런데 중세 시대에 유럽 본토에서 멀리 떨어진 섬인 아이슬란드까지 복음을 전하러 간 선교사가 있었고, 그 덕분에 아이슬란드 전체가 복음화되었다. 더 나아가, 바이킹의 후예들이 세운 나라들인 노르웨이, 스웨덴, 핀란드 같은 나라도 기독교 국가가 되었다.

월드컵 중계방송에서는 경기 시작 전 각 나라의 국가를 부를 때마다 가사를 모두 번역해서 자막으로 띄워주었다. 그 덕분에 아이슬란드 국가의 의미를 확연히 알 수 있었다. 놀랍게도, 아이슬란드 국가는 대부분 성경, 특히 시편에 기반한 내용을 갖고 있었다.

아이슬란드 국가 (Lofsöngur 로프쇠잉귀르) 1절

우리 조국의 하나님이여! 우리 조국의 하나님이여!
우리는 주의 거룩하고 거룩하신 이름을 찬양하나이다!
하늘의 태양계들로 짜인 주의 왕관은
주의 천군, 시대가 만든 것이니이다.
주께는 하루가 천년 같나니,
천년은 그저 하루에 지나지 않나이다.
영원의 꽃은 떨리는 눈물을 머금고,
주를 찬양하며 죽어가나이다.
아이슬란드의 일천년이여!
아이슬란드의 일천년이여!
영원의 꽃은 떨리는 눈물을 머금고,
주를 찬양하며 죽어가나이다.

아이슬란드는 이처럼 온 나라가 하나님을 찬양하고, 예수님을 높이고 있었다. 그런데 이와 달리 아르헨티나는 자국의 축구영웅인 메시의 이름을 '메시아'로 고치고, 메시의 사진과 예수님의 모습을 합성한 이미지를 응원도구로 사용하고 있었다. 나는 그 모습을 보고 아르헨티나가 좋은 성적을 내지 못할 것임을 직감했다. 신앙고백으로 국가를 삼은 아이슬란드와 축구 선수 메시를 자신들의 메시아라고 말하는 아르헨티나의 경기는 놀랍게도 무승부로 끝났다. 아르헨티나는 페널티킥을 실축하기까지 했다. 우연이라고 하기에는 너무나 놀랍지 않은가? 전 세계가 양 팀의 무승부에 깜짝 놀랐고, 인구 30만의 소국 아이슬란드의 분투에 박수를 보냈다.

이처럼 성령께서 하시는 일은 그리스도를 높이는 것이다. 성령이 역사해서 우리가 그리스도를 높이면, 하나님께서는 우리에게 하늘의 복을 부어주실 것이다. 우리가 우리의 영광을 구하면 에스더서의 하만과 같이 우리는 스스로 판 함정에 빠지고 말 것이다. 하지만 우리가 성령의 역사 안에서 그리스도를 높이면, 우리는 천국 시민이 되어 이 땅에서도 하늘의 복을 경험하게 될 것이다.

성령과 의사소통

사도행전 2:5-13

한나 아렌트라는 철학자는 인간이 이 세상에서 살기 위해서는 세 가지 조건이 필요하다고 주장했다. 첫째, 생존을 위해서 인간은 노동을 해야 한다. 둘째, 삶의 의미를 느끼기 위해서 인간은 일종의 작업을 해야 한다. 셋째, 관계를 맺기 위해서 인간은 의사소통을 해야 한다. 따라서 소통은 인간이 이 땅에 살기 위해서 반드시 전제되어야 할 요소이다.

소통은 말 그대로 타인과의 '대화'를 말한다. 어떤 사람은 타인과의 소통에 능하고, 어떤 사람은 타인과의 소통에 많은 어려움을 겪는다. 컴퓨터를 못하는 사람을 '컴맹'이라고 부르듯, 우리는 대화에 어려움을 겪는 사람을 커뮤니케이션에 '맹'한 사람, 즉 '커맹'이라고 부를 수 있을 것이다. 의사소통이 우리에게 주는 어려움에 대해서 동의보감은 이렇게 말한다. 통즉불통(通卽不痛) 불통즉통(不通卽痛).

이 말의 뜻은 '잘 통하면 아프지 않게 되고, 통하지 않으면 아프게 된다'라는 것이다. 동의보감이 말하는 것처럼 소통이 되지 않는 것, 즉 '불통'은 인간 세상의 모든 갈등과 고통의 근원이다. 부부 간에 대화가 잘 통하면 부부 사이에 갈등과 고통이 없겠지만, 부부 간에 대화가 잘 통하지 않으면 갈등이 일어나는 것은 불을 보듯 뻔한 일이다.

루엘 엘 하우는 『대화의 기적』에서 "사람과 사람 사이에 만약 소통이 이루어진다면 그것은 기적이 일어난 것이다"라고 말했다. 원죄로 인해서 인간이 다른 사람과 완벽히 의사소통할 수 있는 능력은 소실되고 말았다. 루엘은 그렇기 때문에 한 인간과 다른 인간이 원죄가 쌓아놓은 의사소통을 막는 장벽을 넘어 소통하는 것을 '기적' 이라고 일컫는다.

의사소통이라는 '기적'이 일어나기 위해서는 성령께서 우리와 함께 하셔야 한다. 창세기 3장에서 아담은 선악과를 따먹고 하나님께 죄를 짓고 말았다. 아담이 선악과를 따먹고 타락한 이후에 처음으로 겪은 죄의 결과는 무엇이었는가? 하와와 대화가 제대로 되지 않는 것이었다. 아담과 하와는 선악과를 따먹은 잘못에 대해서 서로 책임전가를 하였고, 둘의 대화는 제대로 이루어지지 않았다.

예수께서는 아담과 하와가 지은 원죄와 우리의 죄를 해결하시기 위해서 십자가를 지셨다. 그런데 창세기는 아담과 하와의 타락에 대해서만 다루고 있는 것이 아니다. 4장에는 가인에 의한 인류 최초의 살인사건이 등장하고, 11장에는 바벨탑의 건설로 인한 인간의 타락이 등장한다. 인간이 바벨탑을 지을 당시 온 세상의 언어는 하나였다. 그런데 인간들이 교만해져서 하나님과 같이 되기 위해서 탑을 쌓기로 한다. 하나님 보시기에 인간들의 이러한 행동은 매우 교만하고 배은망덕한 것이었다. 그래서 하나님께서는 인간들의 언어를 혼잡하게 하기로 마음먹으신다(창 11:7). 인간들의 언어가 각자 다르면 서로

소통이 되지 않을 것이고, 결과적으로 온 인류가 연합하여 탑을 짓지 못할 것이었기 때문이다. 바벨탑 이야기의 중요한 교훈은, 인간이 의사소통 능력을 상실한 큰 원인이 바로 인간의 '교만'이라는 것이다. 하나님과 같이 되려는 교만한 마음이 인간의 언어를 혼잡하게 했고, 온 세상 사람들은 지금처럼 각자 사는 곳마다 다른 언어를 말하게 되었다.

그런데 바벨탑 사건으로 인한 언어의 타락은 사도행전 2장의 성령 강림 사건에 의해서 해결된다. 사도행전 2:8에는 제자들과 예수님을 따르던 이들이 성령을 받을 때, 그들이 하늘의 언어로 말하게 되었고, 그 자리에 모였던 각기 다른 나라 사람들이 제자들의 말을 자신들의 나라 말로 알아들었다고 기록되어 있다. 바벨탑 사건과는 정반대의 일이 일어나고 있는 것이다. 성령이 임재할 때, 인간의 의사소통을 가로막았던 모든 장애물들이 사라졌다. 그렇다면 성령의 강림과 함께 어떻게 사람들 사이의 의사소통이 가능해질까?

첫째, 성령이 임재할 때, 서로 간의 의사소통이 가능하게 되었다.

사도행전에는 총 4번이나 제자들이 하늘의 방언으로 말을 하자 그 자리에 있던 각국에서 온 사람들이 자신들의 언어로 그 말을 알아들었다고 쓰여 있다(2:4, 2:6, 2:8, 2:11). 바벨탑 사건으로 인해서 혼잡해졌던 인간의 언어가 다시금 하나로 통일된 것이다.

미국에서 한국에 오는 길에 비행기 옆자리에 앉은 싱가포르 국적의 화교와 대화를 나누게 되었다. 이분은 은사주의적인 신앙색채를 가진 분이셨는데, 신유의 은사를 매우 사모하는 분이셔서 비행기를 타고 가면서도 거의 11시간 동안이나 기도를 하셨다. 이분은 여의도순복음교회를 방문하러 왔다고 하시면서, 한국의 좋은 호텔을 소개해

달라고 하셨다. 나는 한국에 도착해서 이분께 좋은 호텔을 소개해드렸고, 내 친구들을 데리고 가서 다 함께 모여 기도했다. 모두 방언으로 기도했는데, 내 친구 중 하나가 중국어로 방언을 하는 것이었다. 나는 호기심이 생겨서 싱가포르 국적의 이 화교 분에게 혹시 내 친구가 하고 있는 중국어 방언을 이해할 수 있느냐고 여쭤봤다. 그랬더니 이 화교분은 내 친구가 중국어로 '하나님을 찬양한다, 하나님을 사랑한다'라는 사뭇 단순한 말을 반복하고 있다고 답해 주셨다. 중국어를 하나도 하지 못하는 내 친구가 한 방언기도를 중국인이 알아들은 것이다. 사도행전 2장에서 일어났던 사건이 재현된 것을 목격할 수 있었다. 이처럼 성령이 임재하면 다른 언어를 사용하는 사람들끼리도 의사소통이 가능해진다. 현대사회에서는 부부 간에, 부모와 자녀 간에, 직장 상사와 직원 간에 의사소통이 제대로 되지 않는 일이 빈번하다. 하지만 우리가 성령을 충만히 받게 되면, 우리는 모든 의사소통의 장벽을 넘어 타인과 소통할 수 있게 될 것이다.

둘째, 성령이 임재할 때, 우리는 상대방과 같은 마음을 갖게 된다.

타인과 한마음을 갖는다는 것은 매우 어려운 일이다. 심지어 부부가 한마음을 갖는 것도 어려운 일이다. 그런데 성령이 임재할 때, 모든 사람들이 한마음을 갖게 된다. 성령은 우리의 마음을 통일되게 하시는 분이기 때문이다.

사도행전 2:8, 2:9, 2:11에 보면 '우리'라는 표현이 반복하여 등장한다. 9절과 11절에는 성령강림사건의 현장에 있던 사람들의 출신지가 나열되어 있다. 성령강림 현장의 목격자들은 모두 각기 다른 언어를 사용하고, 다른 출신지에서 왔으며, 그렇기 때문에 다른 생각을 가진 사람들이었다. 그런데 그들이 자신들을 '우리'라고 칭한다. 즉, 그들의 마음이 하나 되었기 때문에 자신들을 가리켜 '우리'라고 부르게 된 것이다. 사도행전 2장의 사건을 현대적으로 바꾸자면 '한국, 일본, 중국, 몽골, 러시아, 미국, 영국, 프랑스 사람들이 모였는데, 그들이 자신들을 우리라고 불렀다'고 말할 수 있을 것이다.

사람들이 한마음이 될 수 있는 전제조건은 바로 겸손함이다. 겸손해져야만 사람들은 마음의 장벽을 허물고 하나 될 수 있다. 사도행전 2장에서 성령강림 사건의 자리에 있던 사람들은 성령이 충만하여 그 마음이 겸손해졌고, 마음이 하나되어 자신들을 '우리'라고 부르게 된 것이다.

창세기 11장의 바벨탑 사건에서 사람들이 가졌던 마음은 사도행전 2장에서 사람들이 가졌던 마음과 정반대였다. 바벨탑을 짓던 사람들의 마음은 교만했고, 심지어 하나님의 자리를 넘보려고 했다. 하나님께서는 그들의 언어를 혼잡하게 하셨고, 바벨탑을 짓던 인류는 의사소통 능력을 잃어버리고 말았다.

타인과 의사소통이 잘 되지 않을 때, 우리는 혹여나 내가 교만하거나, 편견을 가졌거나, 사실을 왜곡하고 있지는 않은지 생각해 보아야 한다. 서구권 국가에서 가장 큰 범죄 중 하나는 인종적 편견을 공적인 자리에서 드러내는 것이다. 다양한 인종들이 모여 사는 사회에서 자신과 피부색이 다르다는 이유로 차별한다면 이는 큰 갈등의 원인이 될 것이다. 이와 같은 편견은 우리의 사회를 붕괴시키는 원인이 될 뿐 아니라 인간과 인간 사이의 의사소통을 방해하는 가장 큰 걸림돌이 된다.

제인 오스틴의 『오만과 편견』에서 남녀 주인공은 서로에 대한 편견을 가지고 있어서 서로 관심을 가지고 있으면서도 서로를 무시하고 지낸다. 그러던 중 어떤 계기를 통해서 교만한 마음과 서로에 대한 편견을 지우게 되고, 결국 둘은 진정한 사랑을 나누게 된다. 이처럼 진정한 사랑과 소통은 교만함과 편견을 가지고는 이룰 수 없는 것이다.

국어사전은 '오만'에 대해서 이렇게 정의한다. '다른 사람과의 관계에서 나타나는 차이를 자신의 입장에서 해석하고 그것을 지나치게 내세우며 타인을 무시하는 태도'. 편견에 대해서는 이렇게 규정한다. '자신의 생각이나 기준에서 벗어난다는 이유로 분명한 근거 없이 타인을 무시하는 태도'. 이러한 오만과 편견은 대화의 가장 큰 걸림돌이 되고, 더 나아가 타인을 미워하게 되는 가장 큰 이유가 된다.

내 친구들 중에 아주 자존심이 강한 두 친구가 있었다. 이 친구들은 만나기만 하면 싸우고 서로를 매우 싫어했다. 급기야 친구들과 나는 한밤중에 함께 모여서 이 두 친구가 서로 결판을 보도록 자리를 마련하였다. 우리는 링을 만들고, 권투 글러브를 두 개 구입하여 3라운드 경기로 두 친구들이 담판을 짓게 했다. 나는 이 두 친구들 간의 경기에서 심판을 보았는데, 두 친구에게 이렇게 말했다. "이 경기 한 번으로 너희 둘의 악연은 여기서 끝내자. 앞으로는 서로에게 했던 모든 잘못을 잊고 서로 다시 친하게 지냈으면 좋겠다."

링 위에서 두 사람 사이의 치열한 경기가 계속되었다. 그런데 문제는 경기 후에 두 친구의 서로에 대한 분이 풀어지기는커녕 오히려 더욱 심해졌다는 것이다. 두 사람 모두 "내가 한 대 때릴 때, 상대방은 두 대를 때렸다"면서, 오히려 더욱 서로를 못 잡아먹어 안달이 났다. 그런데 두 친구 중 하나가 부흥회에 참석했다가 은혜를 받았다. 강사 목사님께서 지금까지 지은 모든 죄를 회개하라고 외치셨을 때, 이 친구의 마음에는 자신과 사이가 좋지 않은 친구에 대해 미안한 마음이 생겨났다고 한다. 그래서 자신과 늘 사이가 안 좋았던 친구에 대한 섭섭한 마음과 미움을 털어버리고, 성령께서 도와 달라고 기도했다. 기도하는 도중에 방언의 은사를 받고 상대방에게 먼저 사과를 해야겠다고 결단하게 되었다.

부흥회가 끝나고 나서 이 친구는 다른 친구에게 찾아가 자신의 잘못에 대해 용서를 빌었다. 그러자 기다렸다는 듯 상대편 친구도 사과를 받아들였고, 지금까지 두 친구는 아주 사이좋게 지내고 있다. 해결되지 않을 것 같았던 두 친구의 갈등이 성령의 임재 속에서 해결된 것이다. 이처럼 성령이 임재할 때, 사람들은 한마음이 된다.

셋째, 성령이 임재할 때, 사람들은 서로를 이해하게 된다.

사도행전 2장에서 각국에서 온 사람들은 제자들의 방언기도를 명확하게 알아들었다. 즉, 각국에서 몰려든 사람들이 제자들의 뜻과 생각을 분명히 이해하게 된 것이다. 사람들 사이의 의사소통이 잘 이루어지지 않는 이유는 사람들이 다른 사람의 말과 행동을 오해하거나 그 본 의도를 곡해하기 때문이다.

인간은 오해하는 존재이다. 그렇기 때문에 우리는 진실을 알기가 어렵다. 또한 어떠한 의견을 진실이나 사실이라고 속단해서는 안 된다. 각종 유언비어와 오해가 판을 치는 세상에서 우리는 타인의 본 의도와 뜻을 쉽게 이해할 수 없다.

오해에 대한 재미있는 일화가 있다. 한 목사님께서 계란이 풀어져 뿌옇게 된 냉면 육수를 마시고 있었는데, 지나가던 성도가 그만 이 냉면 육수를 막걸리로 오해한 것이다. 이렇게 타인을 오해하는 일이 우리의 삶에는 비일비재하게 일어난다.

인디언 속담에는 이런 것이 있다. “그 사람의 신발을 일주일 동안 신어보지 않고는 그 사람에 대해서 이야기하지 마라.” 인간의 입장은 각자 다르기 때문에 우리는 쉽게 타인을 이해할 수 없다. 결국 각 사람의 입장 차이와 오해는 사람들 사이의 소통을 방해하는 가장 큰 장애물이 된다. 그러나 성령님께서 임하시면 이해의 영이 우리에게 임해서 타인을 온전히 이해하게 된다.

찰스 코비의 『성공하는 사람들의 일곱 가지 습관』에는 이런 내용이 있다. 찰스 코비가 어느 날 뉴욕의 지하철을 탔다. 그런데 두 어린 남자애들이 객차 안에서 괴성을 지르고 사람들에게 무례한 행동을 하고 있는 것이 아닌가. 승객들은 모두 이 두 아이들의 아버지가 언제쯤이나 아이들의 행동을 제지할지 유심히 지켜보기 시작했다. 하지만 아이들의 아버지는 아이들의 잘못된 행동을 제지할 생각이 없는 듯 지켜보기만 했다. 사람들은 점점 아이들의 아버지를 정죄와 비난의 눈길로 쳐다보기 시작했다. 아버지는 자신의 아이들이 주변 사람들에게 크게 실례를 저지르고 있다는 것을 인지하고는, 이렇게 말했다. “신사 숙녀 여러분, 저의 두 아들들을 이해해 주시기 바랍니다. 어제 저의 아내가 그만 교통사고로 세상을 떠났습니다. 지금 저의 아들들과 아내를 화장하고 돌아오는 길입니다. 저도 그렇지만 저의 아들들은 아마도 더 큰 충격을 받았을 것입니다. 그래서 되도록이면 몇 시간만이라도 아이들에게 잔소리를 하지 않으려고 합니다. 정말 죄송합니다.” 이 말을 듣자마자 정죄와 비난의 눈초리를 보냈던 사람들의 눈길이 사랑과 동정의 눈길로 변화되었다.

아버지의 말을 듣고 아이들의 상황을 이해하게 되었던 객차 안의 사람들처럼, 성령이 임재할 때에는 우리도 타인의 사정을 온전히 이해할 수 있게 된다. 즉, 성령이 충만하면 우리는 모든 사람을 이해하고 배려할 수 있게 된다. 그리고 이러한 이해와 배려는 진정한 의사소통의 기초가 된다.

넷째, 성령이 임재하면 하나님과의 의사소통도 가능하게 된다.

사도행전 2:11에는 "우리가 다 우리의 각 언어로 하나님의 큰 일을 말함을 듣는도다"라고 쓰여 있다. 성령 충만함을 받으면 하나님의 뜻과 하나님의 역사에 대해서 깨달을 수 있다. 예배 시간 설교를 통해서 하나님께서는 우리에게 하나님의 뜻을 말씀하신다. 그런데 우리가 성령 충만함을 받지 아니하고는 설교를 통해서 선포되는 하나님의 뜻을 이해할 수 없다. 칼 바르트는, 성령의 역할 중 가장 큰 것은 성령께서 우리 신자들로 하여금 하나님의 말씀을 이해하도록 해주시는 것이라고 말했다.

성경은 성령이 하나님의 깊은 뜻까지도 모두 아신다고 증거한다. 고린도전서에는 이렇게 기록되어 있다. "오직 하나님이 성령으로 이것을 우리에게 보이셨으니 성령은 모든 것 곧 하나님의 깊은 것까지도 통달하시느니라"(고전 2:10).

성령이 충만하면 하나님과 소통할 수 있게 된다. 성령은 오직 우리의 '영'을 통해서만 지각할 수 있다. 우리의 영이 성령과 연합하여 있을 때, 우리는 비로소 하나님의 뜻을 깨달을 수 있게 되는 것이다.

지금 이 순간에도 우리가 눈을 감기만 하면 많은 소리들이 들려온다. 각종 매스컴으로부터 들려오는 세상의 소리들, 우리 주변 사람들의 말 소리와 같은 수많은 소리들이 우리의 귀를 어지럽게 한다. 그런데 이 많은 소리들 중에서 하나님의 소리가 있다. 이 많은 소리들 중에서 하나님의 소리를 분별하기 위해서는 성령 충만함을 받아야 한다. 하나님의 소리를 듣고 그분과 소통하기 위해서는, 성령을 우리의 심령에 모셔야 한다.

사도행전 2장의 성령께서 임하실 때와 같이, 성령께서 우리에게 임하시면 타인과 온전한 의사소통이 가능하게 될 것이다. 성령이 임하실 때, 다른 사람들을 이해하고, 배려하게 될 것이며, 모든 사람들이 한마음을 품게 될 것이다. 그리고 가장 중요한 것은 성령이 임하실 때, 우리는 하나님의 뜻을 깨달아 알 수 있게 된다는 것이다.

성령과 생각 I

요한복음 14:25-27

나이가 듦에 따라 사람은 많은 것을 잃는다. 특히 나이를 먹어가면서 기억력을 많이 잃는 바람에 건망증이 생기기도 한다. 그래서 자꾸만 사소한 일을 까먹고, 때로는 시계를 차고 있으면서 시계가 어디 있는지 찾기도 하는 등, 어이없는 실수를 저지르기도 한다. 한번은 우리 집 현관문의 비밀번호를 잊어버리는 바람에 아내에게 전화를 걸어 비밀번호를 알아낸 다음 겨우 집에 들어간 일도 있다.

인터넷에 이런 이야기가 있다. 택시를 탄 한 아저씨가 갑자기 자신이 어디로 가자고 했는지 까먹어서 택시기사에게 물었다. "기사님, 제가 어디로 가자고 했죠?" 택시기사는 이 말에 깜짝 놀라 되묻는다. "손님, 대체 언제 타셨어요?"

건망증은 현대인의 심각한 문제이다. 건망증과 증상은 비슷하지만 훨씬 심각한 병이 있다. 바로 치매이다. 쉽게 일상적으로 걸리는 건망증과 치매를 구별하는 방법이 있다. 먼저 건망증은 집 주소를 잊어버리지만, 치매는 집이 어디에 있는지를 잊어버린다. 건망증은 아내 생일을 잊어버리지만, 치매는 아내 얼굴을 잊어버린다. 건망증은 볼일을 보고 지퍼를 가끔 올리는 것을 잊어버리지만, 치매는 지퍼를 내리고 볼일을 보는 것을 잊어버린다. 건망증은 심해질수록 걱정이 되지만, 치매는 심해질수록 걱정이 없어진다. 그리고 건망증은 술을 먹으면 아내가 예뻐 보이지만, 치매는 날마다 아내가 예뻐 보인다고 한다.

건망증은 의학적으로 보면 '생각이 나지 않는 질병'이다. 이에 반해 치매는 '생각을 하는 시스템 자체가 고장 난 것'이다. 치매는 장기적 기억은 살아있어서 어렸을 적 기억은 잘 나지만 단기기억이 손상되어서 바로 어제 일도 기억하지 못하고, 밥을 방금 먹었는지도 기억하지 못하는 증상을 보인다. 치매는 이처럼 건망증과 달리 근본적으로 생각의 시스템이 고장 난 것이다.

요한복음 14:25-27은 성령께서 우리의 생각을 주관하신다는 것을 중심내용으로 하고 있다. 26절에는 "성령 그가 너희에게 모든 것을 가르치고 내가 너희에게 말한 모든 것을 생각나게 하리라"라고 쓰여 있다. 즉, 성령께서 우리의 생각을 주관하셔서 우리가 예수님의 말씀에 대해서 잊은 것들을 생각나게 하신다는 것이다.

인간은 생각하는 존재이며, 생각나는 존재이다. 열매를 수확하기 위해서는 씨를 심어야 하듯, 인간이 행동이라는 열매를 수확하려면 생각이라는 씨를 뿌려야 한다. 즉, 생각을 심으면 그것이 행동이 된다.

종교인들의 노벨상이라 불리는 '템플턴 상'을 제정한 '존 템플턴'은 이렇게 말했다. "인간이 마음에 품었던 생각은 반드시 미래에 행동으로 표출된다." 이 말은 인간에게 있어서 생각이 얼마나 중요한지, 신앙생활에 있어서도 생각을 잘 관리하는 것이 얼마나 중요한지를 명확히 드러내주고 있다. 생각을 어떻게 하느냐에 따라서 우리의 신앙생활은 성공할 수도 있고 실패할 수도 있다.

우리가 신앙생활을 열심히 하면 성령께서 우리의 생각을 주관하신다. 생각에 대해서 진지하게 고찰하면, 인간은 생각이 날 때가 있고 생각을 할 때가 있다. 먼저, '생각이 날 때'는 어려운 표현을 빌리자면 생각의 수동성이라고 할 수 있다. 이것은 우리에게 어떤 생각이 논리적 연관관계 없이 우리의 머릿속에 떠오르는 것을 의미한다. 그런데 우리의 머릿속에 어떤 생각이 나면 우리는 그 생각과 나의 경험에 대한 기억을 관련지어 꼬리를 물고 생각을 하게 된다. 이렇게 '생각을 하는' 것은 생각의 능동성이라고 할 수 있을 것이다. 즉, 생각은 수동성과 능동성을 모두 가지고 있다.

인간이 꾸는 꿈도 이것과 비슷한 특징을 가지고 있다. 나는 이런 꿈을 꾼 적이 있다. 내가 이탈리아로 등산을 하러 갔는데, 산에 오르다가 그만 뱀에 물리고 말았다. 곁에 있던 이탈리아인이 119에 전화를 해서 헬리콥터가 나를 이송하기 위해서 산중턱에 도착했다. 나는 그 헬리콥터를 타고 이탈리아에서 가장 좋은 병원에 도착하게 되었다. 의사들이 나와서 나를 치료해주는 와중에 꿈에서 깼다. 대체 이런 꿈은 무슨 의미를 가지고 있는 것일까? 꿈이 우리가 가보지도 못한 곳, 황당한 상황으로 우리를 이끌듯이, 우리의 생각도 이상하고 황당한 내용으로 우리를 어리둥절하게 만들 때가 있다. 우리는 때로 헛된 공상에 시달리기도 한다. 따라서 우리는 자신의 생각을 잘 관리해야 한다.

그런데 이 생각이나 꿈은 '계시적 성격'을 가지고 있는 경우가 적지 않다. 계시는 무엇인가? 바로 하나님께서 당신의 뜻을 보여주시는 것을 의미한다. 하나님께서는 요셉에게 자신의 뜻을 꿈을 통해 보여주셨다. 그런데 하나님께서는 우리의 생각을 통해서도 자신의 뜻을 보여주신다. 그래서 우리는 우리에게 떠오르는 생각들을 잘 기억하고 관리해야 한다. 마가복음 13장에서 예수께서는 '너희가 공회에 잡히면 심문을 받을 것이다. 그때 무슨 말을 해야 할지 생각이 나지 않으면 성령께서 너희가 무슨 말을 할지 생각나게 해줄 것이다'라고 말씀하셨다. 예수께서는 마가복음에서도 요한복음 14:25-27과 유사한 말씀을 이미 하신 것이다. 성령께서 우리의 생각을 주관하시고 생각나게 해주실 것이라고 예수께서는 거듭 말씀하셨다.

설교자는 설교를 하기 위해서 오랜 시간 준비를 해야 한다. 설교는 말이기 때문에 나는 항상 이렇게 기도한다. '성령께서 저의 말을 주관해주시고, 무슨 말을 해야 할지 생각나게 해주소서.'

사도행전 8장을 보면, 집사 빌립이 거리를 걸어가는데 옆에 에티오피아 내시의 수레가 지나가고 있었다. 그런데 성령께서 빌립에게 수레로 가까이 가라고 명령하셨다. 성령께서 넣어주신 생각에 순종해서 집사 빌립은 수레로 가까이 다가갔다. 수레에 가보니 에티오피아 내시가 성경을 읽고 있었고, 빌립이 놀라자 내시는 이사야서 53장을 읽고 있는데 무슨 뜻인지 모르겠다고 말한다. 에티오피아 내시는 성경의 내용을 제대로 해석해 줄 사람을 필요로 했던 것이다. 그때 집사 빌립의 생각에 하나님이 역사하셔서 '빨리 가서 그 내용을 해석해 주어라'라고 명령하셨다. 그 내용을 빌립이 잘 해석해 주었더니 에티오피아 내시는 믿음이 생겨서 세례를 받고 예수님을 믿게 되었다.

이와 같이 성령이 우리의 생각을 주관할 때, 그 생각은 우리의 마음을 형성한다. 우리가 평소에 어떻게 생각하느냐에 따라 우리의 마음의 모양이 결정되기 때문이다. 생각이 모여서 마음이 된다. 마음을 형성하는 가장 기본적 요소가 바로 생각이다.

성령께서 우리의 마음을 주관하시고 생각나게 하실 때는 항상 우리에게 좋은 생각, 긍정적인 생각을 심어주시고, 우리 마음에 평안을 주는 생각을 주신다. 그래서 우리가 기도를 많이 하고 성령에 충만하면 우리 마음에 평강이 넘치게 된다. 그런데 성령만 우리의 생각에 개입하는 것이 아니라 사탄도 우리의 생각에 개입하려 한다. 따라서 우리의 생각은 성령과 사탄의 전쟁터이다.

가룟 유다는 예수님을 팔 생각을 했다. 가룟 유다는 절대로 즉흥적으로 그런 생각을 하지 않았다. 예수님을 따라다니다가 유다의 머릿속에는 갑자기 예수님을 팔아야겠다는 생각이 들어왔다. 가룟 유다는 그런 생각이 자신의 머릿속에 둥지를 틀지 못하도록 재빨리 제거했어야 했는데, 그는 그렇게 하지 못했고, 결국 예수님을 은 30에 팔아버리고 만다. 이처럼 우리가 어떤 생각을 하면 그 생각은 반드시 행동으로 나타나게 된다.

이스라엘이 아말렉과 전쟁을 벌였을 때, 이스라엘의 장군은 여호수아였다. 모세가 산위에 올라가서 전투의 광경을 지켜보며 기도하는데, 모세가 손을 들어 기도하면 여호수아의 군대가 승리하고, 손이 내려오면 아말렉 군대가 승리하는 일이 벌어졌다. 이것을 본 아론과 훌은 모세의 손을 받쳐주어서 손이 내려가는 일이 없게 한다.

우리의 생각은 이스라엘과 아말렉 군대가 싸우는 전쟁터와 같이 성령과 사탄의 전쟁터이다. '생각'이라는 평원에서 벌어지는 전쟁에서 승리하려면 어떻게 해야 할까? 우리가 두 손을 들고 성령의 도움을 구하면 성령님께서 승리하셔서 우리의 마음에 평안이 가득하게 된다. 그런데 기도를 게을리하고 따라서 성령이 충만하지 못하게 되면, 사탄이 우리의 생각으로 쳐들어온다. 성령은 한쪽으로 밀려나게 되고, 사탄은 우리의 생각에 부정적인 것들을 자꾸만 집어넣게 된다. 생각을 잘 관리하기 위해서는 생각의 전쟁터에서 벌어지는 싸움에서 밀려서는 안 된다.

인간에게는 여러 가지 마음의 병이 있다. 그중에는 생각에서 나오는 병도 있고, 마음에서 나오는 병도 있다. 생각이 잘 관리되지 않으면 잘 관리되지 못한 생각이 병이 될 수 있다. 강박관념이라는 생각의 병은, 생각하기 싫음에도 불구하고 특정 대상이 계속 생각나는 것이다. 이러한 질병은 성령만이 치유가 가능하다. 생각을 갉아먹는 질병에 걸리지 않으려면, 성령 충만을 위해 계속 기도해야 한다. 성령이 우리의 생각을 주관하게 되면 항상 좋은 생각, 긍정적인 생각만 들게 된다. 우리의 미래에 대해서도 성령께서는 '너는 하나님께 너를 맡겼기 때문에 너의 미래는 평탄할 것이다'라는 생각을 주신다. 반면에 사탄은 우리의 미래에 대해서 불안한 생각을 준다.

요한복음에는 이렇게 쓰여 있다. "평안을 너희에게 끼치노니 곧 나의 평안을 너희에게 주노라 내가 너희에게 주는 것은 세상이 주는 것과 같지 아니하니라 너희는 마음에 근심하지도 말고 두려워하지도 말라"(요 14:27).

성령이 우리의 생각을 주관해서 우리의 마음에 주는 것은 평안이라고 말씀은 증거한다. 빌립보서 4장 7절은 다음과 같이 말한다. "그리하면 모든 지각에 뛰어난 하나님의 평강이 그리스도 예수 안에서 너희 마음과 생각을 지키시리라."

이 말씀에서 '지각'이라는 단어는 '인지', '계산'이라는 의미를 가지고 있다. 여기서 말하는 '계산'은 인간이 직면한 상황에 대한 계산 및 판단을 의미한다. 그런데 하나님의 평강은 이러한 지각에 '뛰어나다'라고 말씀은 전한다. 여기서 '뛰어난'이라는 말의 정확한 의미는 바로 '초월한다'는 것이다. 즉, 하나님의 평강은 우리의 모든 계산과 판단을 뛰어넘어 우리의 마음과 생각을 지키신다.

어떤 상황에 처하든지 우리의 생각이 우리의 마음의 평안 여부를 결정한다. 한 신발회사에서 아프리카에 신발을 팔기 위해서 두 명의 주재원을 보내어 3개월 동안 시장조사를 해보라고 지시했다. 3개월 뒤에 두 주재원은 회사에 보고서를 올렸는데, 한 명은 '아프리카에 갔더니 모든 사람들이 신발을 신지 않고 맨발로 다닙니다. 신발 수출은 가망이 없습니다'라고 썼고, 다른 사람은 '아프리카에 갔더니 모든 사람들이 신발을 신지 않고 맨발로 다닙니다. 아프리카에 신발을 파는 것은 큰 기회입니다'라고 썼다. 두 번째 주재원은, '사람들이 신발을 신고 다니지 않으니 신발을 신도록 사람들을 계몽해서 신발을 팔면 되지 않을까?'라고 생각한 것이다. 어느 보고서가 채택되었을까? 아마도 두 번째 보고서일 것이다.

제이 데니스는 이런 글을 썼다.

당신이 많은 세금을 내야 한다면 감사하십시오. 당신에게 안정된 직장과 사업장이 있다는 말입니다. 당신이 몸무게가 늘어 옷이 맞지 않는다면 감사하십시오. 당신은 먹을 것이 넉넉한 인생을 지금까지 살아온 것입니다. 세탁할 옷이 집안 한 구석에 쌓여있다면 감사하십시오. 당신에게는 적어도 갈아입을 옷의 여유가 있다는 뜻이기 때문입니다. 집이 대청소가 필요하고 문고리는 갈아야 하고 창문을 갈아야 한다면 감사하십시오. 당신의 몸을 위탁할 집이 있다는 뜻입니다. 당신에게 불평할 대통령이 있다면 감사하십시오. 당신은 언론의 자유가 보장된 나라에서 살고 있기 때문입니다. 하루 해가 저물어 온몸이 나른하고 피곤하거든 감사하십시오. 당신은 오늘 하루를 생산적으로 산 것입니다.

모든 것은 생각하기 나름이다. 좋은 생각을 계속 심으면, 마음에 평안이 오고 우리의 인생도 성공하게 된다. 성령 충만을 받아야 한다. 성령께서 우리의 생각을 주관하시고 우리 마음에 평안을 주실 줄 믿는다.

성령과 생각 II

요한복음 14:25-26

나이가 들면서 슬픈 것이 여러 가지가 있는데, 그중 하나가 바로 기억력이 퇴화되는 것이다. 젊었을 적에 나는 기억력이 굉장히 좋다는 이야기를 많이 들었는데, 최근에는 기억력이 많이 감퇴되었음을 새삼 느끼고 있다. 방금 내가 꽂은 책이 어디에 있는지를 기억하지 못하는 나 자신을 보면서 '참 큰일이구나'라고 느낀 적이 한두 번이 아니다. 왜냐하면 인간에게 '기억'과 '생각'은 상당히 중요한 부분이기 때문이다. 사소한 것들을 잘 기억하지 못하면 건망증, 삶의 중요한 사실들을 기억하지 못하면 치매, 이것보다 더욱 심각한 수준이면 정신병이라고 할 수 있다. 이처럼 기억과 생각을 제대로 관리하지 못하면 삶에 큰 문제가 생기게 된다.

흔히 많은 사람들에게 찾아오는 건망증과 특히 노인분들에게 많이 찾아오는 치매의 차이점은 무엇일까? 건망증에 걸린 사람은 열쇠가 어디 있는지를 잊어버리고, 치매에 걸린 사람은 열쇠로 무엇을 하는지 잊어버린다고 한다. 어떤 분들에게는 치매가 굉장히 빨리 찾아와서 그 기억과 생각의 능력을 빠르게 잃어버리곤 한다.

한 노부부가 있었는데, 이 부부는 평생 동안 사이가 별로 좋지 않았다. 그런데 어느 날 이 두 분이 굉장히 사이가 좋아졌다. 왜 그랬을까? 부부 모두가 치매에 걸려서 서로를 알아보지 못했던 것이다. 결국 부부는 서로에게 완전히 새로운 사람으로 보였고, 그래서 새로운 사람을 만나서 새로운 결혼생활을 하는 듯 함께 노년을 보냈다고 한다.

생각이 무엇인지를 생각할 때마다 다음과 같은 질문을 한다. '내가 생각할 때 내가 주도적으로 하는 것인가, 아니면 무엇인가에 이끌려 수동적으로 생각을 하게 되는 것인가?'

많은 사람들은 자신의 생각이 자신의 의지와 주도 아래에서 이루어진다고 생각한다. 그래서 데카르트라는 철학자는 이런 말을 남겼다. "나는 생각한다. 고로 나는 존재한다." 데카르트는 자신이 생각이라는 활동을 주도적으로 하고 있기에 자신이 존재하고 있다는 사실을 알 수 있다고 말했던 것이다.

그런데 데카르트가 깨닫지 못한 것이 있다. 때로는 생각하기 싫은 것들이 자꾸만 머릿속에 떠오르곤 한다는 것이다. 즉, 우리의 생각은 우리의 의지를 벗어나는 경우가 많다. 인간의 생각은 그 생각을 하는 사람의 의지에 따라 움직이는 것이 아니라 때로 외부의 요인에 의해서 수동적으로 움직이기도 하는 것이다. 유명한 정신분석학자인 라캉은 이런 말을 남겼다. "내가 존재하지 않는 곳에서 나는 생각하고, 내가 생각하지 않는 곳에 나는 존재한다." 이 경구의 의미는 다음과 같다. 예를 들어, 한 대학생이 도서관에서 공부를 열심히 하고 있다. 그런데 갑자기 일주일 전에 만났던 여자친구의 생각이 떠오른다. 몸은 도서관에서 공부를 하고 있는데, 마음과 생각은 여자친구에게

가 있는 것이다. 몸은 도서관에 매여 있지만, 생각은 자유롭게 여자친구와 함께 걸었던 거리를 생각하고 있다. 즉, 이 학생이 존재하지 않는 곳인 그 여자친구와 걸었던 거리에서 이 학생은 생각하고, 이 학생이 존재하는 곳인 도서관에서 실상 학생은 생각하지 않고 있는 것이다.

예배를 드릴 때에도, 앞서 말한 학생과 같은 상태에 처해 있을 수 있다. 몸은 예배 장소에 있지만, 생각은 자꾸 다른 곳에 가 있을 수 있는 것이다. 우리가 신령과 진정으로 예배를 드리려면, 우리의 생각이 온전히 예수 그리스도의 십자가에 집중되어 있어야 한다. 예배를 드릴 때는 세상의 생각, 딴 생각보다 예수님에 대한 생각이 우리의 머리에 맴돌아야 한다. 그래서 예배는 결코 쉬운 일이 아니다. 왜냐하면 우리의 몸과 생각을 완전히 집중하여 하나님께 드리는 것이 바로 예배이기 때문이다.

요한복음은 인간의 생각과 관련하여 다음과 같은 말씀을 증거한다. "보혜사 곧 아버지께서 내 이름으로 보내실 성령 그가 너희에게 모든 것을 가르치고 내가 너희에게 말한 모든 것을 생각나게 하리라" (요 14:26).

이 말씀은 '성령이 우리에게 생각나게 하실 것'이라고 증거한다. 이를 통해 우리는 성령께서 하시는 중요한 일 중에 하나를 알 수 있다. 성령은 우리를 '생각나게 하시는 분'이다. 이와 관련하여 마태복음에는 이렇게 쓰여 있다. "또 너희가 나로 말미암아 총독들과 임금들 앞에 끌려 가리니 이는 그들과 이방인들에게 증거가 되게 하려 하심이라 너희를 넘겨줄 때에 어떻게 또는 무엇을 말할까 염려하지 말라 그 때에 너희에게 할 말을 주시리니 말하는 이는 너희가 아니라 너희 속에서 말씀하시는 이 곧 너희 아버지의 성령이시니라"(마 10:18-20).

예수님을 믿는 많은 사람들이 핍박을 받아 재판정에서 자신을 변호해야 했다. 예수께서는 예수님을 믿는 사람들이 핍박을 받아 재판정에 섰을 때, 성령이 작용하여 사람들 앞에서 말해야 할 것을 생각나게 하실 것이라고 말씀하신 것이다.

따라서 말씀의 역사는 객관적이지만 성령의 역사는 주관적이다. 우리가 하나님의 말씀을 읽고 은혜를 받은 후에 그 은혜를 잊어버리면 안 된다. 내가 들었던 말씀, 내가 받았던 은혜가 우리의 삶의 구체적인 사건에 직면했을 때 기억이 나서 믿음으로 그 사건을 해결할 수 있어야 한다. 좀 더 간결히 말하자면, 말씀으로 은혜받는 것은 말씀의 객관적인 역사이고, 구체적 사건 속에서 그 말씀을 생각나게 하시는 것은 성령의 주관적 역사이다.

내가 부산에서 신학교 교수로 있을 때의 일이다. '교육신학'이라는 과목을 가르쳤는데, 기말고사를 치르는 날이었다. 안경을 쓴 한 여학생이 시험 시작한 지 일분도 채 지나지 않아 책상을 치며 통곡을 하기 시작하는 것이었다. 그러자 시험 분위기가 말이 아니게 되었다. 나는 여학생을 진정시킨 후, 여학생을 조용히 복도로 불러내어 물었다. "시험을 보아야 하는데 왜 웁니까?"

이 학생은 이렇게 대답했다. "제가 어제 밤새도록 커피를 마셔가면서 시험공부를 했는데, 오늘 시험지를 받아본 순간 제가 공부한 것이 하나도 생각나지 않았습니다. 너무나 두려워서 도저히 어떻게 할 수가 없었습니다."

여학생은 큰 절망과 두려움 앞에서 그만 심리적으로 퇴행을 하여 어린아이 같은 행동을 한 것이다. 나는 여학생에게 이렇게 말했다. "시험 시간은 총 80분입니다. 자리에 앉아서 곰곰이 생각하고 기도해 보세요. 하나님께서 생각나게 해주실 것입니다."

나는 겨우 여학생을 달래서 다시 시험을 치는 강의실로 들여보냈다.

아주 중요한 시험을 봐야 하는데, 앞서 말한 여학생처럼 아무런 생각이 나지 않으면 어떻게 해야 할까? 아주 중요한 결단을 내려야 하는데도 갑자기 아무것도 생각나지 않으면 어떻게 해야 할까? 우리의 삶의 성패는 바로 '생각'에 달려 있다. 짧은 순간에 무슨 생각을 하느냐에 따라 인생이 결정되는 경우가 많다. 그런데 요한복음 14:26에 보면 '성령께서 생각나게 하신다'라고 적혀 있다. 따라서 기독교 신자는 성령님을 붙들어야 한다. 나의 의지가 아니라 성령의 역사를 통해서 삶의 역경을 헤쳐 나아갈 생각이 우리에게 찾아온다는 사실을 믿어야 한다. 우리의 생각을 주관하는 분이 성령님이라는 사실을 깨달아야 한다.

성령님과는 반대로 우리의 생각을 혼란스럽게 하고, 우리의 생각에 부정적인 것을 심는 세력이 있다. 성경은 이 세력을 '사탄 마귀'라고 지칭한다. 이 사탄 마귀는 성령께서 우리의 생각을 지배하는 것을 방해한다. 그래서 우리의 생각이라는 영역은 마귀와의 전쟁터이다. 특히 마귀는 우리가 한가하고 홀로 있을 때, 우리의 생각을 집중적으로 공격해서 우리를 실족시키려 한다. 때로 우리는 마귀가 주는 생각이 너무나 기괴해서 깜짝 놀라기도 한다.

미국의 전 대통령이었던 지미 카터가 자신의 생각을 아주 솔직히 밝혀 논란이 되었던 적이 있다. 지미 카터 대통령은 매우 신실한 기독교 신자여서 주일만 되면 비행기를 타고 자신의 모교회로 찾아가 주일학교 교사로 섬겼다. 그가 하루는 자신의 정직함에 대해서 말하면서 이렇게 말했다. "저는 지금 이렇게 나이가 지긋하게 들었지만 길거리에 지나다니는 여성들을 보면 음욕이 생깁니다." 많은 사람들이 지미 카터의 이러한 발언을 듣고 어떻게 대통령이 그러한 생각을 할 수 있느냐면서 카터 대통령을 비판했다. 심지어 어떤 사람들은 카터 대통령의 발언에 대해서 사과를 요구하기도 했다. 하지만 카터 대통령은 자신의 속생각을 정직하게 밝힌 것일 뿐이라고 대응했다.

예수께서도 생각으로 짓는 죄에 대해서 말씀하셨다. 예수께서는 음욕을 품는 사람마다 간음한 것이고, 타인을 미워하는 자마다 이미 살인한 것이라고 말씀하셨다. 인간에게는 이처럼 생각하기 싫은 것들이 집중적으로 생각날 때가 있는 것이다.

정신병 중에 '강박관념'이라는 것이 있다. 강박관념은 자신이 생각하기 싫은데도 자꾸만 어떤 생각이 떠오르는 것을 말한다. 예를 들면, 어떤 사람에게 미래의 일에 대한 불안(과제불안)이 있다면 이 사람은 미래의 일에 대한 생각을 떨쳐버릴 수 없을 것이다. 강박증이 있는 사람은 아마 계속해서 자신이 해야 할 일들에 대해서 병적으로 되뇔 것이다. 또 청결에 대한 강박이 있는 사람은 누군가를 만나 악수를 하고 날 때마다 자신의 손을 씻을 것이다. 이렇게 자신이 원치 않는 생각이 계속 드는 사람은 상담을 통해 정신치료를 받아야 할 것이지만, 성령님께서 이런 사람들에게 임하시면 자연스럽게 이러한 증상이 치유될 것이다. 왜냐하면 성령께서 우리 인간의 생각을 주관하시기 때문이다. 성령께서 임하시면 우리 생각 속의 부정적인 것들이 모두 물러갈 것이다.

마귀는 우리에게 부정적인 생각을 집어넣을 뿐 아니라 우리가 과거에 받았던 상처를 이용하여 부정적인 생각을 불러일으키기도 한다. 마귀는 우리에게 상처를 주었던 사람에 대한 부정적인 생각을 우리에게 심어 놓기도 한다. 그리하여 마귀가 심은 부정적인 생각으로 인해서 우리는 종종 실족한다. 그러므로 타인에게 상처를 받았을 때, 우리의 마음을 잘 관리해야 한다. 상처받은 나의 마음을 잘 돌보고, 나에게 가해를 한 사람에 대해서 원한을 품지 않도록 노력해야 한다.

잠언은 우리가 우리의 생각을 잘 지켜야 한다고 권고한다. "모든 지킬 만한 것 중에 더욱 네 마음을 지키라 생명의 근원이 이에서 남이니라"(잠 4:28).

이 말씀이 증거하고 있는 것처럼, 우리의 마음과 생각을 지켜야 우리가 생명을 얻을 수 있다. 마음과 생각을 지키지 못하면 우리의 삶 자체가 무너지고, 우리는 생명력을 소진할 수밖에 없다. 결국 마음과 생각을 지키지 못해 생긴 내면의 병은 몸의 병으로 옮겨가고 말 것이다.

마음과 생각을 지키는 것의 중요성에 대해서 에베소서는 다음과 같이 증거한다. "구원의 투구와 성령의 검 곧 하나님의 말씀을 가지라"(엡 6:17).

이 말씀에서 에베소서의 저자는 구원의 투구를 쓰라고 권고한다. '투구'는 말 그대로 머리를 보호하는 것이다. 그렇다면 구체적으로 구원의 투구는 우리의 머리를 무엇으로부터 보호하는 것일까? 바로 사탄 마귀가 주는 부정적인 생각이다.

빌립보서는 또 우리의 마음과 생각을 지키는 것에 대해서 이렇게 말한다. "아무 것도 염려하지 말고 다만 모든 일에 기도와 간구로, 너희 구할 것을 감사함으로 하나님께 아뢰라 그리하면 모든 지각에 뛰어난 하나님의 평강이 그리스도 예수 안에서 너희 마음과 생각을 지키시리라"(엡 4:6-7).

우리가 어려운 일을 당할 때, 기도하면 우리가 알 수 없는 것들까지도 다 아시는 '지각에 뛰어나신 하나님'이 우리의 마음과 생각을 보호해 주실 것이다. 고난과 역경 앞에서 신자들은 성령께서 우리의 마음과 생각을 지키실 수 있도록 기도해야 한다.

최근에 우리 교회에서 러시아로 단기선교를 다녀왔다. 러시아는 공산주의 국가였기 때문에 아직도 공산주의의 잔재가 사회 곳곳에 남아 있다. 단기선교팀을 안내주셨던 선교사님은 블라디보스토크에 거점을 두시고 우수리스크에 교회를 개척하신 분이었다. 선교사님은 우수리스크에 개척한 교회에 고려인 3세 출신의 알렉산드르 초이 목사님을 담임자로 세우셨다. 나는 성도님들께서 식사 준비를 하시고, 청년들이 러시아 어린이들에게 한글학교를 하는 동안, 알렉산드르 초이 목사님과 오랫동안 대화를 나눌 수 있었다.

알렉산드르 초이 목사님은 60세가 넘으신 분으로, 블라디보스토크가 고향이셔서 이곳에서 학교를 마치셨는데, 초중고교 시절 모든 선생님이 교실에 들어와서 하는 첫 마디가 '하나님은 없다'였다고 한다. 선생님들은 또 북한이 남한보다 훨씬 더 잘 산다는 이야기를 늘 학생들에게 가르쳤다고 한다. 처음에는 긴가민가했지만 반복해서 듣다 보니 이러한 잘못된 주장을 사실로 믿게 되었다고 한다. 왜냐하면 20년 동안이나 모든 선생님들이 알렉산드르 목사님에게 하나님은 없고, 남한이 북한보다 못산다는 근거 없는 주장을 세뇌시켰기 때문이다.

사람들이 모두 하나님이 없다고 생각하면 어떤 결과가 생길까?

아마도 많은 사람들이 아무런 도덕적인 거리낌 없이 나쁜 짓을 할 것이다. 또 모든 사람들의 삶의 목적이 사랑이나 정의와 같은 숭고한 가치가 아니라 감각적 쾌락이 될 것이다. 왜냐하면 하나님이 없는 세상에서는 심판도 없고, 지옥도 없고, 명확한 도덕적 기준도 없을 것이기 때문이다. 알렉산드르 목사님도 젊었을 적에는 하나님이 없다고 믿었기에, 대부분의 러시아 사람들처럼 자신의 쾌락을 위해서 도덕적 의무감 없이 살았다고 한다.

알렉산드르 목사님은 젊은 시절 개인택시 운전사였다. 그런데 어느 날 목사님의 개인택시를 누군가가 훔쳐갔다. 순식간에 유일한 생업의 수단을 잃어버리고 말았기에 목사님은 완전히 절망했다. 그리고는 자신의 택시를 훔친 사람을 찾아서 복수를 하려고 칼과 망치를 들고 온 블라디보스토크를 뒤지기 시작했다. 그런데 어느 날, 목사님의 친척 중 한 사람이 목사님에게 이렇게 말했다. "이봐, 잃어버린 택시를 교회에 가면 찾을 수 있을 거야." 목사님은 이 말을 듣고 그 주일에 바로 선교사님께서 시무하시는 교회에 출석하셨다.

그날 선교사님의 말씀의 주제가 '용서'였다. 나에게 해코지 했던 사람, 나의 물건을 훔쳐간 사람도 용서해야 한다고 선교사님께서 말씀을 하시는데, 알렉산드르 목사님의 마음속에 이러한 생각이 떠올랐다. "도대체 어떻게 내가 그런 작자를 용서할 수 있지?"

그래도 설교를 듣는 동안 마음이 조금 누그러져서 알렉산드르 목사님께서는 "그래 용서해보자"라고 생각하게 되었다. 그런데 예배가 끝나고 난 뒤에 갑자기 가족들에게 전화가 왔다. 잃어버렸던 택시를 찾았다는 반가운 소식이었다. 하나님께서 알렉산드르 목사님을 직접 부르신 것이 분명했다. 그 뒤에 알렉산드르 목사님이 열심히 신앙 생활하는 것을 보신 선교사님 부부는 알렉산드르 목사님을 신학교에 보내서 목사님이 될 수 있도록 인도해 주셨다.

알렉산드르 목사님이 나에게 마지막으로 하셨던 이야기가 기억에 남는다. "목사님, 사람의 생각이 얼마나 중요한지 아십니까? 생각이 잘못되니 사람이 막 살게 되더라구요. 사실이 아닌데도 사실로 생각하고, 심지어 제 눈으로 북한 노동자들이 훨씬 가난하고 남한 사람들이 훨씬 잘 사는 것을 보았는데도, 오랫동안 제가 믿어왔던 것을 부정할 수가 없었습니다. 저는 예수님을 만나고 난 뒤에야 하나님이 계시지 않다고 저의 선생님들이 가르쳤던 것, 남한이 북한보다 못 산다고 가르쳤던 것이 거짓임을 깨닫게 되었습니다."

나는 나의 머릿속 생각에 대해 두 가지 걱정거리가 있다. 첫 번째로는, 하나님께서 지금까지 나에게 베풀어주셨던 은혜를 잊어버릴까봐 걱정하고 있다. 이스라엘 백성들은 그들이 광야를 지날 때 하나님께서 모든 것을 공급해주셨음에도 불구하고, 하나님의 은혜를 까맣게 잊고 하나님을 원망하고 불평했다. 우리가 기억하지 못해서 그렇지, 하나님께서는 지금까지 우리에게 무수한 은혜를 주셨다. 그렇기에 우리는 성령님께 하나님께서 우리에게 주셨던 은혜를 기억하도록 도와주시길 기도해야 한다.

나의 두 번째 걱정은 다음과 같은 것이다. 우리가 살면서 우리의 삶에 중대한 여러 가지 순간들을 만나지만 그중에서도 가장 중요한 순간은 우리가 죽어가는 순간일 것이다. 우리의 생명이 다해가면서 우리의 정신이 매우 연약해질 때, 우리는 예수 그리스도의 십자가를 생각할 수 있어야 한다. 만약 그 순간에 주님의 십자가를 생각하지 못한다면 우리의 신앙은 공든 탑이 무너지듯이 완전히 무너져버릴 수도 있다. 나는 지금도 내 삶의 마지막 순간에 하나님께서 내가 예수님을 생각할 수 있도록 인도해 주시길 기도하고 있다.

생각이 우리의 삶을 바꾼다. 따라서 우리는 항상 성령께서 우리의 생각을 인도해 주시길 기도해야 한다. 성령께서 우리의 생각을 사탄이 주는 모든 부정적인 생각으로부터 보호해주시길 기도해야 할 것이다. 생각은 성령님과 사탄 마귀가 싸우는 영적 전쟁터이다. 이 생각의 전쟁터에서 성령님이 승리할 수 있도록 기도해야 할 것이다.

성령과 관계

갈라디아서 5:22-23

모든 신자들은 성령의 충만함 속에서 살아가기를 원한다. 그런데 문제는 성령 충만, 즉 성령의 임재가 우리 눈에 보이지 않는다는 것이다. 사도행전의 역사처럼 불의 혀 같은 현상이라도 볼 수 있다면 성령이 임재했다고 말할 수 있는데, 실상 그런 것은 거의 보기 힘든 현상이다. 하지만 성경은 성령의 임재를 알 수 있는 징조들을 우리에게 알려준다. 그것이 바로 갈라디아서 5:22-23에 나오는 성령의 열매이다.

오늘날 많은 신자들이 성령의 임재를 오해한다. 특히 한국 교회는 성령 임재 현상에 대해서 많은 오해를 하고 있다. 어떤 분들은 성령이 임하면 몸이 뒤틀리거나 소리를 지르거나 사람이 쓰러져 입신을 한다는 식으로 생각한다. 심지어는 이가 금니로 변한다고 생각하기도 한다. 성령 충만한 집회에서 금가루가 날린다는 이야기도 있고, 이상한 냄새가 난다는 사람도 있다. 물론 하나님이 역사하시면 금가루만 아니라 다이아몬드 가루도 날릴 수 있다. 그러나 이런 현상은 성령의 열매가 아니다. 사람이 쓰러지거나 금가루가 날리는 현상은 은사의 일종이다. 다시 말하자면, 성령이 임재할 때 나타나는 방언, 신유,

예언 등은 열매가 아니라 은사이다. 성령의 열매는 은사와는 분명히 다르다.

갈라디아서 5:22-23은 우리가 흔히 성령의 아홉 가지 열매라고 하는 것을 보여준다. 성령의 아홉 가지 열매는 여러 각도에서 해석할 수 있지만 관계론적인 관점이 가장 중요하다고 할 수 있다. 왜냐하면 성령의 아홉 가지 열매는 홀로 이루어지는 것이 아니라 상대방이 있어야 하는, 즉 관계 속에서 이루어지기 때문이다. 예를 들자면, 사랑은 혼자 할 수 없다. 사랑에는 대상이 있어야 한다. 충성도 어떤 대상이 있어야 한다. 성령 또한 나 홀로 받는 것이 아니라 관계 속에 임재한다는 사실을 알 수 있다. 결국 관계를 통해서 받는 것이 성령이고, 관계를 회복시키는 것이 성령이다. 어거스틴도 성령은 관계를 좋게 만드는 영이라고 규정지으면서, 성령과 사랑은 동의어라고 말했다. 성령은 하나님과 인간, 인간과 인간의 관계를 연합시키는 영이라는 것이다.

여기서 말하는 관계는 하나님과의 관계, 이웃과의 관계를 말한다. 그래서 "관계의 본질은 믿음의 본질이다."라는 말이 있다. 하나님과의 관계가 어떠하느냐는 것이 곧 우리의 믿음이라는 말이다. 하나님과의 관계가 깊을수록 믿음도 깊을 수밖에 없다. 마찬가지로 이웃과의 관계가 어떠하느냐에 따라 우리의 믿음을 측정할 수 있다. 용서할 수 없는 이웃을 용서하는 것, 결국 이런 것이 믿음의 궁극이라고 할 수 있다. 그래서 하나님과의 관계, 이웃과의 관계가 어떠하느냐에 따라 우리 믿음의 현재 모습을 알 수 있다.

또한 관계의 범위가 믿음의 범위이다. 우리가 얼마나 넓게 관계를 맺느냐에 따라 믿음의 범위도 달라진다. 관계의 범위가 자기 가족에게 국한되어 있는 사람도 적지 않다. 관계의 범위가 이렇게 좁은 사람은 믿음이 미성숙한 사람이다. 믿음이 좋은 사람은 관계의 범위가 넓다. 예수님은 전 인류와 관계를 맺으시고 심지어 원수들과도 관계를 맺으셨다. 예수님처럼 원수와 관계를 맺을 수 있다면 그 사람은 관계의 범위가 넓다고 할 수 있다.

원수와도 관계를 맺을 수 있다면 그 사람의 믿음이 어떤지 충분히 알 수 있다. 그래서 신앙생활은 관계 맺기에 달려 있다.

우리는 대체로 관계가 원만하지 못하고 많은 갈등 속에서 살아간다. 하나님을 믿으면 갈등이 없고 모든 이들과 좋은 관계를 맺어야 하는데 실제로는 그렇지 않다. 하나님을 믿는다고 하면서도 관계 속에서 갈등한다. 가족과도 갈등하고, 친구, 친척, 교인들과도 갈등한다.

요즘 한국에서는 '갑과 을의 관계'가 화두로 떠오르고 있다. 갑과 을의 관계는 계약관계를 말한다. 갑이 주도권을 쥐고 있고, 을은 힘이 없다. 그래서 갑이 을을 핍박하기 일쑤다. 그런데 사람들은 대개 자기 자신을 을로 여기고 피해자라고만 생각한다. 하지만 언제나 을인 경우는 거의 없다. 경우에 따라 갑이 될 수도 있는 것이다. 이것이 바로 관계의 문제이다. 인간관계 속에는 갑과 을의 관계가 많다. 신자는 관계 속에서 갈등이 생길 때 항상 세 가지를 점검해야 한다.

첫째, 모든 관계의 문제는 나로부터 시작된다.

관계로 인한 모든 문제의 중심에는 항상 내가 있다. 나의 존재를 부정하면 안 된다. 그러나 사람들은 관계의 문제가 있을 때마다 나에게는 문제가 없다고 여기고 상대방 탓으로 돌리곤 한다. 일이 잘 안 풀리면 남 탓, 세상 탓, 운명 탓으로 돌린다. 이렇게 생각하는 사람들은 관계의 문제는 다른 사람이 문제이지 자기 자신은 문제가 아니라고 생각한다. 하지만 인간관계의 문제는 언제나 나에게 있다. 명심보감에 "行有不得 反求諸己"(행유부득 반구제기)라는 말이 있다. "어떤 일을 실행하다가 성과를 거두지 못하면 돌이켜 자기 자신에게서 그 원인을 찾아보아야 한다"는 뜻이다. 다른 사람에게 문제가 있다고 생각하면 그 문제는 해결이 안 된다. 만약 우리가 이런 식으로 생각한다면, 절대로 인간관계가 좋아질 수 없다. 그리고 신자가 이런 근시안적이고 좁은 생각을 지니고 있다면 그 사람의 신앙은 병들었다고 할 수 있다.

건강한 사람은 자기 자신을 객관화할 수 있는 능력이 있다. 신앙인은 자기를 객관적으로 볼 수 있는 눈이 있어야 한다. 미국의 유명한 심리학자 고든 올포트는 "성숙한 사람은 자기 자신을 객관화할 수 있는 사람이다."라고 말했다. 사람의 성숙, 미성숙은 자신을 객관적으로 바라볼 수 있느냐 없느냐에 달려 있다는 것이다. 자기를 객관적으로 바라볼 수 있으면 성숙한 사람이다.

이것은 영적인 면에서도 그대로 적용된다. 자기 자신을 객관적으로 바라볼 수 있는 사람이 영적인 사람이다. 그렇지 못하면 육적인 사람이 된다. 노래를 못하는 사람을 음치라고 하는데, 인간관계에도 음치가 있다. 남의 탓만 하는 사람은 인간관계의 음치가 된다.

관계적인 음치는 사도 바울을 본받아야 한다. 사도 바울은 회심하고 나서 자신을 예수 그리스도의 사도라고 했다. 바울은 몇 년 동안 사역하면서 마음이 변하여, 자신을 예수 그리스도의 종이라고 했다. 성경에는 "예수 그리스도의 종 된 나 바울은"이라는 표현이 자주 등장한다. 사도 바울은 시간이 지나면서 자신을 종으로 인식하다가,

선교가 끝나갈 무렵에는 디모데에게 보내는 편지에서 "죄인 중의 괴수"(딤전 1:15)라고 표현한다. 이것이야말로 자기 자신을 제대로 인식할 수 있는 사람의 모습이 아닌가 한다.

성령은 바로 이렇게 자신을 제대로 바라보게 한다. 방안에 먼지가 많아도 우리 눈에 잘 보이지 않는 경우가 많다. 하지만 햇빛이 비치면 그 모든 것이 다 잘 보인다. 이 햇빛이 바로 성령이다. 성령이 우리의 마음을 조명하면 내 안에 있는 모든 욕망과 무의식 속에 있는 더러운 것들이 다 드러나게 된다.

성령이 우리를 조명하면 우리는 회심하게 된다. 심리학자 칼 융은 말했다. "자기 자신 내면 안에 어두운 그림자를 알게 되면 남을 비판할 수 없다." 칼 융은 의식과 무의식이라는 말을 처음으로 사용한 사람이다. 물 위를 떠다니는 빙산은 겉으로 드러난 모습은 아무리 작아 보여도 실제로는 물 밑에 많은 부분을 감추고 있어서 엄청난 크기인 경우가 많다. 이런 빙산에 부딪치게 되면 아무리 큰 배도 침몰의 위기를 맞게 된다. 칼 융은 물 위에 있는 작은 얼음 조각을 의식, 물밑에 숨겨진 큰 얼음을 무의식이라고 했다. 이와 같이, 우리 안에는 무의식이라는 엄청난 크기의 욕망덩어리가 있는데, 바로 이것이 칼 융이 말하는 '어두운 그림자'이다. 이 어두운 그림자가 모든 사람에게 다 있다. 이렇게 자기 자신에게 어두운 그림자가 있다는 것을 아는 사람은 남을 비판할 수가 없다. 결국 자기 자신의 객관화란, 바로 이런 어두운 그림자를 인식할 수 있는 상태를 말한다.

갈라디아서 5:22-23은 이렇게 말씀한다. "오직 성령의 열매는 사랑과 희락과 화평과 오래 참음과 자비와 양선과 충성과 온유와 절제니 이같은 것을 금지할 법이 없느니라."

나에게 문제가 있다는 것을 인식할 때, 사랑하게 되고 화평하게 된다. 성령은 우리에게 사랑의 열매를 맺게 하신다. 성령은 우리에게 신적인 사랑을 할 수 있는 능력, 즉 하나님을 사랑하는 능력을 주신다. 우리가 기억할 것은, 성령이 우리에게 임하면 우선 내 마음에 가장 먼저 일어나는 변화가 하나님을 사랑하게 된다는 점이다. 오늘 그리스도인들 속에 성령이 역사하면 하나님을 마음과 뜻과 정성, 그리고 목숨을 다하여 사랑하게 된다.

또한 성령은 절제하도록 한다. 성령은 자신의 육신적인 욕망을 절제하는 힘을 주신다. 그래서 놀고 싶을 때 절제하고, 먹고 싶은 것을 절제하고, 더 자고 싶은 것을 절제하고, 오직 주님의 뜻에 나를 맞추어 드릴 수 있게 된다. 과유불급이라는 말이 있듯이, 모든 것에 과하면 좋지 않다. 음식도 과하면 독이 된다. 운동도 과하면 병이 된다. 교제도 과하면 중독이 된다. 무엇이든지 한계가 있다. 나 자신이 문제가 있다는 것을 모른다는 것은, 나에게 한계가 있다는 것을 모르는 것이다. 그 한계를 아는 것이 바로 절제의 미덕이다. 모든 것을 적당히 하고 모든 것을 절제할 수 있어야 한다. 사랑, 화평, 절제는 내 안에 문제가 있다는 것을 인식해야만 자라고 열릴 수 있는 성령의 열매이다. 하나님께서는 우리 안에 문제가 있다는 것을 성령을 통해서 조명하시고 보여주신다.

둘째, 인간관계는 하나님의 관계에 영향을 받는다.

우리가 인생을 살아갈 때 이 두 번째 원칙이 중요하다. 관계에 문제가 생길 때 기억해야 할 것 중 두 번째는, 하나님과의 관계가 깨어지면 사람과의 관계도 깨어지게 되어 있다는 것이다. 에덴동산에서 아담이 하나님과의 관계가 깨어질 때 하와와의 관계도 깨어졌다.

인간관계가 잘 안 되는 이유는, 하나님과의 관계가 잘 되지 않기 때문이다. 신자의 가정에서 부부싸움이 잦아질 때는, 하나님과의 관계를 점검해야 한다. 주변 사람과 관계의 문제가 생기면 십자가 앞으로 나아가야 한다. 은혜를 충만히 받으면 관계가 좋아지는데, 은혜에서 멀어지면 사람과의 관계도 소원해진다. 이 은혜를 회복해야 사람과의 관계가 회복된다. 하나님과의 관계가 먼저이다. 하나님의 은혜를 받으면 그 문제가 해결된다.

수가성에서 예수님이 사마리아 여인을 만났을 때는 한낮이었다. 유대인들은 한낮에 햇볕이 너무 뜨겁기 때문에 물을 길러 오지 않았다. 사마리아 여인이 대낮에 물을 길러 온 것은, 사람을 피하기 위해서였다. 유대인과 사마리아 사람의 사이가 좋지 않았기 때문에 그 여인이 사람들을 피해 한낮에 물을 길러 온 것이다. 그런데 거기에서 예수님을 만나 대화를 나누면서 은혜를 받았다. 그러자 여인은 물동이를 그 자리에 둔 채, 관계가 좋지 않은 마을로 가서 예수님을 전한다. 예수님을 만나면서 은혜를 받자 인간관계가 다 해결되었다.

갈라디아서 5장의 성령의 아홉 가지 열매 중에서, 하나님과의 관계가 잘 되어야 사람의 관계가 잘 풀린다고 볼 수 있는 덕목은 희락과 충성이다. 희락을 다른 말로 하면 기쁨이다. 이 기쁨은 하나님이 주신 기쁨이다. 어거스틴도 그의 고백록에서, 참 행복은 오직 하나님이 자신들의 기쁨이 되는 사람들에게 주어진다고 말했다.

하나님의 은혜를 충만히 받을 때, 기쁨이 생긴다. 내가 구원받았고 죄인이지만 용서를 받았기에, 기쁨이 넘친다. 부족한 인생을 여기까지 인도해 주셨다는 것에 기쁨이 넘친다. 그러면 다른 사람과의 관계가 좋아진다. 가끔 목사인 나를 보고 성도들이 “목사님은 무슨 재미로 사십니까?"라고 묻곤 한다. 그러면 이렇게 답한다. "예수님 믿는 재미로 삽니다." 예수님 믿고 하나님을 경외하는 삶이 이 세상에서 최고로 기쁘고 행복한 삶이다.

충성도 대상이 중요하다. 여기서 말하는 충성은 하나님에 대한 충성이다. 충성은 어떤 힘든 상황에서도 하나님을 배반하지 않는 것이다. 욥기에서는 사탄이 충성의 동기를 시험한다. 욥기 초반에 사탄이 하나님께 이렇게 말한다. "하나님, 욥이 까닭 없이 당신께 충성하겠습니까?" 이것은 충성의 진정성을 묻는 것이다. 신자는 까닭 없이 하나님께 충성해야 한다. 어떤 상황에서도 하나님을 배반하지 않고 충성해야 한다. 예수님을 믿으면서 사람들이 "저 사람은 믿을 만한 사람이야.", "저 사람은 신뢰할 수 있어."라고 말할 수 있는 사람이 되어야 한다. 성령이 우리를 신실하고 충성스러운 사람이 되게 하신다. 성령이 충만하면 우리가 이렇게 된다.

셋째, 인간관계의 회복은 자신의 성품이 변화되어야 한다.

내 안에서 성품의 변화가 일어나야 인간관계가 회복된다. 그런데 우리의 성품은, 내 힘으로 변화시킬 수 없다. 사람의 마음이 변하는 일은 매우 어렵다. 이 세상에 사람의 마음을 바꿀 수 있는 존재가 있는데, 그것이 바로 성령이다. 그래서 성령이 역사할 때는 능력이 아니라 성품이 중요하다. 사람들은 성령이 임할 때 신유의 은사 같은 능력을 기대하지만, 정작 중요한 것은 성품이다. 성령이 역사할 때 성품의 변화가 일어나는지 보아야 한다. 아홉 가지 열매가 있는지 확인해야 한다.

성품이 영향을 미치는 범위는 그의 배경이나 교육, 그리고 재능과 인맥보다 훨씬 넓다. 부부간의 행복도 사실은 다른 그 어떤 것보다 그들의 성품에 달려 있다. 자녀들을 잘 양육하는 것도 부모의 성품에 달려 있다. 그런데 이러한 성품을 변화시켜 주는 것은 성령님이시다. 심리학자들에 의하면, 사람의 성품은 만 5세 이전에 형성된다고 한다. "세 살 버릇 여든까지 간다"는 속담이 있는 것처럼, 이렇게 형성된 성품은 평생 갈 수 있다. 한 번 습관화된 성품은 쉽사리 변하지 않는다. 훈련으로도 안 되고, 교육으로도 성품이 변하기 힘들다. 하지만 성령 충만하면 성품이 완전히 바뀔 수 있다.

성령의 아홉 가지 열매 중에서 성품과 관련된 것이 네 가지이다. 오래 참음, 양선(Goodness, 어질고 착한 것), 온유, 자비(덕)이다.

한 사람이 예수 안에서 변화되는 데는 얼마나 시간이 걸릴까? 아무도 알 수 없다. 불완전하고 미성숙함을 바라보면서 기다려줄 수 있어야 한다. 우리 힘으로는 기다릴 수 없다. 그런데 성령님께서 능력 주시면 오래 참을 수 있다.

급변하는 현대사회에서 온유한 사람은 인기가 없을 수 있다. 본래 온유란 말은 야생마를 데려다가 길들여놓은 상태에서 온 말이다. 그리스도인들은 야생마 같아서는 안 된다. 그리스도인은 내 정과 욕심을 십자가에 못 박은 사람들이다. 오직 성령님께서 우리의 마음을 부드럽게 하신다. 성령님은 우리의 말과 행동을 부드럽게 하신다. 성령 충만해지면 사람이 온유해진다.

양선이란 것은 어질고 착한 마음을 뜻한다. 성령 충만하면 사람이 선하고 어질게 된다는 것이다.

어느 권사님 댁에 심방을 간 적이 있다. 남편 분은 서울에서 큰 제약회사를 운영하셨다. 처음으로 그 댁에 심방을 갔는데, 망아지만 큼이나 큰 개가 있었다. 나는 사실 개에 대한 트라우마가 있다. 어렸을 적에 친구 집에 놀러갔다가 새끼를 낳고 예민해진 어미개에게 물린 적이 있었기 때문이다. 개에게 물려서 어쩔 줄 모르고 도망을 가다가 친구네 집 철문에 부딪혀서 머리가 찢어지는 바람에 열 바늘이나 꿰매야 했다. 나는 그 전도사님 댁의 개를 보자마자 어렸을 적의 트라우마가 생각나서 머리에서부터 발끝까지 소름이 돋았다. 그래서 전도사님께 이렇게 물었다. "전도사님, 이렇게 큰 개를 마당에 풀어놓으시면 어떻게 합니까?" 그러자 이런 대답이 돌아왔다. "목사님, 이 개의 이름이 타이거인데, 아마도 이 세상에서 가장 순한 개일 겁니다. 이 개는 목사님이 시키는 것은 무엇이든 다 할 거예요."

나는 타이거란 거대한 개의 사연을 알게 되었다. 원래 이 개는 굉장히 사나운 개였다. 그래서 첫 주인은 이 개를 마약 탐지견으로 훈련시켰다. 마약 탐지견이 된 타이거는 삶의 대부분을 공항에서 마약을 탐지하는 역할을 하면서 보냈다. 마약 탐지견으로서의 임무를 잘 수행한 타이거는 나이가 들어서 현역에서 퇴직할 나이가 되었고, 전도사님의 남편의 눈에 들어서 전도사님 댁에서 살게 된 것이다. 한때 사나운 개였던 타이거는 훈련을 제대로 받아서 마약을 소지한 사람들에게는 무섭게 반응하지만 평범한 사람들, 즉 마약을 갖지 않은 사람들에게는 온순하고 온유한 개가 된 것이다.

이 타이거와 마찬가지로, 성도들도 성령을 제대로 받으면 그 성품이 온유하고 온순해진다.

우리 신자들이 왜 이 시대에 성령의 충만을 받아야 할까? 좋은 관계를 맺으면서 살기 위해서이다. 그러기 위해서는 무엇보다도 모든 문제의 중심에는 내가 있다는 것을 인정해야 하고, 다음으로는 하나님과의 관계를 최우선으로 삼아야 한다. 하나님과의 관계가 원만해야 한다. 그리고 다음으로는, 내가 변화되어야 한다. 우리 모두는 성령의 충만을 통해서 이런 풍성하고 신실하고 아름다운 성령의 열매를 맺을 수 있다.

성령의 현실성

고린도후서 5:16-17

성숙한 사람은 현실감각을 갖고 있다. 성숙한 신앙도 현실성을 가져서, 신자의 삶에서 힘을 갖게 되어 있다. 신앙은 몽상이 아니다. 현실적인 형체를 가지고 우리의 삶을 인도하고 이끌어나간다.

신앙이 현실성을 가지려면 신앙을 이해할 수 있는 능력을 가져야 한다. 신앙을 이해한다는 것은 내가 왜 예수를 믿는지, 왜 예수를 믿어야 구원을 받을 수 있는지를 아는 것이다. 이것을 아는 신앙만이 현실적일 수 있다. 내가 예수를 왜 믿어야 하는지 정확한 근거를 가져야 한다. 이러한 근거가 없이 교회에 몸만 왔다갔다하는 사람은 신앙생활을 하면서 신앙의 현실성을 외면하고 몽상 속에서 살고 있는 것이다.

신앙은 우리의 일상생활과 무관하지 않다. '신앙'은 반드시 생활로 표현되어야 한다. 그래서 우리는 신앙이라는 단어보다는 '신앙생활'이라는 단어를 더 자주 사용한다. 신앙은 우리의 생활과 떼려야 뗄 수가 없는 관계를 갖고 있는 것이다. 내가 처해 있는 상황, 혹은 나의 마음에 영향을 끼쳐 변화시킬 수 있는 신앙이 바로 현실성이 있는 신앙이다. 현실적인 신앙은 풀리지 않는 삶의 매듭을 풀어주는 해결사와도 같다. 현실적으로 힘을 갖고 일상생활에 영향력을 행사하여 우리 삶의 난제들을 해결해주어야 참된 신앙이라고 할 수 있는 것이다.

칼 바르트는 신앙의 현실성을 '하나님의 현실성'이라고 했다. 하나님의 현실성이라는 단어는 하나님께서 신자의 삶의 현실에 나타나시고 다가오신다는 의미를 갖고 있다. 하나님은 죽은 하나님이 아니다. 하나님은 살아계신 하나님이시다. 살아계신 하나님께서 우리의 현실에 나타나는 것을 경험하는 사람은, 그 신앙에 현실성을 갖고 있다고 할 수 있을 것이다. 그런데 우리의 삶의 현실에 가장 가깝게 계시는 분은 삼위일체 하나님 중 바로 성령님이시다. 성령께서는 우리와 늘 동행하시며, 우리의 신앙생활에 임재하시고, 우리를 인도하시며, 우리에게 용기를 주신다. 그래서 하나님의 현실성은 곧 성령의 현실성이라고 볼 수 있다. 신앙의 현실성은 하나님의 현실성이요, 하나님의 현실성은 곧 성령의 현실성인 것이다.

성경에 보면 "먼저 된 자가 나중 되고 나중 된 자가 먼저 된다"라는 표현이 있다. 이 구절은 소위 습관화, 형식화, 매너리즘을 경고한다. 교회에 다닌 지 50년 가까이 된 신자나, 모태로부터 신앙생활을 해온 신자도, 매너리즘에 빠져 있는 경우가 적지 않다. 신앙생활이 습관화되면, 신앙생활을 하는 신자의 마음은 은혜 안에서 늘 새로워질 수 없다. 타성에 젖어서 무의식적으로 신앙생활을 하다보면, 신앙생활에서 어떤 의미도 찾을 수 없게 된다. 신앙생활이 습관화된 상태가 심각해지면 형식주의에 빠져서 예수님께서 비판하셨던 바리새인들처럼 될 수밖에 없다. 신앙생활을 위한 행위를 아무리 열심히 해도 그 안에 하나님에 대한 진심어린 열심이 없는 공로주의적 신앙생활을 해서는 안 된다.

이것은 종교적 의식에서도 마찬가지로 적용된다. 디트리히 본회퍼는 이것에 대해 다음과 같이 이야기했다. "신앙의 진리를 왜곡하는 종교적 분위기로부터 기독교를 구출해야 하며, 이러한 면에서 기독교는 철저하게 비종교화됨으로써 그 기반을 현실성 위에 세워야 한다."

내가 전도사였을 때의 일이다. 한 학생이 성령을 받아 방언을 하기 시작했다. 이 친구가 방언을 받더니, 교회에 오면 아무 방에나 들어가서 큰 목소리로 방언기도를 하곤 했다. 다른 많은 교우들이 이 친구의 무분별한 방언기도를 지적했고, 그래서 나는 전도사로서 이 친구에게 방언기도를 은밀한 곳에서, 절제하면서 해줄 것을 권면했다. 그런데 나중에 나는, 이 친구가 아예 교회에 나가지 않게 되었고 오히려 기독교를 반대하는 사람이 되었다는 소식을 듣게 되었다. 참으로 아이러니한 일이 아닐 수 없다.

누구든지 처음으로 예수님을 믿게 되면 진심으로 신앙생활을 하기 시작한다. 그런데 시간에 지남에 따라 많은 이들이 매너리즘에 빠져서 겉껍데기만 남은 신앙생활을 한다. 마치 고장 난 기계처럼, 많은 신자들의 신앙이 겉모습은 멀쩡한데도 작동하고 있지 않다. 신앙생활의 아주 긴 연수에도 불구하고 신앙이 깊어지기는커녕 표피적인 수준에 머물고 있는 경우가 적지 않다. 그리고 가장 큰 문제는, 많은 신자들이 자신의 신앙이 습관화되었다는 사실을 자각초자 하지 못한다는 것이다.

이에 대해서 히브리서는 이렇게 말씀한다. "한 번 빛을 받고 하늘의 은사를 맛보고 성령에 참여한 바 되고 하나님의 선한 말씀과 내세의 능력을 맛보고도 타락한 자들은 다시 새롭게 하여 회개하게 할 수 없나니 이는 그들이 하나님의 아들을 다시 십자가에 못 박아 드러내 놓고 욕되게 함이라"(히 6:4-6).

이 말씀에 따르면, 한번 하나님의 은혜를 충만히 받았던 사람이 하나님을 떠났을 경우에는 그의 이러한 행실이 예수님을 십자가에 다시 못 박는 것이나 마찬가지이다. 이 말씀에서 '하늘의 은사'는 하나님으로부터 오는 초월성을 말한다. 이 성경 말씀은, 초월성을 경험하고도, 성령의 역사에 참여했음에도 불구하고, 내세의 능력을 맛보았음에도 불구하고, 인간은 타락할 수 있다고 증거한다. 참으로 무서운 말씀이 아닐 수 없다. 이만큼 신앙생활의 습관화란 무서운 것이다.

반면에 고린도후서에는 이렇게 적혀 있다. "그런즉 누구든지 그리스도 안에 있으면 새로운 피조물이라 이전 것은 지나갔으니 보라 새 것이 되었도다"(고후 5:17).

신자는 늘 새로운 피조물로 빚어져야 함을 말하고 있다. 이러한 점에서 신앙생활은 명사가 아니라 동사이다. 신자는 날마다 은혜로 새로워져야 한다. 왜 날마다 새롭게 되어야 할까? 왜냐하면 '익숙함'에는 항상 부패의 가능성이 있기 때문이다. 너무나 익숙하면, 아무 의미도 못 느낄 때가 많다. 이것은 종교행위에도 마찬가지로 적용된다. 우리의 신앙생활도 너무나 익숙하면 부패할 수 있다.

여행을 갔다가 한 여자 분을 만났다. 이 여성은 남편이 반대했음에도 불구하고 혼자서 여행을 왔다고 했다. 내가 그분에게 물었다. "처음으로 혼자 여행을 오시니 기분이 어떠십니까?" 그분은 "너무나 새롭고 기분이 좋다."고 답하셨다.

이분은 여행을 통해서 일상을 떠나서 새로운 곳에서 새로운 경험을 하고 있던 것이다. 신앙생활도 우리의 삶의 일상성을 끊는 여행이 되어야 한다. 신앙생활은 익숙한 것을 떠나서 초월을 경험하는 여행이 되어야 한다. 그렇다면 우리는 어떻게 일상 속의 익숙함을 끊고 날마다 새로워지는 신앙생활을 할 수 있을까? 이와 연관하여 신라 삼국 통일의 주역이었던 김유신 장군의 일화를 소개해드리고자 한다.

김유신 장군은 젊었을 적에 기생들과 어울려 술을 마시는 것을 좋아했다. 어느 날, 김유신이 술을 마시고 취하자 그의 애마는 김유신을 태우고 김유신이 자주 다니던 기생집으로 향했다. 애마도 기생집에 가는 것이 습관화되어 있었던 것이다. 김유신이 술에서 깨어 눈을 떠보니, 기생집에 누워 있었다. 자신의 말이 자신을 기생집에 데려다 놓은 것이다. 김유신은 정신이 번쩍 들었다. 이래서는 나라의 일을 제대로 할 수 없다는 것을 깨닫고, 그 자리에서 칼을 꺼내 말의 목을 내리쳤다. 김유신은 일상 속에서 부패해져 버린 자신의 옳지 않은 면을 끊어내기 위해서 자신의 애마를 죽였던 것이다. 이처럼 새롭게 되기 위해서는 희생과 죽음이 필요하다. 신앙생활은 우리 안의 일상성과 익숙함을 끊고 날마다 새로워지는 것을 의미한다.

나는 교회에 들어올 때마다 매너리즘으로부터 나 자신을 떠나게 하기 위해서 교회라는 장소를 늘 새롭게 생각하려고 한다. "이 교회는 노아의 방주이다", "이 교회는 하나님 나라로 향하는 비행기이다." 이렇게 교회 공간을 색다르게 보면, 교회 안에서 하는 모든 경험들이 새로워지게 된다.

우리는 구체적으로 어떻게 해야 신앙이 습관화되는 것을 막고 신앙의 현실성을 유지할 수 있게 될까?

리처드 니버(H. Richard Niebur)는 『계시의 의미』(The Meaning

of Revelation)에서, 인간의 역사를 '외적 역사'와 '내적 역사'로 구분한다. 외적 역사는 행위, 사건들의 연속으로 이루어진 객관적 형태로서의 역사이며, 내적 역사는 각 개인에게 있어서 자신의 생애에 걸친 개인적 역사, 혹은 개인의 마음의 역사를 말한다. 내적 역사에 있어서, 과거는 지나가 버리는 것이 아니라 개인의 기억 속에 현존하며 미래는 개인의 가능성으로서 현존한다. 역사적 사건은 외적 역사의 차원에서 일어나지만, 개인의 내적 사건 속에서만 의미를 가질 수 있다. 외적 역사는 스스로 증명되는 수학 등식과 같이 자명성을 갖는 반면, 내적 역사는 인간과 인간 사이의 만남을 통해서 가능하다. 그렇다면 하나님의 계시의 자리는 인간의 외적 역사일까, 내적 역사일까? 하나님의 계시는 객관적 형태로 하나님을 가르치는 행위에 임하지 않고, 개인이 내적 역사를 통해서 하나님의 계시를 체험하는 형태로 일어난다.

교회에서 내면적 반성 없이 습관적으로 왔다갔다만 하는 신앙인들은 신앙생활을 외적 역사의 차원에서만 경험한다. 그들은 교회에 왔다갔다하는 자신의 외적 역사에만 만족한다. 결국 이들은 하나님과 자신의 내면세계가 만나며 시작되는 내적 역사로서의 신앙생활을 하지 못하고 만다. 이들의 신앙생활이 생명력을 잃고 습관에 머무는 이유는, 신앙을 내적 역사로 받아들이지 못하고 외적 역사에 머물도록 내버려두기 때문이다. 또 바리새인들과 같이 신앙생활에 있어서 마음과 정신을 배제한 채 외적인 행위만을 강조하기 때문이다. 율법주의와 공적주의는 신앙인이 내적 역사 속에서 신앙생활을 하지 못하기 때문에 생겨난다. 기독교 신앙인이 신앙의 현실성을 얻기 위해서는 내면적 반성 없는 습관화된 신앙에서 탈피해야 한다.

발효와 부패의 차이점에 대한 칼럼을 읽은 적이 있다. 발효와 부패 모두 균이 음식에 작용하는 것이다. 그런데 왜 어떤 음식에는 나쁜 균이 작용해서 부패한 나머지 그 음식을 먹을 경우 병이 생기고, 왜 어떤 음식에는 좋은 균이 작용해서 그 음식을 먹으면 건강에 이롭게 되는 것일까? 발효와 부패 모두 균이 작용하지만, 균이 음식에 작용한 후에 그 결과물이 사람에게 이로우면 발효이고 이롭지 않으면 부패라고 할 수 있다. 어떤 균이 작용을 해서 어떤 변화의 과정을 거치느냐가 중요한 것이다. 발효의 과정을 거친 음식은 생명을 이롭게 하고, 부패의 과정을 거친 음식은 인간에게 독이 된다. 어떻게 보면 이 과정이 복음을 받아들이는 인간과 비슷하다고 볼 수 있다. 똑같은 복음이 들어가도, 어떤 사람은 복음을 받아들인 이후의 과정이 아주 성숙해서 새 생명으로 충만해지기도 하고, 어떤 사람은 복음을 받아들인 이후에 그 변화의 과정에 문제가 생겨 오히려 더 부패하고 매너리즘에 빠지기도 한다.

이 칼럼은 인생을 세 단계로 분류한다.

첫번째 단계는 **물리적 변화의 단계**이다. 물리적 변화의 단계는 쉽게 말하면 포도가 포도즙으로 변하는 단계이다. 이 단계는 교인의 신앙생활로 치면 이제 막 교회에 드나들기 시작하는 단계로, 대부분의 초신자들이 이 단계에 놓여 있다.

두 번째 단계는 **화학적 변화의 단계**이다. 이 단계는 쉽게 말해 포도즙이 포도주로 변하는 단계이다. 포도즙이 발효되기 시작하면서 그 화학적 성분이 변화된다. 신자의 신앙생활로 치면 이 단계는 교회를 드나드는 수준을 넘어, 교회에서 다양한 직분을 맡으면서 충성스러운 교인으로서 살아가는 단계이다.

세 번째 단계는 **영성적인 변화의 단계**이다. 이 단계를 쉽게 말씀드리면 포도주를 마시고 취하는 단계이다. 성경은 성령에 충만한 사람을 성령의 새 술에 취한 사람이라고 표현한다. 세 번째 단계에 이른 사람은 성령에 충만하여 그 마음과 생각의 본질에 변화를 경험하게 된다. 고린도후서의 말씀대로 '새로운 피조물'이 되는 것이다. 따라서 현실적인 신앙을 가진 신자는 이 세 번째 단계에 이르러서 그 본질의 변화를 경험해야 한다.

많은 사람들은 참으로 안타깝게도 첫 번째 단계에서 머무는 신앙생활을 한다. 복음을 받아들이고 그 복음이 자신 안에서 발효되어서 생명이 충만해지는 단계에 이르지 못하고 부패하고 마는 것이다. 복음을 받아들이고 그 복음이 신자의 마음 안에서 잘 발효되어 영성적 변화를 일으켜야 신자는 신앙의 현실성을 획득할 수 있다.

어렸을 적에 굿하는 것을 본 적이 있다. 자세히 보니, 굿을 하는 무당이 나의 머리를 깎아주던 단골 이발사였다. 나는 큰 충격을 받았다. 나의 단골 이발사에게 신이 내린 것이다. 나는 이발사가 무당이 되어 굿하는 것을 보면서 참 안되었다고 생각하였다.

비유가 적절할지 모르지만, 무당의 굿 하는 광경에서 신앙인들의 마음자세와 행태를 찾아보기로 하자. 교회는 거룩한 초월성이 활동하는 곳이고, 따라서 성스러운 공간이다. 그런데 어떤 분들은 교회에 와서도 초월성을 경험하지 못하고 초월성을 구경만 하다가 돌아간다. 그런데 굿판에서도 종교학적으로 이와 유사한 광경이 펼쳐진다. 굿판에도 구경꾼들이 다수 존재하는 것이다.

굿판에는 무당을 부른 주인이 있고, 무당이 있다. 굿판에서 주인은 무당이 하라는 대로 한다. 무당이 무릎을 꿇으라면 꿇고, 무당이 어떤 행동을 하라고 하면 그 말을 선선히 따른다. 교회에 나와서 신앙생활하는 분들 중에도 굿판 주인의 마음으로 신앙생활을 하는 분들이 있다. 이러한 분들은 주인의식을 가지고 신앙생활을 하는 분들이다. 그런데 굿판의 무당과 같은 역할을 하는 분들도 있다. 무당에게 귀신이 내려서 그가 귀신을 대변하듯이, 서로 비유를 할 수는 없지만, 그래도 이것을 신앙생활에 비유하자면, 교회에는 성령을 충만히 받고 신앙생활을 하는 분들이 있는 것이다. 이렇게 교회 안에는 성령을 받아서 신앙의 현실성을 경험하는 분들이 있다.

종교학적으로 무당을 세 가지로 분류할 수 있다. 첫 번째는 돌팔이 무당이다. 이 부류에 속하는 사람은 실제로 무당이 아니라 사이비이다. 교회 안에도 돌팔이 무당처럼 자신의 영성을 조작하는 사람들이 있다. 다음으로, 학습무당이다. 이 무당은 그래도 무속에 대한 진지한 마음을 가지고 돈을 주어서라도 무당의 일을 배우려고 하는 사람이다. 교회 안에도 기독교 신앙에 대해서 열심히 배우려고 노력하는 분들이 있다. 마지막 부류는, 강신무당이다. 이 무당은 귀신이 내려서 귀신의 말을 대변하는 사람이다. 귀신이 진짜 강림한 것이다.

무당에 대한 종교학적 분류를 빌려서 신자도 이와 유사하게 세 종류로 구분해 볼 수 있다. 첫째, 돌팔이 신자가 있고, 그 다음으로 학습 신자가 있고, 마지막으로 진짜 성령에 젖어 살아가는 신자가 있는 것이다. 우리는 성령에 충만히 젖어서 그 삶 속에서 신앙의 현실성을 경험하는 신자가 되어야 한다. 이것이 바로 하나님의 현실성이요, 성령의 현실성인 것이다.

한 달에 한 번씩 하는 영적 독서 시간에 한 목사님으로부터 이러한 경험을 들었다. 이분은 일반대학의 철학과를 졸업하고 신학대학원에 들어가서 목회를 시작했다. 충청도 시골지방에서 첫 목회를 시작했는데, 여러 가지로 어려움이 있었다. 목회는 기본적으로 하나님의 초월성을 신자들에게 드러내주는 일이다. 따라서 목회는 이성으로 되는 것이 아니고, 철학과 같은 이성을 사용하는 학문적 지식으로도 되는 것이 아니다. 하지만 자신의 이성과 학문적 지식을 믿고 목회를 하려고 했던 이 목사님은, 목회 초년병 시절에 큰 어려움을 겪게 된다. 첫 목회지에서 한 권사님을 만났는데, 그 교회에서 핵심적인 역할을 하는 분이셨다. 교회에서 재정과 관련된 업무를 보시기도 하는 아주 책임감 있는 분이셨는데, 그만 귀신이 들리고 말았다. 귀신이 들린 권사님은 광인처럼 공동묘지에 가서 웃통을 벗고 밤새 소리를 지르며 난리를 피우곤 했다. 목사님은 그런 경험을 한 번도 해본 적이 없어서, 목회 선배에게 자문을 구했다. 목회선배는 목사님에게, 목사님 스스로 그 귀신을 쫓아내야 그곳에서 목회를 할 수 있을 것이라고 조언해 주셨다. 조언을 들은 목사님은 귀신 들린 권사님을 모셔다 놓고 보름 동안 기도를 했다. 결국 보름 만에 권사님에게 들렸던 귀신이 떠나갔고, 이후에 목사님은 능력 있는 목회자라는 평판을 얻어 아주 목회를 잘 할 수 있었다고 한다.

이처럼 교회라고 하는 곳은 영, 초월성, 거룩과 같이 이 땅의 논리로는 설명되지 않는 것을 다루는 곳이다. 교회는 성령 하나님께서 우리에게 나타나시는 곳이기 때문이다. 이 목사님은 귀신축사의 경험 이후로 목회를 보는, 기독교 신앙을 보는 관점이 완전히 달라졌다고 한다.

중소기업부 장관 후보자가 사퇴한 일이 매스컴에서 회자된 적이 있다. 이 장관 후보자 후보자가 사퇴하게 된 것은 창조과학을 지지한다는 이유에서였다. 많은 국회의원들이 왜 진화론 대신에 창조과학을 믿느냐며 후보자를 공격했다. 결국 여당과 야당은 이 후보자가 주관이 뚜렷하지 못하다는 이유를 들어 부적격 의견을 내놓았다. 하지만 나는 개인적으로 그 중소기업부 장관 후보자가 굉장히 강단이 있고 소신 있는 분이라는 생각이 들었다. 그는 자신이 가지고 있는 생각을 철회할 수 있었음에도 불구하고 그러지 않고 끝까지 창조과학에 대한 자신의 신념을 유지했다. 진화론을 왜 지지하지 않느냐는 국회의원들의 질문에 그는 이렇게 답했다. "신앙의 나이와 자연과학의 나이는 다릅니다."

이 후보자가 말한 것과 같이 신앙과 자연과학의 층위는 전혀 다르다. 천년이 하루 같고 하루가 천년 같다고 한 성경의 진술을 자연과학은 증명할 수 없다. 세상 사람들은 하나 더하기 하나가 둘이라고 믿지만, 신자는 하나 더하기 하나가 백이나 천과 같이 둘 이상이 될 수 있음을 알고 있다. 낙마한 중소기업부 장관 후보자는 최소한 다른 사람들 앞에서 자신의 신앙을 분명히 드러냈고, 그의 신앙은 현실 속에 실재로서 드러난 것이다. 우리의 신앙은 이처럼 우리의 삶에 드러나야 하고, 영향을 끼쳐야 한다. 하나님께서 우리의 삶에 실제로 임재하시고, 성령께서 우리의 삶을 실제로 인도해 주셔야 한다. 신앙의 현실성을 갖고 있는 신자는 이처럼 성령 안에서 자신의 신앙이 삶 속에서 역동하도록 해야 하는 것이다.

힘을 주시는 성령

스가랴 4:6-10

성령님의 큰 역할은 절망하고 좌절하는 신자들에게 힘을 실어주는 것이다. 연약한 인간들에게 강한 힘을 주시는 분이 바로 성령님이시다. 스가랴서에는 이와 같이 힘없는 백성들을 도와주시는 성령에 대해 잘 나와 있다. 구약의 대표적인 소예언서인 스가랴서의 주제는, 이스라엘 백성이 바벨론 포로에서 자유를 얻어 본국으로 돌아왔을 때 하나님이 그 자유함을 얻은 이스라엘 백성을 회복시키는 내용이다. 그리고 그 회복을 위해서 이스라엘 백성은 스룹바벨의 인도를 따라 성전을 재건한다. 이스라엘 백성이 성전을 재건하는 이유는 하나님을 예배하는 것이 가장 중요했기 때문이다.

스가랴서의 주제는 두 가지인데, 하나는 이스라엘 백성을 회복시키는 것이고 다른 하나는 성전을 재건하는 것이다. 스가랴서 4장에 나타난 성령의 세 가지 속성에 대해서 살펴보자.

첫째, 성령님은 육신의 힘과 능력으로 안 되는 것을 되게 하신다.

스가랴서는 이렇게 말씀한다. "그가 내게 대답하여 이르되 여호와께서 스룹바벨에게 하신 말씀이 이러하니라 만군의 여호와께서 말씀하시되 이는 힘으로 되지 아니하며 능력으로 되지 아니하고 오직 나의 영으로 되느니라"(슥 4:6).

이 말씀에서 '나의 영'은 하나님의 영으로, 성령을 말한다. 스룹바벨은 바벨론에서 포로 되었던 이스라엘 백성을 본국으로 이끌고 돌아온 지도자이다. 그가 본국에 돌아왔을 때 제일 먼저 한 일은 성전 재건이다. 의욕적으로 성전 재건에 나섰지만 재료도 부족했고 도울 사람도 없었다. 그만큼 이스라엘은 황폐해 있었다. 결국 스룹바벨은 성전 건축이 불가능하다는 생각을 갖게 된다. 그때 하나님께서 스가랴를 통해서 스룹바벨에게 예언의 말씀을 주신다. "이는 힘으로 되지 아니하며 능력으로 되지 아니하고 오직 나의 영으로 되느니라"(슥 4:6).

성전재건은 사람의 힘으로 되는 것이 아니라 오직 성령의 힘으로 된다는 예언이다. 하나님께서는 스룹바벨에게 성전 재건을 사람의 힘으로 하지 말고 하나님을 의지하라고 조언하신다.

사람들은 대개 자신의 힘으로 무엇을 하려고 한다. 자신의 힘이 부족하면 친구나 다른 사람의 도움을 받아 이루려고 한다. 사람들은 저마다 큰일을 이루어서 사람들에게 내놓는 것을 좋아하기에 더욱 큰 힘을 쓸 수 있는 권력의 자리에 오르려고 한다. 하지만 하나님께서는 사람의 힘과 능력으로 안 된다는 것을 말씀하고 계신다.

어렸을 때 붓글씨를 배울 적에, 선생님이 늘 하신 말씀이 있다. 손에 힘을 빼라는 것이다. 선생님은 손에 힘을 빼서 붓이 부드럽게 흘러갈 수 있도록 하라고 말씀하시곤 했다. 모든 것을 시작할 때, 특히나 운동은, 힘을 빼는 것이 중요하다. 운동선수들이 힘을 빼는 데에는 3년, 힘을 주는 데에는 3년이 걸린다고 한다. 신자는 힘을 빼고 성령께서 함께 하실 때 신앙생활을 잘할 수 있다. 만약 우리의 힘이 들어가게 되면, 성령이 우리 마음에 거할 자리가 점점 좁아진다. 폴 투르니에라는 스위스의 심리학자는 『강자와 약자』에서, 인간의 약함을 분석하면서 인간은 모두 약자라고 한다. 그러나 인간이 그 약함을 인정하고 받아들이면 인간은 진정한 강자가 된다. 힘을 뺄 때, 힘이 강한 사람으로 거듭나는 것이다.

중국 선교의 아버지라고 불리는 허드슨 테일러는 말했다. "하나님의 일을 하고자 하는 사람은 먼저 하나님의 방법으로 일하는 것을 배워야 한다." 많은 사람들이 하나님의 일을 하고 있지만, 중요한 것은 하나님의 방법으로 하는 것이다. 영적으로 해야 한다는 것이다. 하나님의 일을 내 힘과 능력으로 해서는 안 되는 것이다. 다시 말씀드리면, 하나님의 일을 하는 사람은 하나님의 방법으로 하는 것을 배워야 한다. 힘으로도 안 되고 능력으로 안 되기에 하나님의 영으로 해야 한다. 육적인 힘은 육적인 열매를 맺는다. 육이 할 수 있는 것으로는 육적인 것을 성취한다. 그러나 영적인 힘은 영적인 열매를 맺는다. 우리가 성령님을 힘입을 때, 영적인 것을 성취하게 된다. 스가랴서 4:6의 "힘으로 안 되고 능력으로 안 되고 나의 영으로 된다"는 이 말씀은, 우리가 힘이 없을 때 성령이 힘을 주신다는 의미이다.

살아가노라면 힘이 빠질 때가 있다. 그때 성령이 우리에게 힘과 능력을 주신다. 격려를 뜻하는 영어 Encouragement는 절망한 사람에게 courage 곧 용기를 준다는 뜻이다. 절망한 사람에게 용기를 주는 것이 성령의 속성이다. 성령은 좌절하고 절망한 사람에게 용기와 위로를 준다. 그래서 게르하르트 에벨링은 "성령은 용기"라고 말했다.

나는 시대가 빠르게 변하고 있다는 것을 곧잘 느끼곤 한다. 약속이 있어서 지하철을 탔는데, 내가 앉은 자리 앞쪽에 여학생 둘이 앉아 있었다. 그 두 학생은 손을 꼭 잡고 서로 끌어안다시피 하고 있었다. 예전에는 이상한 생각이 들지 않았는데, 지금은 시대가 바뀌다보니 그런 그들을 보고도 이상한 생각이 들었다.

"거짓말인가? 참말인가?"라는 제목의 신문 칼럼이 생각난다. 시대가 바뀌면서 거짓말이 참말이 되는 경우가 있다는 것이다. 우리가 흔히 말하는 3대 거짓말이 있다. 노인들이 빨리 죽고 싶다고 말하는 것, 노처녀가 시집가기 싫다고 말하는 것, 며느리가 시어머니에게 며칠 더 쉬었다 가시라고 말하는 것이 예전에는 거짓말 중의 거짓말이었는데, 이제는 그런 말들이 참말인 시대가 되었다는 것이다.

요즘은 의학이 발달하여서 장수의 시대를 살고 있다. 문제는 노인들이 병으로 많은 고생을 한다는 것이다. 그래서 병으로 인해 고통받는 많은 분들이 정말 죽고 싶어 한다.

'행복 전도사'라고 불렸던 최윤희라는 분은 루프스라는 병을 앓고 있었다. 고통이 너무 심한 나머지 TV에서 행복을 전파했던 그 사람이 자살하고 말았다. 그분의 유서를 보면 병으로 인한 고통이 너무 심했다고 한다. 얼마나 고통스러웠으면 그랬을까? 연세 드신 분들이 죽고 싶다고 말하는 것에는 진실이 있다.

노처녀가 시집가기 싫다는 말도 다시 생각해 보아야 한다. 지금 한국은 세계에서 최저출산국에 속한다. 요즘 여성 중에는 과거와는 달리, 나름대로 사회에 진출하여 각 분야에서 성과를 쌓고 있는 사람들이 많다. 그분들은 집에서 살림 할 바에는 차라리 전문직 여성으로 남고 싶어 한다. 시집가서 고생할 바에는 화려한 싱글로

남으려고 한다.

시대가 바뀌어서 예전에는 며느리가 시어머니를 무서워했는데 이제는 시어머니가 며느리를 무서워한다고 한다. 요즘은 맞벌이 시대이기에 친정 부모나 시부모에게 아이를 맡기는 경우가 많다. 아무래도 할머니, 할아버지가 더 친근하고, 안심하고 맡길 수 있기 때문이다. 그러다보니 가능하면 부모들이 자신의 집에 있어주기를 더 바란다는 것이다.

왜 이런 일이 생기는 것일까? 왜 거짓이 참인 시대가 되었을까? 기준이 변했기 때문이다. 이제는 편리함이 기준인 시대가 되었다. 고된 것을 싫어하고 편리한 것만 좋아한다. 과거의 거짓말이 지금은 참말이 된 것도 대개는 편리함 때문이다.

그러면 신앙은 어떠한가? 신앙의 기준은 사랑이다. 얼마나 사랑하는가에 따라 거짓말이냐 참말이냐가 판가름 난다.

마태복음에서는 이렇게 말씀한다. "요한이 와서 먹지도 않고 마시지도 아니하매 그들이 말하기를 귀신이 들렸다 하더니 인자는 와서 먹고 마시매 말하기를 보라 먹기를 탐하고 포도주를 즐기는 사람이요 세리와 죄인의 친구로다 하니"(마 11:18-19).

세례 요한은 먹지도 않고 마시지도 않았기에 귀신이 들렸다 하고, 예수님은 사람들과 어울리며 먹었기에 왜 먹기를 탐하느냐고 한다. 먹어도 문제, 안 먹어도 문제이다. 왜 이런 양비론이 생기는 것일까? 결론은 사랑이 없기 때문이다. 마음이 중요하다. 미움을 가지고 있으면 다 문제로 보인다. 사랑을 가지고 있으면, 안 먹으면 병이 있는지 걱정이 되어서 먹으라고 하고 너무 많이 먹으면 건강에 지장이 생길까봐 조심하라고 이야기한다. 그래서 어떤 말이 참말이냐 거짓말이냐는 그 말 자체가 아니라 사랑하는 마음이 있는지 여부에 달려 있다.

흔히 사람들은 목회자들의 특정 행동이나 성격, 나이에 대해서 명확한 기준 없이 긍정적인 평가를 내리기도 하고 부정적인 평가를 내리기도 한다. 이동원 목사는 목회자에 대한 이러한 양비론적 평가에 대해서 이렇게 정리한다.

“목사가 나이가 어리면 경험이 부족하다고 하고, 나이가 많으면 시대에 뒤떨어진 목사라고 한다. 목사가 식구가 많으면 너무 많다고 하고, 식구가 없으면 가정을 이해하지 못한다고 한다. 목사가 원고설교를 하면 은혜가 없고 능력이 없다 하고, 원고설교를 하지 않으면 준비성이 없다고 한다. 목사가 가난한 사람에게 접근하면 가난한 사람에게 인기를 얻기 위하여 제스처를 쓴다고 하고, 부유한 사람과 친하면 목사가 돈 많은 사람만 알아준다고 한다. 목사가 예화를 들어 설교하면 성경실력이 없다 하고, 예화를 사용치 않으면 설교가 딱딱하고 어렵다고 한다. 목사가 죄에 대하여 설교하면 인신공격만 한다고 말하고, 죄에 대하여 설교를 하지 않으면 정의감이 없는 목사라고 한다. 목사가 교인들의 비위를 맞추지 않으면 사랑이 없는 목사라고 하고, 비위를 맞추면 줏대가 없고 타협적인 목사라고 한다. 목사가 옷을 잘 입고 다니면 너무 사치한다고 말하고, 옷을 잘 입고 다니지 않으면 교회의 위신과 명예를 떨어뜨리고 다닌다고 말한다. 목사가 밖에 나가 설교를 많이 하면 본 교회를 등한히 한다고 말하고, 밖에 나가 설교를 하지 않으면 오죽 못나면 초청하는 데도 없느냐고 말한다. 목사가 봉급을 많이 받으면 돈을 밝히는 목사라고 하고, 적게 받으면 목사는 검소해야 하니 당연하다고 말한다. 사모가 교회 일에 나서면 여자가 너무 설친다고 하고, 교회 일을 하지 않으면 사모가 교회 일에 관심이 없다고 한다. 사모가 심방에 동행하면 주책없이 따라 다닌다고 말하고, 심방을 하지 않으면 교인의 삶에 무관심하다고 말한다. 목사가 심방을 많이 하면 주책없이 남의 집만 돌아다닌다고 하고, 심방을 하지 않으면 교인들은 안중에도 없다고 한다."

교회에 대해서도 마찬가지이다. 당신은 교회를 얼마나 사랑하는가? 사랑의 기준에 따라 우리의 말은 참말일 수도 있고 거짓말일 수도 있다. 성령님은 사랑의 영이기 때문에 우리가 실수하고 사고를 칠 때는 사랑의 관점으로 바라보게 하신다. 그래서 성령 충만한 사람은 다른 사람이 실수를 해도 격려해 준다. 이것이 바로 성령의 속성이다. 힘으로도 안 되고 능력으로도 안 되고 성령으로 된다는 말은 바로 이런 의미이다. 그래서 인생이 참 힘들고 어려워도 좌절하지 말고 성령을 붙잡아야 한다. 그러면 성령은 우리에게 평안함을 주신다.

둘째, 성령님은 큰 산이 평지가 되게 하신다.

"큰 산아 네가 무엇이냐 네가 스룹바벨 앞에서 평지가 되리라 그가 머릿돌을 내놓을 때에 무리가 외치기를 은총, 은총이 그에게 있을지어다 하리라 하셨고"(슥 4:7).

머릿돌을 내놓는다는 것은 성전 건축을 시작한다는 의미이다. 그리고 큰 산은 앞으로 닥칠 장애물과 어려움을 상징한다. 이 말씀은 스룹바벨에게 감당할 수 없는 큰 어려움이 닥칠 것이라는 예언이다. 그런데 은총이라는 말이 나온다. 은총은 하나님의 은혜를 말하는데, 은총이 그에게 있다는 말씀은 하나님의 은혜로 큰 산을 평지가 되게 하신다는 것이다. 성령은 우리에게 닥치는 위기나 장애물이 제거하는 분이다. 성령은 큰 산을 탄탄대로로 만들어 주신다.

출애굽기에 보면 이스라엘 백성이 출애굽하여 홍해 앞에 이르렀을 때에 사면초가 상황을 겪게 된다. 뒤에는 애굽 군대가 쫓아오고 있고 앞에는 홍해가 이스라엘 백성을 가로막고 있다. 그때 하나님은 이렇게 말씀한다. "모세가 백성에게 이르되 너희는 두려워하지 말고 가만히 서서 여호와께서 오늘 너희를 위하여 행하시는 구원을 보라 너희가 오늘 본 애굽 사람을 영원히 다시 보지 아니하리라 여호와께서 너희를 위하여 싸우시리니 너희는 가만히 있을지니라"(출 14:13-14).

하나님은 이스라엘 백성에게 사면초가의 상황이라고 해서 호들갑 떨지 말고 가만히 있으라고 하신다. 가만히 있으면 하나님께서 이스라엘 백성을 위해서 친히 싸워 주신다는 것이다. 우리가 위기 상황에서 가만히 있으면 하나님이 싸우신다. 성령께서 인생의 장애물을 우리를 위해 제거해 주신다. 예수님이 승천하신 이후에 가장 시급한 과제는 복음을 전 지역으로 전파하는 것이었다. 어떻게 그런 일이 가능할 수 있겠는가? 가장 먼저 현실적으로 닥치는 문제가 언어 문제이다. 히브리 사람은 히브리어를 하지만 헬리어를 할 수 없다. 거기다가 그 당시 공용어는 라틴어였다. 더구나 제자들의 배움이 깊지 않았다. 그런데 사도행전 2장에 보면, 오순절 마가의 다락방에서 모여 기도하는 제자들에게 성령 충만의 역사가 일어난다. 성령의 역사가 임하자 언어 문제를 해결해 주신다.

"우리는 바대인과 메대인과 엘람인과 또 메소보다미아, 유대와 갑바도기아, 본도와 아시아, 브루기아와 밤빌리아, 애굽과 및 구레네에 가까운 리비아 여러 지방에 사는 사람들과 로마로부터 온 나그네 곧 유대인과 유대교에 들어온 사람들과"(행 2:9-10).

이 말씀을 보면 그 당시 예루살렘에는 세계 각 지역의 사람들이 모여 들었다는 것을 알 수 있다. 그런데 세계 각처에서 모여든 사람들이 제자들의 복음 증거를 알아듣게 된다. "그들이 다 성령의 충만함을 받고 성령이 말하게 하심을 따라 다른 언어들로 말하기를 시작하니라 그 때에 경건한 유대인들이 천하 각국으로부터 와서 예루살렘에 머물러 있더니 이 소리가 나매 큰 무리가 모여 각각 자기의 방언으로 제자들이 말하는 것을 듣고 소동하여 다 놀라 신기하게 여겨 이르되 보라 이 말하는 사람들이 다 갈릴리 사람이 아니냐 우리가 우리 각 사람이 난 곳 방언으로 듣게 되는 것이 어찌 됨이냐"(행 2:4-8).

8절의 "우리 각 사람이 난 곳 방언으로 듣게 되는 것이 어찌 됨이냐?" 라는 구절을 보면, 사람들이 제자들의 말을 알아들었다는 것을 알 수 있다. 성령이 강림하시자 언어 문제를 극복하게 되었다. 성령께서 언어의 장애물을 제거하셨다. 이처럼 성령의 역사는 분리된 것을 하나로 만드신다.

성전을 짓기 시작할 때 백성들은 "은총, 은총이 그에게 있을지어다" 라고 했다. 은총은 하나님의 은혜이다. 장애물을 성령이 제거하실 때는 하나님의 은혜를 줌으로써 불가능했던 일이 가능해진다. 성령은 은혜의 영이다. 하나님의 은혜가 우리의 삶에 임할 때 앞에 막힌 큰 산이 평지가 된다. 마찬가지로 우리의 가정에 하나님의 은혜가 임할 때 우리에게 있는 큰 산이 탄탄대로가 된다.

셋째, 성령은 시작한 것을 완수하게 하신다.

"여호와의 말씀이 또 내게 임하여 이르시되 스룹바벨의 손이 이 성전의 기초를 놓았은즉 그의 손이 또한 그 일을 마치리라 하셨나니 만군의 여호와께서 나를 너희에게 보내신 줄을 네가 알리라 하셨느니라"(슥 4:8-9).

이 말씀을 보면 성전 재건의 마무리는 스룹바벨이 하는 것이 아니라 결국은 하나님이 스룹바벨을 통해서 하셨다는 사실을 알 수 있다. 겉으로 보기에는 스룹바벨이 한 것처럼 보일 수 있지만 하나님이 스룹바벨을 통해서 그 일을 완성하셨다.

사람들은 시작은 곧잘 하지만 마무리는 잘하지 못할 때가 많다. 하지만 하나님은 다르다. "너희 안에서 착한 일을 시작하신 이가 그리스도 예수의 날까지 이루실 줄을 우리는 확신하노라"(빌 1:6).

하나님의 속성은 알파와 오메가이기 때문에 하나님은 약속하신 것을 반드시 지키신다.

몇 년 전에 몽골 단기선교를 갔을 때, 하나님께서는 약속한 것을 반드시 이룬다는 사실을 다시 깨닫게 되었다. 몽골에서 선교사님의 인도로 차가버섯 판매장에 간 일이 있다. 그때 한국인 여자 세 분이 들어오셨는데, 그분들의 전화 통화를 듣게 되었다. 그런데 거기에서 내가 아는 이름이 나왔다. 곽미란. 동명이인이 많기 때문에 혹시나 해서 그분들에게 물었다. 그랬더니 과연 내가 아는 사람이었다. 그 세 여자분들은 한국의 With선교회에서 파송한 선교사님들이었다. 그런데 그 With선교회의 탄생에 내가 조금 관여했었다. With선교회의 원래 이름은 오병이어 선교회였다. 내가 한국의 어느 교회에 교육목사로 있었을 때, 곽미란 자매가 나에게 와서 자기가 다니는 학교에 와서 성경공부를 인도해 달라고 부탁한 적이 있었다. 그때 곽미란 자매는 이화여대 식품영양학과 학생이었는데, 내가 그 인연으로 2년 동안 이화여대 식품영양학과 학생들과 성경공부를 하게 되었다. 그때 학생들이 성경공부를 하다가 비전을 갖게 되었는데, 굶주리는 사람들에 대해 관심을 갖고 그들을 도울 방법을 찾다가 음식을 제대로 먹지 못하는 사람들을 위해 선교사를 파송하자는 뜻을 품게 되었다. 이 학생들이 사회에 진출하여 영양사가 되었을 때, 남은 음식을 모아 지역에 있는 독거노인에게 전달하는 일을 시작했다. 그러면서 오병이어 선교회가 탄생되었다. 내가 부산으로 내려가게 되어 그들과 헤어졌는데, 28년 뒤에 그 선교회가 더욱 부흥하여 몽골에까지 선교사를 파송하게 된 것이다. 나는 그때의 비전을 잊고 있었지만, 하나님은 잊지 않고 계셨다. 결국 하나님께서 마무리를 지으셨다. 오병이어 선교회가 with선교회가 되었고, 세계 100여 개국에 선교사를 파송하고 있었다. 이 일은 인간이 한 일이 아니다. 하나님께서 하셨다. 하나님께서 세상 사람들에게 복음을 전하려고 하나님이 사람을 통해서 시작하고 마무리를 지으셨다.

우리의 인생은 어렵고 힘들다. 어떨 때는 전쟁과도 같다. 또한 살다보면 큰 산과 같은 장애물을 만나게 된다. 이 모든 것을 극복할 수 있는 힘을 성령님께서 주신다. 그래서 신자는 육의 힘이나 자신의 힘을 의지하지 말고 성령님을 의지해야 한다. 성령님은 안 되는 것을 되게 하신다. 성령님은 큰 산이 평지가 되게 하신다. 성령님은 시작한 것을 완수하게 하신다. 이런 성령님을 붙잡고 승리하는 성도들이 되시기 바란다.

성령강림의 여파

사도행전 2:1-13

잔잔한 수면 위에 어떤 물체가 떨어져서 파장이 생기면, 큰 파장이 지나간 이후에도 한동안 잔물결이 일게 된다. 이 잔물결을 '여파'라고 하는데, 그래서 사람들은 흔히 중요한 사건이 일어난 이후에도 남아있는 영향을 '여파'라고 부른다.

예수께서 승천하시고 제자들이 간절히 기도할 때 성령이 하늘로부터 내려왔던 성령강림 사건도 그 여파가 상당한 사건이었다. 성령강림 사건은 특별히 초기 기독교 공동체에 상당한 영향을 끼쳤는데, 어떤 신학자는 이 오순절 성령강림 사건으로 교회가 시작되었다고 보기도 한다. 성령강림 사건은 그 자리에 있던 12사도들뿐 아니라 열방에서 온 많은 사람들에게도 놀랍고 신비로운 체험이었다. 성령의 임재 속에서 온 열방에서 온 사람들이 서로 언어가 통하게 되었다. 어떤 사람은 성령강림 사건을 "성령축제"라고 묘사하기도 한다. 그렇다면 성령 강림의 정확한 여파는 무엇일까?

첫째, 모든 사람들이 겸손해졌다는 것이다.

사도행전 2:1-13에는 '겸손'이라는 단어가 명시적으로 등장하지는 않는다. 그러나 우리는 서로 다른 언어를 말하던 사람들이 성령 강림과 함께 서로의 말을 알아들을 수 있게 되었다는 사실로부터 오순절 성령강림의 자리에 있던 사람들이 교만의 징표였던 '언어의 혼란'을 극복하게 되었음을 알 수 있다. 즉, 성령 강림과 함께 성령께서는 오순절 마가의 다락방에 있던 사람들을 겸손하게 하셨고, 그 결과 혼잡해졌던 언어가 통하게 되었던 것이다.

성령강림 사건과 정반대의 사건이 성경에 등장한다. 바로 창세기 11장의 바벨탑 사건이다. 바벨탑을 지으려고 했던 인간들은 자신들의 이름을 내고자 탑을 짓기 시작한다. 구약성경에서 '이름을 내는 것'은 하나님만이 하실 수 있는 일이며, 인간이 자신의 이름을 내려 하는 것은 스스로 하나님처럼 되겠다는 것과 마찬가지이다. 선악과를 따먹었던 아담과 하와도 "이 열매를 먹으면 너희가 하나님처럼 되리라"라고 말한 뱀의 꾐에 넘어가 범죄를 하고 말았다. 즉, 죄의 근본은 인간이 하나님처럼 되려는 교만에 있는 것이다,

하나님께서는 바벨탑을 건설하던 사람들의 교만을 심판하시고자 직접 이 땅으로 내려와 그들의 언어를 흩으셨다. 바벨탑을 짓던 이들은 교만하였기 때문에 서로의 언어를 알아듣지 못하게 된 것이다. 반면 오순절 성령강림 사건에서는, 성령이 임하니 사도들이 각자 다른 언어로 말함에도 불구하고 소통이 가능하게 되었다. 이를 통해 우리는, 교만은 인간의 언어를 혼잡스럽게 하지만, 겸손은 다른 언어를 사용하는 사람들끼리도 소통을 가능케 함을 알 수 있다.

예를 들어, 한국 사람과 일본 사람이 만났을 때, 한국 사람이 일본 사람을 배려하기 위해서 일본어로 말했다고 해보자. 이 한국

사람은 자신의 언어를 상대방에게 강요하는 대신에 자신이 스스로를 낮춰 상대방의 언어를 사용한 것이다. 이처럼 겸손은 소통과 이해를 가능케 한다.

'이해'라고 하는 단어의 어원을 살펴보면 왜 이해가 겸손과 연관되어 있는지를 알 수 있다. '이해'를 영어로 Understanding이라고 하는데, 이 단어는 '~아래에'라는 뜻을 가진 'under'와 '서 있다'라는 뜻을 가진 'stand'의 합성어이다. 즉, 이해를 위해서 우리는 다른 사람 밑에 서 있어야 한다. 겸손히 자신을 낮추어 타인의 입장과 생각 아래에 설 때, 우리는 비로소 타인을 이해할 수 있는 것이다. 더 나아가, 겸손한 사람은 상대방을 배려하기에 상대방을 이해할 수 있고 상대방과 한마음을 이룰 수 있다. 이처럼 성령강림 사건은 교만의 결과로 인한 불통을 겸손한 소통으로 바꾼 여파를 낳았던 것이다.

둘째, 모든 갈등이 해소되었다.

둘 이상의 사람이 모인 어느 곳이든 갈등이 일어날 수 있다. 나와 남 사이에, 남자와 여자 사이에, 세대 간에, 지역 간에, 국가 간에, 종족과 종교 간에 갈등이 일어날 수 있다. 그리고 이러한 갈등은 근본적으로 사람들 사이의 소통을 가로막는다. 갈등으로 인하여 우리는 상대방의 입장을 이해하지 못하게 된다. 갈등이 있는 곳에는 다툼이 있고, 다툼이 심해지면 서로에게 피해를 입히려고 든다. 그리고 피해를 입은 사람은 가해자에게 보복을 시도하고, 보복은 다시 또 다른 보복을 불러오게 된다. 즉, 갈등은 복수의 악순환으로 이어지게 되는 것이다.

홉스라는 정치철학자는 이러한 사람들 사이의 갈등의 상태를 '만인의 만인에 대한 투쟁'이라고 정의했다. 홉스는 인간이 사회를 구성해서 사회적 권위들이 강제적으로 인간을 통제하지 않는 이상, 인간은 늘 자연스럽게 항존적인 갈등 상태에서 살 수밖에 없다고 주장했다. 그렇다면 사람들 사이의 갈등을 해결할 수 있는 근본적인 해결책은 무엇일까?

사람들 사이의 갈등에 대한 유일한 해결책은 사람들이 서로 양보하고, 용납하는 것이다. 서로 양보하지 않고 상대방이 자유롭게 행동할 수 있는 영역, 즉 상대방의 자유로운 존재영역을 허용하지 않으면 갈등이 발생한다. 그리고 갈등은 사람들로 하여금 아군과 적군을 구분하게 하여, 내가 속한 편에 유리한 방향으로 문제를 해결하도록 유도한다. 그런데 인간의 자연적인 상태가 홉스의 주장대로 투쟁과 갈등상태이기 때문에 인간 스스로의 힘으로는 타인을 위해서 양보할 수가 없다.

이렇게 항상 갈등 속에 있는 우리에게 성령이 임재하면 우리는 타인에게 양보하고, 타인을 용납할 수 있게 된다. 사도행전 2:9-10에 보면, 오순절 마가의 다락방에 16개의 종족이 모여 있었음을 알 수 있다. 그런데 그들에게 성령이 임하자 16개의 지방에서 온 사람들이 모두 한마음이 되고 서로의 말을 알아들을 수 있게 되었다. 성령이 임함과 동시에 모든 사람이 한마음이 되었기 때문에 그들 안에 있던 갈등의 씨앗이나 뿌리가 완전히 사라진 것이다. 즉, 이것을 지금의 상황으로 옮기면 한국인, 일본인, 중국인, 미국인, 베트남인, 러시아인, 독일인, 프랑스인 등, 각국에서 온 사람들이 모였는데, 그 자리에 성령이 임하자 모든 사람이 한마음이 된 것이다. 이처럼 성령은 갈등으로 나누어질 수 있는 사람들의 마음을 하나 되게 하셔서 모든 갈등의 씨앗을 제거하신다.

셋째, 모든 사람들이 한마음이 되었다.

아담과 하와가 하나님 앞에 범죄하여 타락하자마자 그들은 서로에게 죄의 책임을 미루기 시작한다. 즉, 타락은 그 전까지 한몸이나 마찬가지였던 아담과 하와를 분열시켰다.

미로슬라프 볼프라는 신학자는 『배제와 포용』이라는 저서에서, 인간의 본성은 배제와 구별이라고 주장한다. 그리고 인간이 서로를 배제하고 구별하기 때문에 그 결과 이 세상에는 소외되는 사람이 생겨난다. 그렇다면 어떻게 인간이 배제의 반대인 포용으로 나아갈 수 있을까? 어떻게 이 세상 사람들 모두가 한마음이 되어 서로의 다른 점 대신에 서로의 같은 점을 볼 수 있을까?

오순절 성령강림 사건에서 16개 지방에서 온 사람들이 모여 있는 곳에 성령이 임하자 서로가 한마음이 되었다. 즉, 그 자리에 있던 모든 사람들이 서로를 포용하게 되었고, 한마음이 된 것이다. 인간 본성을 그대로 가진 상태에서, 우리는 타인을 진정으로 포용할 수 없다. 우리가 타인을 배제하고 구별할 때에는 선입견과 편견이 작용하게 마련이어서, 타인을 진정으로 품을 수가 없다. 우리를 한마음 되게 하시는 성령의 역사 속에서만 우리는 배제와 구별을 넘어 타인을 진정으로 포용할 수 있게 된다.

넷째, 하나님의 큰일을 들을 수 있게 되었다.

사도행전 2:11에 보면 "모인 그들이 성령 충만함을 받고 하나님의 큰일 말함을 듣는도다"라고 쓰여 있다. 이 구절을 희랍어 원문에서 직역하면 다음과 같다. "우리는 지금 저들이 말하고 있는 하나님의 일들을 우리 각자의 말로 듣고 있다." 이렇게 성령 충만함을 받으면 하나님의 큰일을 자연스럽게 듣게 된다.

설교를 들을 때도, 설교를 통해서 하나님께서 우리를 향해 행하신 큰일을 들으려면 성령 충만함을 받아야 한다. 성경을 읽다가도 마찬가지이다. 성경 말씀을 통해서 증거된 하나님의 큰일을 들으려면 성령 충만함을 받아야 한다. 지금도 눈을 감으면 우리는 우리 주변에서 들려오는 수많은 소리들을 들을 수 있다. 수많은 소리들 중에서 하나님의 소리를 들으려면 이처럼 성령 충만함을 받아야 한다.

로마서 10:17에는 이렇게 쓰여 있다. "믿음은 들음에서 나며 들음은 그리스도의 말씀으로 말미암느니라"(롬 10:17).

말씀에 따르면, 믿음은 들음에서 난다. 이 말씀을 성령강림 사건과 연결시켜 보면, 우리가 성령 충만해야 하나님의 말씀을 들을 수 있고, 그리고 그 속에서 하나님의 큰일을 깨달아 성령이 강권하는 믿음을 갖게 되는 것이라고 할 수 있다.

다섯째, 성령이 강림하니 영의 고양이 생겼다.

"또 어떤 이들은 조롱하여 이르되 그들이 새 술에 취하였다 하더라"(행 2:13).

사람이 술에 취하게 되면 부정적인 결과가 나타나기도 하지만, 분명한 점은 술에 취한 사람은 그렇지 않았을 때보다 더 큰 용기와 자신감을 갖게 된다는 것이다. 평소에 말이 없고 겁이 많은 사람도 술을 먹으면 자신감이 생긴다. 베드로는 성령 충만한 사람들을 가리켜 "술에 취했다"라고 말하는 이들에게 그들은 술에 취한 것이 아니라고 말한다. 베드로는 더 나아가, 성령강림 사건을 통해서 요엘서의 예언이 성취되었다고 본다.

베드로는 요엘서의 말씀을 사도행전 2:17-18에서 인용하고 있다. "하나님이 말씀하시기를 말세에 내가 내 영을 모든 육체에 부어

주리니 너희의 자녀들은 예언할 것이요 너희의 젊은이들은 환상을 보고 너희의 늙은이들은 꿈을 꾸리라 그때에 내가 내 영을 내 남종과 여종들에게 부어 주리니 그들이 예언할 것이요"(행 2:17-18).

사도행전 2:17-18에 인용된 요엘서의 말씀에 따르면, 하나님의 영의 임재와 함께 남녀노소 모든 사람들이 환상과 비전을 보게 된다. 즉, 요엘서의 말씀처럼 소망과 희망이 없이 좌절된 삶을 살던 이들도 성령이 임하면 새로운 꿈을 꾸게 되고, 그 꿈을 향해 용기와 자신감을 갖고 나아가게 된다. 성령은 우리에게 하나님의 뜻 가운데서 새로운 꿈을 주시고 그 꿈을 이룰 수 있도록 용기와 자신감을 우리에게 부어주신다.

우리 모두가 성령 충만함을 경험했던 오순절 마가의 다락방의 제자들처럼 성령이 충만하여 겸손하고, 주변의 모든 사람들과 평화를 이루며, 사람들을 한마음으로 품을 수 있게 되어야 한다. 더 나아가, 성령 충만함 속에서 우리를 향한 하나님의 큰일 말하심을 들으며, 우리를 향한 하나님의 새로운 꿈과 비전을 발견해야 할 것이다.

제3부

성령과 신앙생활

인생을 살면서도 '힘을 빼기'가 쉽지 않다. 우리가 겪는 많은 고난은 우리가 인생을 살면서 너무 자신에 차 있어서, 소위 '힘을 줘서' 생긴다. 이렇게 우리가 우리의 교만함으로 인해 고난을 당하고 있을 때, 성령께서는 우리에게 찾아오셔서 '힘을 빼!'라고 말씀해 주신다. 우리의 교만함을 알려주시고, 우리가 붙들어야 할 분이 나 자신이 아니라 성령님임을 알려주신다.

성령의 열매

갈라디아서 5:16-24

신자는 예수님을 믿고 나서도 죄를 지을 수 있다. 구원 받은 사람에게도 육체의 소욕과의 싸움은 언제나 존재한다. 우리는 예수님을 믿고도 여전히 죄의 유혹을 받을 수 있다는 것을 인정해야 한다.

이처럼 불가항력적인 죄를 실제적으로 짓지 않으려면 어떻게 해야 할까? 유일한 방법은 성령 충만을 받는 것이다. 성령 충만함은 육체적인 소욕을 현실적으로 극복하게 만들어 준다. 갈라디아서 5:16-24은 육체적인 소욕과 성령 충만함의 열매를 비교하며 성령 충만함이 어떻게 육체의 소욕을 극복하게 하는가를 보여준다.

바울은 5:18에서 성령이 인도하시게 되면 율법 아래에 있지 않게 된다고 말한다. 성령의 은혜로 사는 사람은 자기 자신이 성령의 도움으로 살고 있다는 것을 현실 속에서 철저하게 깨닫고 살기 때문에 매우 겸손하고 남을 판단하지 않는다. 반면에 율법으로 사는 사람은 육체의 소욕을 이길 수 없으며, 성령의 전적인 인도와 은혜를 무시하고 자신이 자신의 삶을 주장할 수 있다고 생각한다. 이들은 이렇게 자신의 믿음에 대한 착각을 갖고 있기 때문에 결국은 율법주의에 빠져 남의 티끌만 보고 자신의 눈에 있는 들보는 보지 못하게 된다.

육체의 욕심을 극복하는 유일한 해결책은 성령 충만함이다. 따라서 믿는 자는 성령의 임재하심과 그분의 능력 안에서 행해야 한다. 인간은 누구든지 육체의 욕심을 다스릴 수 있는 능력을 갖고 있지 못하다. 육체는 욕심 때문에 늘 갈등하며 성령을 거스른다. 또한 육체는 사람으로 하여금 그가 원하는 것을 하지 못하게 한다. 그래서 바울은 로마서 7장에서 자신의 육체가 "원하는 바 선은 행하지 아니하고 원치 아니하는 바 악을 행하는도다"라고 탄식하였다. 이러한 결과, 육체는 율법을 지키지 못한다.

바울은 갈라디아서 5장 후반부에서 육체의 소욕과 성령의 열매를 구체적으로 대비시키고 있다. 여기서 육체의 결과는 '일'로 비유되고 성령의 결과는 '열매'로 비유되는데, 여기서 주목해야 할 점은 육체의 결과를 열매로 비유하고 있지 않다는 것이다. 육신의 특징은 자기중심적으로 스스로를 해석하고 자기 방법대로 스스로를 채워 나가는 것이다. 이러한 태도는 영원한 생명에 전혀 도움이 되지 않는다. 바울은 성령을 거스르는 육체의 일을 열거하는데, 그것은 음행, 더러운 것, 호색, 우상숭배, 주술, 원수 맺는 것, 분쟁, 시기, 분냄, 당 짓는 것, 분열함, 이단, 투기, 술취함, 방탕함 등이다. 이러한 것들은 하나님 나라를 유업으로 받지 못하게 하는 것들이다.

그렇다면 이러한 육신의 일에 대비되는 성령의 열매는 무엇일까? 앞서 전술한 육체의 소욕과 정확하게 대비되는 가장 중요한 첫번째 성령의 열매는 사랑이다. 여기에서의 사랑은 에로스가 아닌 아가페이다. 아가페는 희생적인 사랑, 상대방을 배려하는 사랑, 조건을 뛰어넘는 사랑을 의미한다. 아가페는 비이기적인 사랑이며 하나님 자신이 지니고 있는 사랑이다. 이렇게 우리가 믿고 있는 하나님이 아가페 사랑이시기 때문에 하나님을 제대로 믿으려면 사랑의 열매를 맺어야 한다.

아가페는, 하나님의 사랑이 그러하듯이, 사람이 호감을 가지든 가지지 않든 관계없이 나타나는 차원의 사랑이다. 심지어 상대방이 사랑 받을 만한 자격이 없다 할지라도 그를 사랑하는 차원의 사랑이다.

신앙공동체가 유지되려면 모든 신자가 이러한 아가페적 사랑의 열매를 맺어야 하는데, 그것은 인간의 힘으로 불가능하고 오로지 성령의 힘으로만 가능하다. 그래서 우리는 늘 우리가 속한 공동체에서 나에게 무엇이 결핍되어 있는지를 두려워해야 한다. 모든 열매의 시작인 사랑이 과연 내게 있는지, 하나님의 지고지순하고 무조건적인 사랑, 허물을 덮어주고, 영혼을 진정으로 깨끗하게 하는 아가페적 사랑이 있는지를 두려워하고 고민해야 하는 것이다.

성령의 두 번째 열매는 희락이다. 희랍어로는 '카라'라고 하는데, 이는 내면적 기쁨으로 마음 깊이 자리잡은 즐거움을 의미한다. 영어로는 joy 혹은 delight라고 하고, 한자로는 희락(喜樂)인데, 이 말은 기쁘고 즐겁다는 의미를 갖고 있다. 이 기쁨도 인간의 힘으로는 안 되고 성령이 충만할 때 생기는 것이다. 육신의 소욕으로는 참된 기쁨을 누릴 수가 없다. 내가 지금 육체의 소욕 가운데에, 어떤 우상 가운데에 있는지, 밖에 있는지를 나 자신을 살피면서 점검할 때, 우리는 그 기준으로 세상과는 절대로 바꿀 수 없는 하나님의 넘치는 기쁨이 나에게 있는가를 보아야 할 것이다. 진정한 신앙생활의 기쁨이 있다면 지금 나는 성령 안에 거하고 있는 것이다.

야고보서 1:2에서 야고보 사도는 "너희가 여러 가지 시험을 만나거든 온전히 기쁘게 여기라"고 말씀한다. 성령의 두 번째 열매인 희락은 우리에게 좋은 일이 있을 때만 생기는 것이 아니다. 야고보는 어려운 일이 있을 때, 혹은 환난을 당해도 기쁨의 열매가 맺힌다고 말씀한다. 이것은 오직 성령의 힘으로만 가능하다. 따라서 사도 바울은 "우리가 환난 중에도 즐거워하나니 이는 환난은 인내를 인내는 연단을 연단은 소망을 이루는 줄 앎이로다"(롬 5:3-4)라고 말씀하고 있는 것이다. 또한 사도 바울은 데살로니가전서 5:16에서도 "항상 기뻐하라"고 명령하고 있다. 빌립보서 4:4에서도 "주 안에서 항상 기뻐하라 내가 다시 말하노니 기뻐하라"라며 거듭하여 명령하고 있다. 이처럼 성령의 열매인 기쁨은 신앙생활에서 매우 중요한 요소이다.

성령의 세 번째 열매는 화평이다. 화평을 희랍어로는 '에이레네'라고 하고, 히브리어로는 '샬롬'이라고 한다. 화평은 영어로는 peace라고 한다. 화평은 사람들을 묶어주고 연합시켜 준다는 속뜻을 갖고 있다. 그런데 이 화평도 바로 하나님과 예수 그리스도의 특징이다. 성부와 성자가 화평과 관련하여 가진 특성을 에베소서 2:14에서는 이렇게 설명한다. "그는 우리의 화평이신지라 둘로 하나를 만드사 원수 된 것 곧 중간에 막힌 담을 자기 육체로 허시고."

또한 고린도전서 14:33에서는 "하나님은 무질서의 하나님이 아니시요 오직 화평의 하나님이시니라 모든 성도가 교회에서 함과 같이"라고 표현하고 있다.

그런데 성부와 성자의 이러한 화평은 성령 충만함을 통해서 우리에게 열매로 나타난다. 우리 자신의 본성으로는 다른 사람과 절대 화평할 수 없다. 성령이 함께하셔야 우리는 화평할 수 있다.

화평은 특별히 다른 덕목들을 누릴 수 있도록 지지해주는 성령의 열매이다. 화평해야 기쁨이 있고, 화평해야 행복을 누릴 수 있기 때문이다.

잠언 17:1에는 "마른 떡 한 조각만 있고도 화목하는 것이 제육이 집에 가득하고도 다투는 것보다 나으니라"라고 쓰여 있다. 이 말씀은 아무리 외부 환경이 좋아도 사람들이 서로 다투면 행복을 누릴 수 없음을 말하고 있다. 행복의 전제조건은 화평이다. 공동체가 행복하기 위해서는 화평해야 되는데, 공동체의 화평은 인간의 힘이 아니라 성령의 힘으로만 가능하다.

반면에 건전한 공동체를 와해시키는 것이 있다. 공동체를 와해시키는 원인 중 하나는 바로 '원수 맺는 것'(hostility)이다. 원수 맺는 것은 공동체의 어떤 구성원에 대해서 용서하지 않는 마음을 의미한다. 또 서로 죽기 살기로 싸우는 것을 의미하는 분쟁(quarreling)도 있다. 당 짓는 것(selfish ambition, 이기적인 야망), 시기(jealousy), 분열(division)도 공동체를 와해시키는 원인에 속한다.

위에서 열거된 모든 공동체 와해의 원인들은 육체의 소욕에 속하며 성령을 거스르는 것이다. 하지만 성령의 열매인 화평은 공동체를 하나 되게 만들고, 공동체 구성원들을 하나님과 연결시켜 주며, 다른 구성원들과도 묶어주고 결합시켜 주는 덕목이다.

성령의 네 번째 열매는 오래참음이다. 희랍어로 오래참음을 '마크로뒤미아'라고 하고, 영어로는 patience라고 한다. 오래참음은 인간관계에 있어서 다른 사람으로부터 받는 악행, 공격, 상처를 견뎌내는 특성이다. 또한 힘들고 어려운 일이 닥칠 때 참고 견디는 것이며, 낙담하거나 실망하지 않고 마음의 평정을 유지하는 것이다. 이것은 고난을 참아내는 확고부동하고, 변치 않고, 지속적인 삶의 태도를 의미한다. 고대 교부 크리소스톰은 "오래참음은 상처를 받았을 때 복수를 하지 않는 것이다"라고 말했다.

신자들은 신앙이 성숙할수록 참는 법을 잘 알게 된다. 아울러 성숙한 공동체일수록 서로를 기다려주고 서로에 대해서 오래 참을 수 있다. 오래참음은 사랑과도 관련이 있다. 그래서 고린도전서 13장에서 바울은 사랑은 '오래참는다'라고 말한다. 오래참음은 또한 화평과도 관련이 있다. 신앙공동체를 화평하게 유지하기 위해서 구성원들에게 가장 필요한 덕목은 '오래참음'이다.

야고보는 성도에게 '인내'의 덕목이 제일 중요하다고 강조하면서 야고보서 5:7-8에서 "그러므로 형제들아 주께서 강림하시기까지 길이 참으라 보라 농부가 땅에서 나는 귀한 열매를 바라고 길이 참아 이른 비와 늦은 비를 기다리나니 너희도 길이 참고 마음을 굳건하게 하라 주의 강림이 가까우니라"라고 말하며, 성도는 마지막까지 오래 참아야 한다고 권면한다.

성령의 다섯 번째 열매는 자비이다. 희랍어로는 '크레스토네스'이고, 영어로는 gentleness, kindness, intergrity라고 한다. 자비는 다른 사람의 어려움을 배려해 주고 긍휼을 베푸는 것이다. 또한 고통받는 사람들에 대한 깊은 동정심을 의미한다. 자비로운 사람은 어떠한 상황에서든지 친절하고, 온유하며, 사려깊고, 호의적인 자세를 취한다. 이 자비는 바로 하나님의 성품에서 나오는 것이다. 하나님은 모든 존재들에게 매우 인자한 분이시다. 누가복음 6:35은 하나님은 은혜를 모르는 자와 악한 자에게도 인자롭다고 증거하며, 하나님의 은혜로운 속성을 묘사한다. 자비는 하나님의 성품에서 비롯한 것이기 때문에 그 자비 안에 거하는 자에게 하나님은 그분의 인자하심을 드러내신다. 따라서 이 자비는 하나님께서 우리를 대하시는 가장 고결한 태도를 말한다. 따라서 성도가 하나님의 자비로우심을 맛본 사람으로서 공동체의 구성원들에게 높은 도덕성으로 대하지 않는다면 공동체의 행복이 유지될 수 없을 것이다. 결국 우리가 하나님의 인자와 자비를 경험하고 그 은혜로 살고 있다면, 우리의 인격 속에 성령이 충만하여 자비의 열매를 맺어야 할 것이다. 이러한 의미에서 골로새서 3:12에서 사도 바울은 "그러므로 너희는 하나님이 택하사 거룩하고 사랑 받는 자처럼 긍휼과 자비와 겸손과 온유와 오래 참음을 옷 입고"라고 우리에게 권면하고 있다.

성령의 여섯 번째 열매는 양선이다. 양선은 희랍어로 '아가도쉬네'라고 하고 영어로는 goodness, 혹은 generosity라고 한다. 양선의 열매는 선함의 열매를 의미한다. 양선은 한 사람의 인격이 모든 선한 자질로 충만해 있고, 선한 자질을 실천에 옮기는 것을 의미한다. 즉, 양선한 사람은 그 마음에 선함이 가득한 사람이다. 또한 양선한 사람은 형제에 대해서 진심으로 좋게 생각하고 자신이 속한 공동체의 지체들을 자신보다 더 낫게 여긴다.

양선도 인간 스스로의 힘으로는 안 되고 성령이 함께하셔야 가능해진다. 더 나아가, 신앙생활의 과정 속에서 주님의 선하심을 체험한 자의 삶에서만 양선이라는 열매가 맺힐 수 있다. 양선에 대해서 사도 바울은 로마서 15:14에서 "내 형제들아 너희가 스스로 선함이 가득하고 모든 지식이 차서 능히 서로 권하는 자임을 나도 확신하노라"라고 말한다. 선한 행실과 섬김은 신앙 공동체를 견고하게 세우는 데에 밑거름이 된다. 선행 행실과 겸손한 섬김은 바로 성령의 열매인 양선을 의미한다. 따라서 우리는 우리 마음이 이러한 양선의 열매가 충만한지 성찰하고, 양선의 열매를 하나님께 드릴 수 있도록 기도해야 할 것이다.

성령의 일곱 번째 열매는 충성이다. 충성은 희랍어로는 '피스티스'라고 하는데, 이 말은 믿음이라고 번역되기도 한다. 즉, 충성과 믿음은 인간의 내면 속에 흐르는 같은 성향을 의미하는 말이다. 충성은 영어로는 faithfulness, 혹은 fidelity라고 한다. 충성은 어떤 대상에 대한 변함없는 신뢰를 의미한다. 신뢰할 수 없는 이 세상 속에서 변함없이 주님께 신뢰하는 마음을 갖는 태도가 바로 충성이다. 따라서 충성은 하나님과 그리스도를 통한 구원에 대한 변하지 않는 절대적인 신뢰를 뜻한다. 충성스러운 신자는 어떠한 어려운 상황 속에서도 하나님을 의심하지 않고 오로지 하나님만 신뢰하고 의지하는 사람이다. 충성스럽다는 것은 성실하다는 것과 동일하다. 따라서 충성스러운 사람은 하나님께 매우 성실한 사람이다.

그래서 충성은 믿음, 성실, 신뢰, 진리와 같은 다른 개념으로도 해석될 수 있다. 충성 또한 인간 스스로의 힘으로는 이룰 수 없고, 성령 충만함의 결과로 맺는 열매이다.

사도 바울은 고린도전서 4:2에서 "그리고 맡은 자들에게 구할 것은 충성이니라"라고 권면하면서, 하나님께 대한 신자들의 절대적인 충성을 강조한다. 변덕과 의심이 심한 이 시대에 신자는 자신을 전적으로 하나님께 내맡기며 성령의 힘으로 하나님께 충성을 다해야 할 것이다.

성령 충만함의 여덟 번째 열매는 온유이다. 온유는 희랍어로 '프라우테스'라고 하며, 영어로는 gentleness, meekness라고 한다. 온유는 성품이 온화하고 부드러운 것을 의미한다. 온유를 뜻하는 희랍어는 사나운 맹수가 잘 다스려져 길들여진 상태가 되는 것을 의미하거나 혹은 광풍이 변하여 미풍이 되거나, 고열이 잘 다스려져 열이 내린 상태를 지칭한다. 따라서 온유는 불필요한 분노나 화를 자제하는 성품이다. 즉, 온유는 분노의 감정을 잘 다스릴 수 있는 능력을 뜻한다. 다른 사람을 무뚝뚝하거나 퉁명스럽게 대하지 않고 부드럽고 친절하게 대하는 것이 바로 온유이다. 특별히 온유한 사람은 남을 공격하면서까지 자기주장을 펴지 않는다. 온유한 사람은 자제할 수 있는 힘을 지니고 있으며, 적절한 시기에 그러한 태도를 보인다.

온유에 반대되는 것으로 시기와 질투가 있다. 타인에 대해서 시기하고 악의를 품는 사람은 타인을 공격하는 성향을 갖고 있다. 온유는 이것과 완벽하게 반대되는 성품으로, 성령 임재의 결과로서 우리의 인격에 이루어지는 것이다. 우리 스스로가 타인에 대한 온유한 마음을 소유하지 못했다면 우리는 반드시 다른 사람을 시기하게 되고 공격하게 될 것이다. 다른 사람을 온유하게 대하는 것과 다른 사람을 공격하는 것은 성령의 열매와 육체의 소욕의 정반대되는 본질을 실제적으로 보여준다.

따라서 신자들은 성령 충만함을 받아 다른 사람들에 대해서 온유하게 대해야 한다. 야고보서 3:13에서 야고보 사도는 우리에게 "너희 중에 지혜와 총명이 있는 자가 누구냐 그는 선행으로 말미암아 지혜의 온유함으로 그 행함을 보일지니라"라고 권면한다. 예수께서도 산상수훈의 팔복을 다루는 구절에서 "온유한 자는 복이 있나니, 저희가 땅을 기업으로 받을 것이요"라고 말씀하셨다. 따라서 신자는 마땅히 성령 충만함으로 온유한 인격을 소유해야 할 것이다.

성령의 마지막 아홉 번째 열매는 절제이다. 절제는 희랍어로는

'엥크라데이아'라고 하며 영어로는 self-control이라고 한다. 절제는 자기의 충동이나 욕구를 잘 다스려서 자제하는 것이다. 그것은 욕망이나 쾌락, 특히 육감적인 충동이나 갈망의 억제, 자기 조절을 의미한다. 절제는 자기를 죄에서 차단하는 능력이며, 욕망이 과다하게 충동하는 순간에 자기 자신을 바로잡는 것을 말한다.

고린도전서 9:27에서 바울은 신자들이 늘 영적으로 긴장해야 하는 이유를 절제라는 덕목을 통해서 강조한다. 그는 다음과 같이 말한다. "내가 내 몸을 쳐 복종하게 함은 내가 남에게 전파한 후에 자신이 도리어 버림을 당할까 두려워함이로다" 여기서 "내가 내 몸을 쳐 복종한다"는 것은 바로 절제의 성품을 의미한다.

이 절제의 성품에 반대되는 육체의 소욕으로는 술취함이 있다. 술취함은 절제하지 못할 때 일어나는 중독현상이다. 또한 흥청망청 살아가는 향락주의도 절제에 반대되는 육체의 소욕이다. 이러한 육체의 소욕들은 나쁜 습관이 들어서 그 습관이 중독으로 이어진 경우이다. 이렇게 중독으로 이어진 경우, 우리는 그 중독에서 우리의 힘으로 헤어 나올 수가 없게 된다. 중독으로부터 벗어나려면 우리 자신의 힘보다 더 강한 힘이 필요한데, 그것이 바로 성령의 능력이다. 성령이 충만하게 임재하면 성령께서 우리의 의지에 작용하여 절제할 수 있는 힘을 우리에게 준다.

성령의 아홉 가지 열매는 모두 하나님의 성품이며 그리스도의 성품이다. 우리는 성령 충만하여 모두 성부, 성자의 성품을 닮아야 한다. 또한 성령의 아홉 가지 열매는 신자들의 신앙 안에 인격적 성품으로 이루어진다는 것을 인식해야 한다. 성령 충만의 현상은 가시적인 은사로 나타날 수 있으나 대부분은 이렇게 인격적인 성품으로 나타난다. 그리고 이러한 인격적 성품들은 우리의 인격 안에서 서로 균형을 이룬다. 이 중에 하나의 덕목만 지나치게 강조되고 다른 것들은 무시되어지는 것이 아니다. 성령의 아홉 가지 열매는 우리의 인격 안에서 균형을 이루어 적절한 장소와 적절한 시기에 하나씩 조화 속에서 나타난다. 성령 충만의 또 다른 열매는 앞서 말한 아홉 가지 성령의 열매의 조화로운 드러남인 것이다.

성령의 아홉 가지 열매를 훈련시키는 성령의 학교에는 졸업이 없다. 이 학교는 죽을 때까지, 즉 하나님이 우리를 부르실 때까지, 졸업이 없다. 신자들은 오로지 성령님을 붙잡고 이 험한 세상을 믿음으로 승리하기 위하여 앞으로 나아가야 할 것이다.

성령과 은사

고린도전서 12:1-11

고린도교회는 초대교회였지만 영적으로 많은 문제를 안고 있었다. 고린도교회는 네 분파로 나뉘어 당파싸움을 하고 있었고, 교회의 일을 세상 법정에 송사했으며, 우상에게 드린 제물을 먹는 문제로 논쟁이 뜨거웠다. 이러한 여러 가지 문제 중에 사도 바울은 고린도전서 12장에서부터 14장까지, 고린도 교회가 부딪히고 있었던 또 하나의 문제를 다루고 있다. 그 문제는 바로 영적인 신령한 은사에 대한 문제였다. 고린도교인들은 많은 영적인 은사들을 받았다. 그러나 그들은 영적으로 교만하여 은사의 우열을 가리고, 심지어는 은사의 잘못된 남용이 일어나서 영적으로 큰 문제를 야기했다. 고린도전서 12:1에서 사도 바울은 "형제들아 신령한 것에 대하여 나는 너희가 알지 못하기를 원하지 아니하노니"라고, 신령한 것에 대해서 알아야 한다고 권면한다. 여기서 신령한 것은 영적인 은사를 의미한다.

전통적으로 은사 문제에 대해서는 두 가지 극단적인 입장이 있다. 첫번째 입장은 아예 은사를 무시하는 경향이고, 두 번째 입장은 영적인 은사에 매우 집착하는 성향이다. 어떤 신자는 성령이라는 말만 들어도 알레르기 반응을 일으키고 성령의 은사에 대해서 아주 마음을 닫기도 한다. 그들은 천지를 창조하신 하나님, 우리를 위하여 십자가를 지신 예수님은 믿어지고 인정할 수 있지만 눈에 보이지 않는 성령님의 존재는 믿을 수 없다고 말한다. 성령의 은사를 무시하는 이러한 부류들은 성령이 임재하여 나타나는 각종 현상들을 잘못된 신비주의라고 경고하며 아예 외면한다. 여기에 대해서 사도 바울은 데살로니가전서 5:19에서 "성령을 소멸치 말라"라고 권면한다. 즉, 성령을 추구하는 삶을 살아야 한다고 가르친다.

이와 같은 부류와는 정반대로, 성령의 은사를 극단적으로 추구하는 부류가 있다. 이들은 성령을 신비적인 영역에만 머무는 분으로 오해한다. 여기에 속한 신자들은 방언을 비롯한 성령임재의 현상만을 강조하고, 그러한 체험이 없으면 성령을 경험해 보지 못한 사람이라고 주장한다. 그들은 이렇게 성령의 은사를 지나치게 강조하며 '성령의 은사'라는 말이 붙어 있는 집회마다 쫓아다니며 은사에 매달린다.

어떤 기도원 원장은, 우리 기도원은 강아지도 방언을 한다고 하면서 방언을 하지 못하는 사람은 기도원 강아지만도 못한 사람이라고 하였다. 또 어떤 목사는 자기 앞에서 방언을 해보면 그것이 참 방언인지 거짓 방언인지를 구분할 수 있다고 주장하기도 한다. 어떤 집단에서는 목사가 장풍처럼 손을 뻗칠 때에 쓰러지게 되면 성령이 충만하게 임하는 것이라고 가르치기도 한다. 오순절 계통의 교회에서는 방언학교를 열어서 혓바닥을 앞으로 내밀고 "랄랄라라라"라고 말하는 연습을 하면 어떤 순간에 방언이 터지고, 그 후에는 여러 나라 방언을 하게 되며, 나중에는 천국 방언을 하게 될 것이라고 가르친다.

이러한 부류에 대해서도 사도 바울은 데살로니가전서 5:19-21에서

"성령을 소멸하지 말며 예언을 멸시하지 말고 범사에 헤아려 좋은 것을 취하고"라고 말한다. 범사에 헤아리라는 것은 무분별한 신비주의자에 대한 경고이며, 은사를 지나치게 집착하는 사람들에게 은사를 사모하는 마음을 자제해야 함을 가르치는 말이다. 성령은 신비적인 분이라기보다는 인격적인 분이시다. 물론 성령의 임재와 함께 신비로운 현상이 나타나기도 한다. 그러나 신비로운 현상은 성령께서 주시는 선물을 포장하고 있는 포장지에 불과하다는 것을 알아야 한다. 선물을 받은 사람이 선물의 내용에는 관심이 없고 포장지에만 관심을 둔다면 얼마나 우스꽝스러운 일인가?

사도 바울은 성령의 은사에 대한 이 두 가지 극단을 염두에 두면서 성령의 은사들의 성격과 성령의 은사의 관계성에 대하여 고린도전서 12:1-11까지 다루고 있다. 사도 바울은 이 부분에서 성령과 은사의 관계성에 대하여 대략 세 가지로 말씀하고 있다.

첫째, 은사에 대한 성령의 주권성이다.

성령의 은사는 성령의 주권에 따라 주어지는 것이다. 주권이라 함은 성령님 자신이 원하는 대로 하신다는 것을 의미한다. 성령은 우리에게 은사를 주실 수도 있고, 주지 않으실 수도 있다. 우리에게 은사가 주어지느냐 하는 것은 전적으로 성령의 주권에 달려 있다. 요한복음 3:8에서 예수님은 니고데모에게 물과 성령으로 거듭나야 천국을 볼 수 있다고 하시면서, 바람이 임의로 불매 네가 그 소리를 들어도 어디서 와서 어디로 가는지 알지 못한다고 말씀하신다. 여기서 바람은 성령님을 상징하는 소재인데, 바람이 임의로 분다는 것은 성령께서 자신이 원하는 곳으로 가신다는 것을 의미한다. 이렇게 성령께서는 주권을 가지고 계신 분이시다.

사도 바울은 여러 가지 은사들을 열거하고 나서 고린도전서 12:11에서 "이 모든 일은 같은 한 성령이 행하사 그 뜻에 각 사람에게 나누어주시느니라"고 말하며 성령의 주권을 인정한다. 고린도전서의 말씀처럼, 은사가 우리에게 주어지는 것은 하나님이 뜻하셨기 때문이다. 나를 나보다 더 잘 아시는 하나님께서 나에게 필요하다고 판단하시고, 또 내가 이것을 통해서 기쁨과 봉사의 삶을 살 수 있다고 판단하셔서, 성령의 주권대로 우리에게 은사를 주시는 것이다. 혹은 성령께서 어떤 사람이 특정한 은사를 받으면 그 믿음이 더욱 성숙해질 수 있다고 판단하셔서 우리에게 은사를 주실 수도 있다.

은사를 받고 안 받고는 이처럼 전적으로 하나님의 주권에 달려 있다. 성령의 은사는 인간이 줄 수 있는 것이 아니다. 우리가 은사를 구할 수는 있지만 성령의 은사를 받지 못했다고 하여 하나님을 원망하거나 섭섭하게 생각하지 말아야 한다. 혹시라도 '하나님이 나를 사랑하지 않고 나를 싫어하셔서 은사를 주시지 않는가'라는 그런 생각은 하지 말아야 하는 것이다.

한 권사님은 주변의 가장 친한 친구 권사님이 방언을 받은 것을 보고 시기하는 마음을 갖게 되었다. 그녀는 시기하는 마음으로 하나님에게 불평을 하며 기도했는데, 그 정도가 너무 심했다. 그 결과로 하나님이 주시는 방언이 아니라 악령이 주는 이상한 언어를 받고, 정신이 오락가락하게 되고 말았다. 이 악령으로부터 헤어 나오기까지 오랜 시간이 걸렸다. 많은 사람들의 중보기도 덕택으로 그녀는 악령으로부터 겨우 벗어날 수 있었다. 이처럼 성령의 은사를 시기와 질투로 구하면 안 된다.

친구들과 함께 기도원에 들어간 어떤 청년은 방언을 받게 해달라고 기도했다. 다섯 명이 손을 붙잡고 간절히 기도했는데, 네 사람은 방언을 받고 한 명만 받지 못했다. 이 한 청년은 실족하여 한동안 교회를 나오지 않다가 정말 오랜 세월이 지난 후에야 그 믿음을 어렵게 회복하게 되었다고 한다.

이처럼 어떤 사람에게 은사를 주는 것은 성령의 주권이다. 따라서 신자는 은사를 자기의 뜻대로 주시는 성령님의 주권에 순종해야 한다.

둘째, 은사에 대한 성령의 통일성이다.

성령께서는 신자에게 왜 은사를 주실까? 신앙공동체에 왜 성령의 은사를 선물로 주실까? 그 주된 이유는 신자들의 일치와 통일 때문이다. 성령의 은사는 기독교인들의 일치와 통일을 위해 주어진다. 한마디로 성령의 은사는 성도들이 한마음 되게 하기 위하여 주시는 것이다. 따라서 은사가 일치를 방해하고 분열시킨다면 참된 은사가 아니다. 성령의 은사를 받긴 받았는데, 신자들을 갈라지게 하거나 싸우게 하면 매우 잘못된 은사인 것이다.

고린도교회는 신자들이 성령의 은사를 많이 받아서 영적으로 충만한 교회였다. 그러나 그 은사들의 진정성에 대해서는 의심을 받을 수밖에 없었다. 왜냐하면 고린도교회는 네 분파로 나누어져서 싸우고 있었기 때문이다. 정말로 성령의 참된 은사를 받았다면 분열되거나 싸우지 않고, 사랑과 우애로 성도들끼리 한마음이 되었을 것이다. 한국교회도 두 파, 세 파로 나뉘어 싸우는 교회들이 많다. 아무리 특정 분파의 주장에 정당성이 있다고 하더라도, 교회의 분열은 성령께서 원하는 것이 아니다.

사도 바울은 고린도전서 12:4 이하에서 은사를 주시는 삼위일체 하나님의 일치성에 대해서 언급하고 있다. 바울은 "은사는 여러 가지나 성령은 같다"고 말한다. 즉, 성령께서는 성령의 은사에 대한 일치적 주권성을 갖고 계신다. 우리가 다양한 은사를 받았지만 이 다양한 은사를 주신 성령님은 같은 한 성령님이시다. 또 "직분은 여러 가지이지만 주는 같으며"라는 말씀은, 우리에게 주신 직분은 여러 가지이지만 그 직분을 주신 주님은 같은 한 주님이심을 가리키고 있다. 또 바울은 고린도전서 12:6에서 "사역은 여러 가지이지만 모든 것을 모든 사람 가운데서 이루시는 하나님은 같으니"라고 말한다. 이 말씀은 우리 가운데에 여러 형태의 사역과 역사가 일어나지만 역사하시는 하나님은 같은 분이심을 뜻한다. 우리는 한 하나님, 한 예수님, 한 성령님을 믿고 따르는 신자들이다. 이러한 삼위일체적 일치성이 성도들을 한마음이 되게 하는 것이다. 따라서 성령의 은사를 제대로 받으면 성도들은 하나가 되고 한마음이 된다. 성령께서 우리에게 방언의 은사를 주시고 예언의 은사를 주시는 것은, 성도들을 한마음이 되게 하려고 하시는 것이다. 어떤 신자가 신유의 은사를 받았다면 그 신유의 은사를 받은 것으로 자신의 능력을 자랑할 것이 아니라, 그것은 신앙공동체의 신앙적 성숙과 일치를 위해 받은 것임을 인식해야 할 것이다.

셋째, 성령께서는 은사를 통해 신자들의 믿음을 성숙하게 이끌어 가신다.

사도 바울은 각종 은사를 초월하는 더 큰 은사에 대해서 다음과 같이 말하고 있다. "다 병 고치는 은사를 가진 자이겠느냐 다 방언을 말하는 자이겠느냐 다 통역하는 자이겠느냐 너희는 더욱 큰 은사를 사모하라 내가 또한 가장 좋은 길을 너희에게 보이리라"(고전 12:30-31). 여기에서 말하는 더욱 큰 은사는 무엇일까? 아마도 그 다음 13장에 나오는 사랑을 말하고 있는 것이리라. 사실 고린도교회는 네 분파로 나뉘어 각 분파마다 자신들이 가지고 있는 영적 은사들의 우월성을 주장하고 있었기 때문에, 더욱 큰 은사인 일치와 사랑의 은사가 고린도교회에는 더욱 필요했을 것이다.

어린아이에게 칼을 주면 아이는 그것을 입에다 대고 빨아먹다가 다치기 쉽다. 어린아이는 그것이 좋은 것인지 아닌지를 판단하거나 분별하지 못한다. 은사를 받았을 때, 그 은사를 어떻게 사용해야 할지를 잘 분별할 줄 알아야 한다. 성숙하지 못한 사람이 은사를 받으면 그것을 자랑하고 돌아다니면서 많은 사람들에게 상처만 주게 된다. 자신이 받은 은사를 통하여 주변 사람들에게 어떻게 유익을 주어야 할지 모르기 때문이다. 또 성숙하지 못한 사람은 자기가 받은 은사를 자랑하면서 자신이 갖고 있는 믿음의 우월성을 주장하기도 한다. 이러한 모든 일은 그 믿음이 성숙하지 못하기 때문에 일어나는 것이다.

실례로, 예언의 은사를 받은 분이 그 은사를 남용하는 것 때문에 신앙 공동체가 매우 어려워지게 된 경우를 본 적이 있다. 그분은 어떤 신자에게 말하기를, 성령님이 말씀하시기를 당신은 평생토록 반드시 이 교회만 나와야지 이 교회를 떠나면 화가 임할 것이라고 했다. 그 예언을 받은 신자는 믿음이 완전히 실족하여 교회를 완전히 떠나버렸다. 그분은 또, 어떤 분에게 당신 뒤에는 어두운 그림자가 항상 좇아다닌다고 하여 심한 상처를 주기도 했다. 이것은 모두 은사를 받는 신자의 믿음이 미성숙하기 때문에 일어나는 일들이다.

앞서 말씀드린 대로, 사도 바울은 더욱 큰 은사를 사모하라고 말한다. 더욱 큰 은사란 사랑인데, 믿음이 성숙한 신자는 사랑으로 은사를 사용한다. 그래서 사도 바울은 모든 신자가 다른 신자들을 사랑하는 마음으로 자기가 받은 은사들을 사용하라고 권면하고 있는 것이다.

고린도전서의 배경이 되는 고린도교회는 성도들끼리 자신이 받은 은사의 우월성을 주장하며 서로 싸우고 있는 중이었다. 여기에 대해 사도 바울은, 모든 영적 은사들은 사랑의 마음으로 활용해야 한다고 말한다. 고린도전서 13:1-3에서 사도 바울은 사랑의 가치에 대해 말하면서, 모든 은사의 공통분모 속에는 사랑이 있어야 한다고 언급한다. 방언의 은사도 사랑이 없으면 안 된다. 방언의 은사를 자기과시용으로 사용하면 안 된다. 신자가 아무리 천사의 말을 할지라도 사랑이 없으면 울리는 꽹과리와 같다. 다른 사람을 배려하지 않고 방언으로 크게 기도하면 울리는 꽹과리와 같다는 것이다. 예언도 마찬가지이다. 다른 사람에 대한 하나님의 뜻을 전하는 것도 좋지만 그 과정에 사랑이 없다면 소용이 없는 것이다. 지식의 은사도 마찬가지이다. 성경적인 지식을 많이 알고 신학적으로 모르는 것이 없이 박식하다 할지라도, 사랑이 없으면 소용이 없다. 하나님에 대한 신령한 지식도 사랑으로 사용해야만 하는 것이다.

산을 옮길 만한 믿음도 사랑이 없다면 소용없고, 구제도 사랑이 없으면 무익하게 된다. 그런데 사랑이 없는 구제가 과연 가능할 수 있을까? 가능하다. 하지만 사랑이 없이 자신의 선함을 드러내기 위한 구제라면 오히려 하나님의 영광을 가릴 수 있다. 심지어 내 몸을 불사르게 내어주는 순교조차도 사랑이 없으면 소용이 없는 것이다. 사도 바울은 고린도전서 13:8-10에서 방언의 은사, 예언의 은사, 지식의 은사와 사랑의 은사를 비교한다. 그는 다음과 같이 말한다. “사랑은 언제까지나 떨어지지 아니하되 예언도 폐하고 방언도 그치고 지식도 폐하리라 우리는 부분적으로 알고 부분적으로 예언하니 온전한 것이 올 때에는 부분적으로 하던 것이 폐하리라."

여기서 사도 바울은 예언, 방언, 지식의 은사가 모두 놀랍고 탁월한 은사이지만, 이러한 은사들은 영원한 것이 아니라 일시적인 것일 뿐이라고 말한다. 천국에는 방언, 예언, 지식이 필요없다. 그러나 이 세상에 사는 동안에는 설교도 필요하고, 예언, 방언, 그리고 지식도 필요하다. 하지만 이 세상에서도 이와 같은 은사들이 도움이 되려면, 사랑으로 해야 한다. 사랑이 없으면 이러한 은사는 별로 도움이 되지 않는다. 사랑으로 은사를 활용하는 것이 바로 은사의 성숙성이다. 사도 바울은 고린도전서 13:11에서 "내가 어렸을 때에는 말하는 것이 어린 아이와 같고 깨닫는 것이 어린 아이와 같고 생각하는 것이 어린 아이와 같다가 장성한 사람이 되어서는 어린 아이의 일을 버렸노라"라고 말한다.

사도 바울은 여기서 사랑을 통한 은사의 성숙성을 말하고 있는 것이다. 어른이 되어서는 더 이상 어린아이와 같이 유치한 것을 원하지 않는다. 여기에서 성숙한 어른스러운 것이란 사랑을 의미한다. 사랑이 우리를 성숙하게 한다. 사랑으로만 우리는 성숙될 수 있다.

어떠한 은사든 다 좋은 것이지만 어린아이처럼 은사에 집착하지 말고, 더욱 큰 은사인 사랑을 사모해야 할 것이다.

신앙에 있어서 성령의 역할

에베소서 4:30

신앙생활의 목표는 온전한 신앙생활을 하는 것이다. 성령께서 하시는 가장 중요한 역할은 우리의 신앙을 성숙하게 하고, 온전하게 하는 것이다. 따라서 성도는 성령의 능력을 힘입지 않고는 바른 신앙생활을 할 수 없다. 성도는 성령 충만할 때 하나님 앞에 합당한 신앙인이 될 수 있는 것이다.

한국 교회는 사실 성령운동으로 부흥한 것이나 마찬가지이다. 하지만 과도한 성령운동으로 인해서 부작용이 생겼고, 이로 인해서 많은 이단이 양산된 것이 사실이다. 따라서 우리는 성령에 대해서 오해를 해서는 안 된다. 성도는 성령님이 누구신가에 대한 바른 이해를 가져야 한다.

예전에 비만도 검사를 한 적이 있다. 그런데 이게 웬일인가? 검사의 결과가 심각하게 나쁘게 나온 것이다. 나는 너무 깜짝 놀라서 기계를 자세히 들여다보았다. 그랬더니 검사 기준이 '여성'으로 설정되어 있었다. 즉, 비만도 검사기계가 나를 건강한 여성을 기준으로 하여 비만도를 측정한 것이다. 이처럼 기준을 잘못 설정하면 무엇을 하든지 바르지 못한 결과가 나올 수 있다.

신앙에 있어서도 기준이 중요하다. 성령에 대한 정확한 개념과 정확한 이해가 없이 신앙생활을 하게 되면 우리의 신앙생활 자체가 잘못될 수 있다. 성령이 누구신지 알지 못하고 믿으면 신앙의 성숙이 없다. 그렇다면 신앙생활에 있어서 성령께서 하시는 역할은 무엇일까? 정확히 성령께서는 우리를 위해서 무엇을 하실까?

첫째, 성령께서는 우리를 예수 그리스도에게로 인도해주신다.

사도행전 7:56에는 스데반의 긴 설교의 끝머리에 어떤 일이 생겼는지가 쓰여 있다. 스데반은 설교를 마칠 때쯤 성령이 충만하게 되어서 하늘을 바라보았고, 그리스도께서 하나님의 우편 보좌에 앉아 계신 모습을 보게 된다. 이처럼 성령이 충만하면 예수 그리스도를 보게 된다. 성령은 예수 그리스도와 무관하지 않다. 만약 우리가 스스로 성령이 충만하다고 믿으면서도 예수 그리스도와 무관한 삶을 살고 있다면 그 성령 충만은 잘못된 것이다.

고신대학교의 조직신학 교수인 박영돈 교수는 『성령의 일그러진 얼굴』에서, 한국 교회의 일그러진 성령 운동을 비판하면서 올바른 성령론을 제시한다. 그는 이 책에서 성령님의 중요한 역할은 성도와 예수 그리스도가 함께 지낼 수 있도록 신방을 차려주는 것이라고 말한다. 성령께서는 성도와 예수님이 아름다운 관계를 맺고 밀접한 사귐을 할 수 있도록 인도하시는 분이라는 것이다.

박영돈 교수는 성령의 역할을 다음과 같이 묘사한다. "성령은 자신의 인격을 우리가 예수님과 인격적으로 만나 교제하는 만남의 장으로 영적인 영역으로 제공하신다. 그분은 자신의 인격 안에 우리와 신랑 예수님이 연합하여 교제하는 신방을 차려주신다."

많은 기독교 전통에서 예수님을 신랑에 비유하고, 성도 또는 교회를 신부에 비유한다. 그래서 찬송가에도 "신랑 되신 예수께서 오실 때에 너희는 등불을 준비했느냐"라는 가사가 있다. 이러한 비유에 따르면 예수께서는 우리의 신랑이고, 우리 성도는 예수님의 영적인 신부이다. 성령께서는 신랑 되신 예수님과 신부인 성도 사이에 교제의 장을 마련해주시는 분이다.

구약성경에서 가장 해석하기 어려운 책인 아가서는, 그 안에 일견 외설적인 남녀 간의 사랑에 대한 묘사를 담고 있다. 종종 어떤 사람들은 이러한 아가서의 내용을 문자적으로 해석하여 남녀 간의 육체적인 사랑 이야기로 보기도 한다. 하지만 아가서는 기독교 전통에 따라 신약의 예수님을 신랑으로, 성도를 신부의 관점으로 해석해야 하는 책이다. 즉, 아가서는 신랑 되신 예수님과 신부된 성도 사이의 아름다운 사랑의 교제, 친밀한 영적인 교제에 대해서 말하고 있는 책인 것이다. 성령께서는 이와 같이 신랑 되신 예수님과 신부된 우리가 친밀한 교제를 나눌 수 있도록 도우시는 하나님의 영이시다.

고린도전서 12:3에는 이렇게 쓰여 있다. "그러므로 내가 너희에게 알리노니 하나님의 영으로 말하는 자는 누구든지 예수를 저주할 자라 하지 아니하고 또 성령으로 아니하고는 누구든지 예수를 주시라 할 수 없느니라"(고전 12:3).

성도는 기본적으로 예수님을 구세주로 믿는 사람들이다. 그런데 고린도전서 12:3은 성령이 임재하지 않고는 예수를 구세주로 고백할 수 없다고 말한다. 따라서 예수님을 구세주로 고백하는 성도는 기본적으로 그 마음속에 성령을 모시고 살아가는 사람들이다.

어떤 사람들은 성령이 우리 안에 계시는 증거로서 방언기도를 내세우기도 한다. 하지만 그 생각은 잘못된 것이다. 성경은, 방언기도를 성령이 계시는 증거로 보지 않는다. 성경은 방언기도를 성령의 은사라고 말한다. 성령 임재의 진정한 증거는 다른 것이 아니라 예수 그리스도를 진정 구세주로 고백하는 믿음이다. 성령께서는 이처럼 우리가 예수님을 보고 믿을 수 있도록 도우신다. 예수님을 주님, 즉 내 삶의 주인으로 고백하는 일은 보통 일이 아니다. 그것은 우리의 의지나 결단에 의한 것이 아니라 우리 안에 계신 성령님의 역사이다. 성령을 모시지 못한 사람은 아무리 노력해도 예수님을 주님이라고 부르지 못한다. 성령으로 말미암지 않고는 예수님을 주님으로 고백하지 못하는 것이다. 신자들은 자기에게 성령이 임재하고 계신지 아닌지 의심스러울 때가 있다. 그런데 만일 우리가 예수를 주님이라 고백하면 우리는 성령이 임재하신 상태에 있는 것이다.

둘째, 성령께서는 우리의 신앙을 바른 길로 인도하신다.

우리 인간은 항상 바른 길이 아니라 곁길로 빠져나가려고 하는 본성을 갖고 있다. 왜냐하면 우리 인간은 욕심에 사로잡혀 살아가는 존재이기 때문이다. 신앙생활을 하는 사람들도 하나님의 뜻 대신에 자신의 뜻대로 신앙생활을 하기 일쑤이다. 이로 인해서 우리의 삶과 신앙은 예수님께서 원하시는 것과 달리 곁길로 갈 때가 많다.

"그러나 진리의 성령이 오시면 그가 너희를 모든 진리 가운데로 인도하시리니 그가 스스로 말하지 않고 오직 들은 것을 말하며 장래 일을 너희에게 알리시리라"(요 16:13).

성령께서는 우리를 진리, 즉 올바른 길로 인도하시는 분이다. 성령께서 우리를 진리 가운데로 인도하시기 때문에, 우리가 해야 할 것은 성령의 인도하심을 따라가는 것뿐이다. 성령께서 우리 안에 계시고, 우리를 진리 가운데로 인도하시면 우리의 신앙생활에 기쁨이 생기게 된다.

하지만 성령의 인도하심 대신 자신의 뜻을 따라서 신앙생활을 하면 우리의 마음에는 근심과 염려가 생길 수밖에 없다. 에베소서 4:30에는 이렇게 쓰여 있다. "하나님의 성령을 근심하게 하지 말라 그 안에서 너희가 구원의 날까지 인치심을 받았느니라"(엡 4:30).

우리가 잘못된 길로 가면 성령께서는 우리로 인해서 근심하신다. 그 마음에 성령을 모시고 있는 사람은 2-3주 정도 피치 못할 사정으로 주일 예배를 보지 못하면 그 마음에 근심과 두려움이 생긴다. 성경은 우리 마음이 성령의 전(殿), 즉 성령이 거하시는 집이라고 말한다. 따라서 만약 우리가 올바른 신앙생활을 하지 못하고 있다면, 성령께서는 우리 마음속에 근심과 염려를 주신다. 하지만 이와 달리 그 마음에 성령을 모시고 계시지 못한 사람은 아무리 예배 생활을 게을리 하고, 그 삶이 하나님 보시기에 합당하지 못하게 살아가도, 그 마음에 근심과 염려가 생기지 않을 것이다.

우리가 쉬지 말고 기도하라는 예수님의 말씀과 달리 기도줄을 놓으면, 성령께서는 또한 우리의 마음에 기도할 수 있도록 근심과 염려를 넣어주신다. 이처럼 성령께서는 우리의 마음속에 계시면서 우리가 신앙생활을 함에 있어서 올바른 길로 가지 못할 때, 우리의 마음을 근심하게 하신다. 이것은 세상적인 근심 걱정이 아니라, '구원에 이르는 근심 걱정'이라고 할 수 있을 것이다.

어거스틴은 젊은 시절에 매우 방탕한 생활을 했다. 하지만 세상의 모든 쾌락을 즐겨보아도 그의 마음에는 기쁨이 생기지 않았다. 하지만 어거스틴에게는 그를 위해서 기도해주던 어머니 모니카가 있었다. 그러자 모니카가 다니던 교회의 지도자가 그녀에게 다가와서 "당신이 그 아들을 위해서 그렇게 기도를 하는데, 그 아들은 결코 잘못되지 않을 것이다."라고 위로해주었다. 어거스틴은 방탕한 생활 끝에 그 마음 깊은 곳에 삶에 대한 공허감을 갖게 되었다. 그는 그 공허감 속에서 불현듯 "내가 이렇게 살면 안 되는데! 더 이상 이렇게 허랑방탕한 삶을 살아서는 안 될 텐데!"라는 마음을 갖게 되었다. 그렇게 어거스틴이 자신의 삶에 대해서 회의하고 있을 때, 성령께서 그의 마음에 찾아오셨고, 그는 회심하게 되었던 것이다.

고린도전서 2:12에는 이렇게 쓰여 있다. "우리가 세상의 영을 받지 아니하고 오직 하나님으로부터 온 영을 받았으니 이는 우리로 하여금 하나님께서 우리에게 은혜로 주신 것들을 알게 하려 하심이라."

우리가 예수님을 믿기 시작하면 우리 안에 있는 세속적인 영, 세상의 가치관이 떠나가고 예수께서 주시는 성령이 우리의 마음에 거하게 된다. 그리고 이렇게 성령이 우리에게 임하시면, 하나님께서 우리의 삶에 큰 은혜를 주셨음을 깨닫게 된다. 성령께서는 이처럼 우리가 하나님의 은혜로 살아온 존재임을, 은혜는 우리에게서가 아니라 하나님으로부터 온 것임을 깨닫게 해주신다.

우리 교회에서는 창립 30주년을 기념하여 몽골에 한빛이웰링후레교회를 건축하였다. 얼마 전 방문선교를 통해서 나는 한빛이웰링후레교회를 담임하고 있던 쉔 바이라 목사님께서 어떤 과정을 거쳐서 교회를 건축하게 되었는지를 알게 되었다.

몇 년 전, 쉔 바이라 목사님이 개척한 이웰링후레교회는 성도도 많이 늘고 순조롭게 부흥하고 있었다. 그런데 별안간 교회에 불이 나서 교회 건물이 전소되어 버렸고, 이웃들은 목사님에게 "하나님이 계셔? 하나님이 계시다면 교회를 불에 타게 하면 안 되지!"라고 조소하고, 성도들도 비슷한 이유로 실족해서 교회를 떠나갔다. 하지만 하나님께서 우리 교회와 연결시켜주셔서 다시 좋은 성전을 건축하게 하셨고, 그 이후로 떠나갔던 성도들이 다시 돌아오게 되었다. 지난 이야기를 하시면서 쉔 바이라 목사님께서는 이런 말을 남기셨다. "지금 생각하니 이 모든 일이 우리의 믿음을 견고하게 하시는 하나님의 은혜였다."

성령께서는 이처럼 우리에게 은혜를 주시며, 그 은혜를 깨닫게 하시고, 우리의 신앙을 올바른 길로 인도하시고 견고하게 하신다. 요한계시록 2:7에는 이런 말씀이 있다. "귀 있는 자는 성령이 교회들에게 하시는 말씀을 들을지어다." 교회는 성령의 인도를 받아야 한다. 그래야 바른 길로 갈 수 있다.

셋째, 성령께서는 우리를 위해서 중보기도 하신다.

"이와 같이 성령도 우리의 연약함을 도우시나니 우리는 마땅히 기도할 바를 알지 못하나 오직 성령이 말할 수 없는 탄식으로 우리를 위하여 친히 간구하시느니라 마음을 살피시는 이가 성령의 생각을 아시나니 이는 성령이 하나님의 뜻대로 성도를 위하여 간구하심이니라"(롬 8:26-27).

성령께서 우리 인간을 위하여 간구하신다는 말씀이다. 또 로마서 8:34에는 이렇게 쓰여 있다. "누가 정죄하리요 죽으실 뿐 아니라 다시 살아나신 이는 그리스도 예수시니 그는 하나님 우편에 계신 자요 우리를 위하여 간구하시는 자시니라"(롬 8:34).

이 말씀에 따르면 예수 그리스도께서는 하나님 우편에서 우리를 위해 간구하신다. 이 땅에서는 성령께서 우리를 위해 간구하시고, 하늘 위에서는 예수님께서 우리를 위해 중보기도 하신다.

성령께서는 우리의 연약함을 도우시면서 말할 수 없는 탄식으로 지금도 우리를 위해서 기도하신다. 사실 '탄식'이라는 것은 사람이 하는 것이다. 우리처럼 삶의 걱정과 염려를 겪을 필요가 없는 삼위일체의 하나님이신 성령께서는 탄식하실 필요가 없으시다. 탄식은 대개 사람들이 그 인생의 질곡으로 인해서 자신의 처지를 한탄하는 것이다. 시편의 '탄원시'는 자신의 처지에 대한 인간의 탄식이 어떻게 기도로 승화될 수 있는지를 잘 보여준다.

이 '탄식'이라는 행동과 가장 맞닿아 있는 우리나라 고유의 정서가 바로 '한'(恨)이다. 잦은 외세의 침입, 그리고 세상살이에 대한 회한과 고통은 우리 민족의 정서에 아주 깊이 이 '한'을 뿌리내리도록 했다. 해결될 수 없는 삶에 대한 염려로 인한 마음속의 응어리가 한이라면, 탄식은 이러한 한을 조금이라도 씻겨 내릴 수 있는 방편이었을 것이다.

그런데 로마서 8:26-27의 말씀은 성령께서 우리와 똑같이 '탄식'하신다고 전한다. 성령께서는 우리의 신앙을 바른 길로 인도하시고 예수 그리스도로 인도하시는 영이기 때문에 우리가 바른 길로 가지 못할 때, 또 예수 그리스도 대신에 다른 것을 추구할 때, 우리 때문에 탄식하신다. 성령께서는 우리가 죄를 짓고 회개하지 않을 때 탄식하시는 것이다.

또 성령께서는 우리가 하나님 안에서 행복한 삶을 살지 못할 때 탄식하신다. 성령께서는 우리가 이 땅에서 행복한 삶을 살아가길 원하신다. 예수께서는 '풍성한 생명'을 주기 위해 이 땅에 오셨다고 말씀하신다. 성령께서는 우리가 이 땅에서 예수님이 주시는 풍성한 생명을 누리며 행복하게 살기를 원하신다. 만약 성도가 삶의 상황과 여건, 그 마음의 근심과 걱정으로 인해서 행복하지 못하다면, 성령께서는 우리로 인해서 탄식하실 것이다.

성령께서는 우리가 행복하게 살길 원하신다. 우리가 행복하고 기쁘게 사는 것이 성령을 기쁘게 하고 하나님께 영광이 되는 길이다. 우리가 하나님의 자녀이기 때문에, 하나님의 영이신 성령께서는 우리가 예수님을 만나 그분과 영적인 교제를 나누길 원하시고, 올바른 길로 살아가길 원하시며, 행복하고 기쁘게 살아가길 원하신다.

요한복음 10:10에서 예수님은 "도둑이 오는 것은 도둑질하고 죽이고 멸망시키려는 것뿐이요 내가 온 것은 양으로 생명을 얻게 하고 더 풍성히 얻게 하려는 것이라"라고 말씀하셨다. 예수님은 이처럼 우리 삶이 생명으로 충만하고 풍성하게 되기를 원하신다. 우리가 행복하고 기쁘며, 풍성하게 사는 것이 하나님께 영광 돌리는 길이다. 우리 모두 성령의 인도 아래에서 하나님께 영광이 되는 삶을 살아야겠다.

고난에 대처하는 성령의 방법

로마서 8:26-30

인생길에는 양면성이 있다. 인생에는 동전의 양면처럼 음양이 있다는 것이다. 살아가는 동안 누구나 잘 나갈 때도 있고, 어려움을 겪을 때도 있다. 기쁠 때도 있고, 슬플 때도 있다. 그런데 우리의 인생에는 사실 기쁠 때보다는 슬플 때가 더 많다.

창세기에 따르면, 야곱은 바로 왕에게 자신의 연수가 130년인데 그동안 아주 험악한 세월을 보냈다고 고백한다. 인생이 얼마나 힘들었으면 이렇게 표현할까? 야곱과 같이 우리도 고난과 어려움 속에서 살아간다. 고난이 예고도 없이 우리의 삶에 찾아오면, 많은 사람들은 자신에게 이토록 큰 고통이 찾아온 이유를 찾으려고 한다. 혹여나 자신이 잘못한 것이 있는가, 스스로 물어보기도 한다. 욥은 자신이 당한 고난의 원인에 대해 계속해서 질문을 던진다.

몇 해 전 북한에서 6차 핵실험이 있었을 때의 일이다. 많은 외신기자들은 5차 핵실험까지는 우리나라 사람들이 대부분 굉장히 침착하게 상황을 받아들이는 것을 보고 놀랐다고 한다. 그런데 6차 핵실험이 일어나자 우리 국민들은 예전과 달리 아주 심각한 것으로 받아들였다.

함경도에서 핵실험이 행해졌는데, 그 진동이 서울과 인천에 이를 정도로 규모가 컸다. 사실 5차 핵실험까지는 많은 사람들이 핵실험의 영향을 피부로 느끼지 못했기 때문에 그 심각성을 깨닫지 못했다. 하지만 핵실험의 영향을 대부분의 사람들이 피부로 느끼게 되자 그 심각성과 위험성을 깨닫게 된 것이다. 북한의 핵실험을 피부로 느낀 뒤, 사람들의 반응은 대개 '대체 사태가 이 지경이 된 원인이 무엇이냐' 또는 '이렇게 북한이 핵실험을 할 때까지 좌시한 것은 누구의 책임인가'라는 것이었다. 하지만 그렇게 문제가 닥쳐온 뒤에 그 원인을 찾는 것은 사실 큰 소용이 없다.

고난에도 원인이 있다. 예를 들어, 우리는 우리의 잘못으로 인해서 고난을 받는다. 고난의 원인이 우리의 죄에 있는 것이다. 다윗은 밧세바를 간음한 뒤에 아주 큰 고통을 받았다. 그런가 하면, 우리는 다른 사람의 잘못으로 인해서 고난을 받을 때도 있다. 다른 사람의 악이 고난의 원인이 되기도 하는 것이다. 예를 들면, 히틀러 한 사람의 광기로 인해서 수천만 명이 죽음을 당해야 했다.

구약성경에 나오는 요셉은 형제들이 그를 노예로 팔아버리는 바람에 고난을 받았다. 하지만 그가 당한 고난은 하나님의 섭리 가운데에 찾아온 고난이었다. 이것이 바로 하나님이 주관하시는 훈련 차원의 고난이다.

사탄 마귀가 우리를 공격하기 위해서 일으키는 고난도 있다. 사탄 마귀는 종종 우리를 실족시켜 하나님으로부터 멀어지게 하기 위해서 우리를 영적으로 공격하기도 한다. 종교개혁자 마르틴 루터는 기독교인의 영성적 삶을 하나의 투쟁으로 보았다. 사탄이 우리를 넘어뜨리기 위해서 계속 공격하기 때문에 영적으로 실족해서 고난당할 수 있다는 것이다. 루터는 인간의 의지가 하나님과 사탄 사이에 있다고 보면서, 마치 짐을 나르는 짐승과 마찬가지로, 둘 중 누가 그 위에 올라타느냐에 따라 가는 방향이 달라지게 된다고 말한다. 영적으로 실족하게 되면 사탄이 그 짐승 위에 올라타서 그 사람을 고난으로 이끌어가는 것이다.

지금 겪고 있는 고난의 원인이 무엇이든, 만약 우리가 고난의 한가운데에 있다면 우리는 고난의 원인을 찾기보다는 닥쳐온 고난을 어떻게 극복해야 할지를 곰곰이 생각해보아야 한다. 고난의 상황을 벗어날 출구 전략이 무엇인지를 궁리해야 한다. 그런데 신자가 고난을 당하면, 가장 먼저 우리를 도와주시는 분은 바로 성령님이시다. 성령께서는 우리를 사랑하시기에 우리가 고난을 당하면 일종의 '비상체제'에 들어가신다. 태풍이 불어오거나 큰 장마가 지면 정부에서 국가비상사태를 선포하고 애쓰는 것과 마찬가지로, 성령께서도 우리를 고난에서 건지시기 위해서 최선을 다해 노력하신다. 그렇다면 성령께서는 어떻게 신자의 고난에 대처하실까?

첫째, 성령께서는 고난 속에서 연약함으로 고통받는 신자들을 도와주신다.

로마서 8:26은 인간의 연약함을 돕는 성령에 대해 다음과 같이 말한다. "이와 같이 성령도 우리의 연약함을 도우시나니 우리는 마땅히 기도할 바를 알지 못하나 오직 성령이 말할 수 없는 탄식으로 우리를 위하여 친히 간구하시느니라"(롬 8:26).

말씀이 증거하는 바와 같이, 성령께서는 우리의 연약함을 도우신다. 우리는 모두 연약한 존재들이다. 그래서 이사야서는 인간을 '상한 갈대'에 비유하기도 했다. 우리 인간의 육체는 살면서 수많은 질병에 시달린다. 요즘 많은 사람들이 지병을 하나씩 갖고 있고, 정기적으로 약을 복용하곤 한다. 또 인간의 육체는 일정한 나이가 되면 노쇠하기 시작한다. 가장 먼저 노쇠하기 시작하는 몸의 부위는 '눈'이다. 40대 초반이 되면 많은 사람들에게서 노안이 시작된다. 결국 연약한 육체를 가진 인간은 소멸하게 되어 있다. 조금만 육체적으로 무리를 하면 우리는 몸이 아프고 힘이 없는 상태를 경험하게 된다. 이렇게 인간의 육체는 정말로 깨지기 쉬운 연약한 존재인 것이다.

인간은 육체뿐만 아니라 정신 또한 연약하다. 어떤 사람들은 자신의 정신이 강하다고 말하지만, 사실 우리 인간은 상당히 심약한 존재들이다. 겉으로는 강해 보이는 사람이라도 일평생 근심하고, 염려하고, 어떤 일에 늘 신경을 쓰면서 살아간다. 하이데거라는 철학자는 심지어 인간을 '신경쓰는 존재'라고 규정하기도 했다. 인간은 매일 매일의 삶 속에서 어떤 일에 신경을 써야만 살 수 있는 존재라는 것이다. 그리고 그 결과, 인간의 정신은 늘 불안에 시달린다.

인간은 영적으로도 연약한 존재이다. 인간은 영의 세계에 대해서 잘 모른다. 그렇기 때문에 많은 신자들은 영적으로 문외한일 수밖에 없다. 결과적으로 인간은 영적으로도 취약한 존재이다. 그래서 종종 영미권에서는 인간을 'fragile being'이라고 부른다. 비행기에 짐을 실을 때, 깨지기 쉬운 물건에는 'fragile'(깨지기 쉬운)이라고 딱지를 붙인다. 마찬가지로, 인간 또한 '깨지기 쉬운 존재', '부서지기 쉬운 존재'이다.

성령께서는 육적으로, 정신적으로, 영적으로 우리가 약해지고 고통을 당할 때, 우리의 연약함을 도와주신다. 우리가 고난을 잘 극복할 수 있도록 힘을 주신다. 따라서 우리는 어두운 밤과 같은 고난의 시간을 지나고 있을 때, 성령을 잘 붙들어야 한다. 이렇게 우리에게 힘을 주시는 성령을 게르하르트 에벨링이라는 신학자는 '용기'라고 표현했다. 성령과 용기는 동의어라는 것이다. 성령께서는 이처럼 우리가 넘어져서 쓰러지면 우리를 일으켜 세워주시고 붙들어 주신다.

창이 국제공항에서 밤 비행기를 타본 적이 있다. 공항에 좀 일찍 도착하는 바람에 시간이 많이 남아서 눈을 좀 붙여볼까 하는데, 공항 한 구석에 나와 같은 사람들을 위해서 20-30개 정도의 침대가 마련되어 있는 것을 볼 수 있었다. 그중 한 자리에 누워서 잠을 청하기로 했다. 밤 시간이어서인지 추위가 느껴졌다. 추위를 이겨가면서 잠을 청하려고 하는데, 갑자기 나의 몸 위로 따뜻한 담요를 덮어주는 손길이 느껴졌다. 잠결에 눈을 떠 보니, 천사 같은 얼굴을 한 직원이 나에게 담요를 덮어주고 있는 것이었다. 이 직원은 공항에서 잠을 청하는 승객들을 위해서 담요를 덮어주고 따뜻한 물을 나누어주는 일을 하고 있었다. 나는 나에게 담요를 덮어주는 직원의 따뜻한 손길을 떠올리면서, 인생의 어둔 밤을 걸어갈 때 피곤에 지쳐 쓰러진 우리를 품어주시는 성령님의 손길이 이와 같지 않을까 라고 생각했다. 성령께서는 고난 중에 있는 우리에게 아버지가 되어주시고, 돌보시는 어머니가 되어주실 것이다.

로마서 8:26의 '성령께서 우리의 연약함을 도우신다'라는 구절은 '성령께서 우리의 연약함을 깨우쳐 주신다'로 해석할 수도 있다. 사람들은 때로 자신이 문제가 없고, 완벽하고, 의로운 사람이라고 착각한다. 성령께서는 이렇게 착각하고 살아가는 사람들에게 그 사람의 연약함을, 문제를, 불완전함을 깨닫게 해주신다.

내가 전에 목회하던 한 교회는 교인의 3분의 2 정도가 골프를

쳤다. 그 교회에서는 1년에 한 번씩 골프대회를 열었는데, 골프대회를 교회 차원에서 해주지 않으면 실족하는 교인이 생길 정도로 많은 교인들이 골프를 좋아했다. 나는 골프를 잘 칠 줄 모르니, 골프대회가 열리면 한쪽에 가만히 앉아서 교인들이 골프를 치는 모습을 보고 있어야 했다. 하지만 골프대회를 시작할 때는 담임목사인 내가 반드시 첫번째 샷을 쳐야 했다. 마치 야구에서 시구를 하듯이, 담임목사인 내가 첫번째로 골프공을 쳐서 대회를 시작하곤 했다. 나는 꽤나 운동신경이 있는 편이지만 작은 골프공을 치는 것은 생각보다 어려웠다. 내가 제대로 골프공을 치지 못하고 골프채를 쥐고 있으면 주변에 있던 교인들은 일제히 '목사님! 힘을 빼셔야 합니다!'라고 외쳤다. 하지만 말이 쉽지, 사실 처음 치는 사람이 힘을 빼고 골프공을 치기란 쉬운 일이 아니다.

인생을 살면서도 '힘을 빼기'가 쉽지 않다. 우리가 겪는 많은 고난은 우리가 인생을 살면서 너무 자신에 차 있어서, 소위 '힘을 줘서' 생긴다. 이렇게 우리가 우리의 교만함으로 인해 고난을 당하고 있을 때, 성령께서는 우리에게 찾아오셔서 '힘을 빼!'라고 말씀해 주신다. 우리의 교만함을 알려주시고, 우리가 붙들어야 할 분이 나 자신이 아니라 성령님임을 알려주신다. 우리는 고난 앞에서 우리의 힘으로 고난을 헤쳐 가려고 하지 말고 성령님의 도우심을 구해야 한다.

바울은 몸에 지병이 있었다. 그래서 예수님께 자신의 병을, 바울의 표현을 빌리자면, 자신의 몸의 가시를 고쳐주시길 간절히 기도했다. 그런데 예수께서는 '네 은혜가 족하다'라고 응답을 주셨다. 예수께서는 이미 삼층천까지 갔다 온 바울이 그 몸에 가시라도 없게 된다면 교만해질 수 있음을 아셨다. 바울의 병은 바울로 하여금 하나님만을 의지할 수 있도록 하는 하나님의 장치였던 것이다.

우리는 고난 앞에서 성령님을 의지해야 한다. 나의 힘과 능력 대신, 나의 연약함을 깨닫게 하시고 올바른 길을 알려주시는 성령님을 의지해야 한다.

둘째, 성령께서는 고난당하는 성도를 위하여 친히 간구해 주신다. 로마서 8:26은 성령의 기도에 대해서 다음과 같이 언급한다. "이와 같이 성령도 우리의 연약함을 도우시나니 우리는 마땅히 기도할 바를 알지 못하나 오직 성령이 말할 수 없는 탄식으로 우리를 위하여 친히 간구하시느니라"(롬 8:26).

우리가 고난을 당하면 성령께서는 마음 아파하신다. 많은 부모들은 자녀가 아파서 병원에 입원하면 차라리 자신이 아픈 것이 더욱 낫겠다고 말한다. 부모들은 도저히 자신의 자녀가 고통을 받는 모습을 지켜볼 수 없다고 말한다. 성령께서도 우리가 고난 중에 있을 때, 우리의 부모님처럼 우리의 고통받는 모습으로 인해서 탄식하고 가슴 아파하신다.

너무 갑작스럽게 고난이 닥쳐올 때, 우리는 종종 기도할 생각조차 하지 못하고 고난에 압도당한다. 우리가 기도조차 할 수 없을 때, 성령께서는 우리를 위해서 대신 간구해 주신다. 기도할 마음의 여유도 없고, 제대로 정신을 차리지도 못할 때, 성령께서는 우리가 삶의 고난을 잘 극복할 수 있도록 기도해 주신다.

성령께서는 질병에 시달리는 사람들을 위해서 기도해 주신다. 우리가 아플 때, 우리의 고통을 가장 잘 이해해 주시는 분은 성령님이시다. 성령께서는 억압당하는 사람들을 위해서 기도하신다. 북한의 수많은 사람들, 폭압적인 정권에 의해서 고통당하는 사람들, 가난으로 인해서 배를 곪고 있는 자들을 위해서, 성령께서는 지금도 탄식하며 기도하신다. 출애굽 당시에 하나님께서 노예살이 하는 이스라엘 백성들의 탄식을 들으시고 그들을 건져내셨듯이, 성령께서도 우리의 고통의 신음을 들으시고 우리를 건져주실 것이다. 또 물질의 문제로 인해서 고통 받는 사람들, 심리적인 문제로 인해서 고통을 받는 사람들을 위해서 성령께서는 탄식하시고 기도하신다.

한 유명 대학의 교수가 자살을 하는 안타까운 사건이 있었다. 나는 그분의 책이나 저작에 대해서 왈가왈부하기보다는 그분이 말년에 굉장히 외로운 삶을 보냈다는 사실에 더욱 집중하면서 이 사건을 받아들였다. 이 교수는 아마도 자신이 쓴 책과 글로 인해서 학교와 사회에서 오랫동안 왕따를 당했던 것 같다. 얼마나 그 인생의 말년이 외로웠을까. 나는 이 명문대학 교수의 자살에 대한 신문기사를 읽으면서 '이분이 예수님을 만났더라면 달라졌을 텐데'라는 생각을 했다.

우리가 고난을 당하면, 사람들은 우리의 상황에 대해서 고소해하기도 한다. 하지만 성령께서는 우리가 고난을 당할 때, 그 누구보다 아파하신다. 우리가 인생의 어두운 밤을 지나고 있을 때, 성령께서는 우리와 동행하신다. 어두운 밤을 지나고 있다고 하더라도, 희망을 버리지 마시기 바란다. 성령님과 함께하면 반드시 새벽이 찾아올 것이다.

셋째, 성령께서는 고난당하는 신자들이 모든 것이 합력하여 선을 이루게 하신다. 로마서 8:28은 합력하여 선을 이루는 것에 대해 이렇게 이야기한다. "우리가 알거니와 하나님을 사랑하는 자 곧 그의 뜻대로 부르심을 입은 자들에게는 모든 것이 합력하여 선을 이루느니라."

우리의 삶에는 굴곡이 있다. 좋은 일도 있고, 나쁜 일도 있다. 잘 나갈 때도 있고, 그렇지 못할 때도 있다. 그런데 성령께서는 우리의 삶의 크고 작은 굴곡들을 잘 수렴하고 종합해서 우리가 종국에는 선한 열매를 맺을 수 있도록 인도하신다.

창세기에 나오는 요셉의 삶은 참으로 기구하다. 형들에 의해서 상인들에게 팔려서 머나먼 타향으로 끌려가고, 억울한 일로 감옥에 들어가기까지 한다. 그런데 이렇게 바닥을 기던 그의 삶은 완전히 180도 전환되어, 애굽의 총리대신이 된다. 그는 결국 자신의 삶에 대해서 이렇게 말한다. "당신들은 나를 해하려 하였으나 하나님은 그것을 선으로 바꾸사 오늘과 같이 많은 백성의 생명을 구원하게 하시려 하셨나니"(창 50:20).

하나님은 요셉이 고백하는 것처럼 '악을 선으로' 바꾸시는 분이다. 이것이 바로 '합력하여 선을 이루시는 분'이신 하나님의 섭리이다. 요셉의 삶은 고통의 연속이었지만 그러한 고통이 있었기에 많은 사람들이 구원을 얻었다.

교회 공동체에도 다양한 의견이 있을 수 있지만 그 모든 의견들이 합력하여 선을 이룰 수 있어야 한다.

어느 어촌의 가장이 고기잡이를 나갔다. 이 가장은 슬하에 두 자녀를 두고 있었는데, 아내는 남편이 배를 타고 바다로 나갈 때마다 남편이 무사히 돌아오길 기도했다. 그런데 그날 밤에 유독 바다 쪽에 폭풍우가 심하게 부는 것이었다. 아내는 남편이 무사히 돌아오길 기도했다. 그런데 그날 밤, 아들이 장난을 치다가 촛대를 넘어뜨려 집에 불이 나고 말았고, 불은 걷잡을 수 없이 커져 밤새 집 전체와 가산을 다 태우고 말았다. 불행 중 다행으로, 아내는 남편을 태운 배가 다음날 아침 무사히 항구로 들어오는 것을 보았다. 남편은 자신이 탄 배가 새벽에 폭풍우 속에서 헤매다가 길을 잃었지만 멀리서 자그맣게 타오르는 불을 보고 방향을 잡아 무사히 돌아올 수 있었다고 말했다. 아들이 낸 불이 아버지를 구하는 불이 되었던 것이다. 우리의 인생이 바로 이렇다. 큰 불행인 것 같은 사건도 결국에는 선을 이루는 경우가 살다보면 참 많다. 인생의 모든 일들이 새옹지마라고 했던가.

사도 바울은 루스드라에서 앉은뱅이를 일으켰다. 이것을 본 그곳의 토착민들은 바울을 신으로 받들려고 했다. 바울은 자신이 신이 아니라고 외쳤고, 이것을 본 토착민들은 바울에게 돌을 던졌다. 바울은 이 돌에 맞아 쓰러져 있는 동안 삼층천을 경험했고, 더 나아가 믿음의 아들인 디모데를 만나게 되었다.

그 후 바울은 빌립보에 가서 귀신 들려 점을 치는 여종을 치료해 주었다. 그런데 이 여종의 점을 통해서 돈을 벌던 주인이 바울을 그 지역의 관리에게 고발했고, 바울과 일행이었던 실라는 곤장을 맞고 감옥에 갇히게 된다. 하지만 그들이 감옥 안에서 찬양하고 기도하자 감옥 문이 열렸고, 그로 인해 그 감옥의 간수를 전도하게 된다. 바울과 실라의 투옥이 한 영혼을 구하는 계기가 된 것이다. 바울은 총 다섯 번에 걸쳐 재판을 받는다. 그런데 그가 재판을 받을 때마다 하나님의 역사가 일어난다. 이것이 바로 합력하여 선을 이루는 것이다.

신자는 당장 손해보고 어려운 일이 있다고 해서 고민하고 염려할 필요가 없다. 우리가 겪고 있는 화가 성령의 인도를 통해 복이 될 수 있고, 우리가 겪고 있는 악이 성령의 인도를 통해 선이 될 수 있다. 신자가 경험하는 모든 사건은, 그 사건이 선한 것이든 악한 것이든, 합력하여 선한 열매를 맺게 되어 있다. 그렇기 때문에 신자는 어려운 상황 속에서도 성령님을 붙들어야 한다.

성령께서는 이처럼 우리의 연약함을 돌보시고, 우리를 위해서 탄식하시며, 기도하시고, 우리의 삶의 모든 사건들이 합력하여 선을 이루도록 도와주신다.

성령께서는 이처럼 우리의 연약함을 돌보시고, 우리를 위해서 탄식하시며, 기도하시고, 우리의 삶의 모든 사건들이 합력하여 선을

성령 충만한 사람

에스겔 47:3-12

왕성교회 길자연 목사님께서 밴쿠버에서 목회자들을 대상으로 목회세미나를 한 적이 있다. 그때 길자연 목사님은 이런 간증을 하셨다. 개척교회를 하며 열심히 목회를 하는데 성도들이 다 방언기도도 하고 성령 충만함을 받았는데 자기는 목사로서 방언기도를 하지 못하는 것에 대해 고민이 되었다. 한 번은 목사님이 성도들과 함께 기도원에 가게 되었다. 성도들은 방언으로 기도를 하는데 자기는 못하는 것이 창피하게 여겨져서 목사님은 의미도 없는 말들을 KBS, MBC, SBS 이런 식으로 중얼거려 방언 기도를 하는 척했다. 그런데도 신통하게 그런 것이 어느 정도 통하는 것 같아서 몇 년 동안을 가짜로 방언기도를 하는 척하며 지낸 경험이 있다는 것이다.

이처럼 겉으로는 성령 충만한 것처럼 보이지만 실제적으로는 가짜인 경우가 있다. 이 세상에서는 가짜가 진짜처럼 행동하거나 사실과 다르게 보여지는 경우가 많기 때문에 진정한 성령 충만함이 무엇인지 우리는 잘 분별할 줄 알아야 한다.

성령 충만한 사람은 어떤 사람일까? 그리고 우리가 어떻게 성령 충만한 사람을 알아볼 수 있을까?

성경에는 술 취한 것과 성령 충만한 것을 대비시키는 구절들이 종종 나온다. 구약에서는 한나가 간절히 기도할 때 그랬고, 신약에서는 제자들이 성령 충만함을 입고 방언을 할 때 그랬다. 에베소서에서는 "술 취하지 말라 이는 방탕한 것이니 오직 성령으로 충만함을 받으라" (엡 5:18)라고 말씀한다.

성령 충만한 사람과 술취한 사람을 비교하는 이유가 있다. 술 취한 사람이 이상한 행동을 하는 것이 술기운에 따른 것처럼, 성령 충만한 사람도 성령의 영향에 사로잡혀서 행동한다. 또 술 취한 사람은 대번에 알 수 있는데, 왜냐하면 술 취한 사람의 걸음걸이가 이상하고 비뚤비뚤하고 고함도 지르기 때문이다. 술 취한 사람을 우리가 알아볼 수 있듯이, 성령 충만한 신자에게도 나타나는 현상이 있다.

에스겔서 47장에서 에스겔은 환상을 본다. 예루살렘 성전에서 물이 나오는데, 그 물이 흘러서 모든 사람들의 발목에 찼다가, 다시 무릎을 채우고, 이어 허리와 전신을 덮는다. 이 물이 흘러 들어가서 썩은 물을 다 살리고, 각종 실과들을 맺게 하는 환상을 본 것이다. 이 환상은 무엇을 뜻할까? 성령 충만함을 이야기하는 것이다.

성경 구절들 속에는 성령을 뜻하는 것들이 많다. 특히 물은 성령을 상징한다. 그래서 우리가 물로 세례를 받듯이 성령으로 세례를 받아야 된다고 말한다.

이 세상에서 제일 필요한 것은 물이다. 지하 갱도에서 40일 동안 갇혀 있다가 구출되어 나온 사람은, 물이 없어서 견디고 견디다가 자기의 소변을 받아서 먹기까지 했다고 하였다. 아프리카는 강수량이 절대적으로 부족하다보니 사막이 많고, 사막에서는 생명체가 살기가 어렵다.

성령은 생명에 필수적인 물과 같은데, 만약 성령이 살아서 교회에 역사하지 않는다면 그 교회는 광야 같은 사막이 되고 만다. 우리의 삶이 광야 같은 인생이 되지 않으려면, 성도들의 삶 속에 물과 같은 성령이 흘러들어가서 우리의 발목, 무릎, 허리, 그리고 전신을 적시는 성령 충만의 역사가 일어나야 한다.

"그 사람이 손에 줄을 잡고 동쪽으로 나아가며 천 척을 측량한 후에 내게 그 물을 건너게 하시니 물이 발목에 오르더니 다시 천 척을 측량하고 내게 물을 건너게 하시니 물이 무릎에 오르고 다시 천 척을 측량하고 내게 물을 건너게 하시니 물이 허리에 오르고 다시 천 척을 측량하시니 물이 내가 건너지 못할 강이 된지라 그 물이 가득하여 헤엄칠 만한 물이요 사람이 능히 건너지 못할 강이더라"(겔 47:3-5).

성령 충만함이 처음에는 발목에서부터 시작한다. 성령이 충만해서 발목에 찰 정도로 은혜가 있으면, 그 사람은 갈 곳과 가지 말아야 할 곳을 구별하게 된다. 그러나 사람이 이 은혜를 알지 못하면 거꾸로 가지 말아야 하는 곳을 가고 가야 할 곳은 가지 않게 된다. 이 발목의 은혜를 받고 성령 충만함을 받으면, 가지 말아야 할 곳에 갔을 때 왠지 모르게 피곤하고 영적으로 불안함을 느끼게 된다. 그런데 교회에 오면 마음이 평안해진다.

한 교인은 하루에도 15번씩 교회에 왔었다. 아침에 보았는데 점심때도 있고, 오후에도 서너 번 보고, 저녁에도 보곤 했다. 그분에게 왜 그렇게 교회를 자주 들르시느냐고 물었더니, 교회에 오면 마음이 즐겁고 마냥 행복해서 자기는 교회에서 살았으면 좋겠다고 하셨다. 이것이 바로 성령 충만함의 시초이다.

성령의 물은 그 다음으로 무릎에 차게 된다. 『무릎으로 사는 그리스도인』이라는 책이 있는 것처럼, 성령이 무릎에 차게 된다는 것은 기도의 사람이 된다는 것이다. 성령 충만한 사람은 기도를 규칙적으로 하게 되어 있다. 성령 충만하면 시간을 정해놓고 기도하게 되고, 이런 시간이 아깝지 않고 오히려 즐겁다.

그 다음으로 성령의 물은 허리에 차게 된다. 허리는 위와 아래를 연결하는 부위이며, 일을 하기 위해서는 자주 숙여야 하는 부분이다. 물이 허리에 찼다는 것은 마음이 가난하고 겸손한 것을 말한다. 구약성경에는, '목이 곧은 백성'이라는 표현이 나온다. 요즘 이야기로 말하자면, 목에 시멘트를 친 것을 말한다. 이와 달리 허리의 은사를 받은 분은, 사람을 보면 항상 웃고 미소를 띠고 인사도 잘하고 사람에게 기쁨을 준다. 하지만 세상의 모든 근심과 고민을 다 짊어진 듯한 표정으로 살아가는 분들도 있다. "낙하산과 얼굴은 펴지지 않으면 죽는다"는 말이 있다. 성령 충만을 받은 신자는 늘 웃고 겸손해야 한다.

마지막으로, 성령의 물이 완전히 사람의 전신을 덮는 단계이다. 물이 점점 올라오더니 결국 사람이 완전히 물속에 잠기게 되었다. 사람이 물속에 잠기면 헤엄을 쳐야 하는데, 수영을 잘하기 위해서는 물에 육신을 완전히 맡겨야 한다. 이것이 의미하는 것은, 우리의 모든 생활을 다 성령께 의존하는 것을 말한다. 오직 성령님만이 모든 결정권을 가지시고 우리 인생의 주인이 되시는 상태이다.

사람이 물속에 잠기게 되면 두 가지 현상이 나온다. 물속에 들어가면 자신을 물에 맡겨야 한다. 물속에서는 지상에서와는 달리 전혀 힘을 못 쓰게 된다. 그런데 전혀 수영을 할 줄 모르는 사람은 물속에 들어가서도 살려고 자기 힘으로 용을 쓴다. 이러다가는 점점 더 가라앉게 된다. 물에 몸을 맡길수록 편안해지는 것처럼, 성령 충만하면 성령께 두려움 없이 모든 것을 맡기기에 성령의 힘으로 물을 자연스럽게 헤쳐 나아가게 되는 것이다.

물속에 잠기게 되면 나타나는 또 하나의 현상은, 깊이 잠길수록 내 모습이 가려진다는 것이다. 성령의 물에 잠길수록 자기 모습은 안 보이고 예수님의 모습이 보이기 시작한다. 성령이 충만할수록 예수님의 모습이 자꾸 보이는 것이다. 성령님이 하시는 역할 중에 제일 큰 역할은 예수님을 소개하고 예수님과 교제하도록 하는 일이다. 그래서 성령이 충만하면 예수께서 내 삶의 주인이 되신다. 예배드릴 때도 마찬가지다. 하나님의 임재하심을 느끼지 못하면 형식주의가 된다. 바리새인들이 예수님께 책망받은 이유는, 마음에도 없이 싫은 것을 억지로 하기 때문이었다. 이것을 외식주의라고 말한다. 성령이 충만한 사람은 예배드릴 때 반드시 성령님이 임재하시는 것을 느낀다. 그러나 형식적으로 예배를 드리는 사람은 억지로 드리기 때문에 마음으로 주님과 대화할 수 없다.

신자가 성령 충만하면 예수님 중심적인 삶을 살게 된다. 예수님이 내 삶의 주인이 되는 것이다. 성령 충만에 대해 말씀을 준비하면서 이런 생각이 들었다. 빈대떡에는 빈대가 없고, 칼국수에는 칼이 없다. 곰탕에는 곰이 없다. 그런 비유가 통할 정도로, 기독교인에게도 예수가 없는 것 같다. 기독이라는 말은 '예수 그리스도'를 가리키는 말이다. 기독교인이란 '예수 그리스도에게 속한 자'라는 뜻이다. 그런데 기독교인에게 예수 그리스도가 없다. 요즘 세상은 교회 다니는 사람을 별로 좋아하지 않는다. 그렇지만 이런 속에서도 예수님을 진짜로 믿는 사람은 교회를 좋아한다. 예수님과 인격적으로 교제하는 사람은 세상 사람들도 좋아한다. 세상 사람들은 명목상의 교인이 아니라 진정한 기독교인을 좋아하는 것이다.

캐나다 몬트리올에 있는 교회에서 집회를 하였을 때의 일이다. 어느 집사님 내외가 시간마다 참석하여 은혜를 받았다. 그들은 25년간의 공직생활을 청산하고 캐나다에 이민을 와서 사업을 펼치려고 고민을 하던 중이었다. 집회가 끝난 후 나에게 감사 인사를 하며 질문을 했다. "어떻게 주님의 인도하심을 바르게 분별할 수 있는지, 한 가지만 조언해 주십시오." 그때 주님께서 주시는 말씀이 있어서 전해 드렸다. "사업의 성공보다는 주님과의 관계를 더 중요하게 여기십시오. 그러면 주님께서 반드시 좋은 길로 인도해 주실 것입니다."

안타깝게도, 많은 성도들이 예수님과의 관계보다 세상에서의 성공에 더 집착하고 있다. 그래서 실패한다. 그러다 보니 계속 시행착오를 하게 되는 것이다.

어떤 목사님이 이런 말을 하였다. "성도들이 천국에 가서 예수님을 만나면 어떻게 인사할 것 같습니까? 대부분 이렇게 인사할 것입니다. '말씀은 많이 들었습니다.'" 그 말을 듣고 모두들 웃었다. 그러나 사실 심각한 말씀이다. 우리는 예수님에 대한 말씀은 정말 많이 들었다. 그러나 인격적으로 만나지 못한 경우가 나무나 많다. 이것이 심각한 문제이다.

마지막으로 성령 충만한 사람이 하는 일이 또 하나 있는데, 죽어가는 생명을 살린다는 것이다. "그가 내게 이르시되 이 물이 동쪽으로 향하여 흘러 아라바로 내려가서 바다에 이르리니 이 흘러내리는 물로 그 바다의 물이 되살아나리라 이 강물이 이르는 곳마다 번성하는 모든 생물이 살고 또 고기가 심히 많으리니 이 물이 흘러 들어가므로 바닷물이 되살아나겠고 이 강이 이르는 각처에 모든 것이 살 것이며" (겔 47:8-9).

이 말씀을 보면, 성전에서 나온 물이 바다로 흘러갔는데, 그 바닷물이 되살아날 것이라고 하신다. 성령에 관한 에스겔서 47장의 말씀 중에는 '살다', '살리다', '되살아나다'라는 말이 많이 나온다. 성령께서 깃들게 되면 죽어가는 생명이 되살아난다. 우리 공동체에 성령이 임재하면 죽어가는 생명이 되살아난다. 아울러 성령 충만한 사람도 역시 성령께서 하시는 일처럼 죽어가는 생명을 살리게 된다.

죽어가는 화초나 식물을 살리는 데에 탁월한 능력이 있는 분들을 종종 보게 된다. 성령께서 하시는 일이 바로 이것이다. 삶이 힘들어지고 의기소침해져서 활력을 잃어버린 사람은 성령 충만함을 받아야 한다. 그래서 독일 신학자인 에벨링(G. Ebeling)은 '성령은 용기를 주는 분'이라고 정의하였다. 살다보면 자신감과 용기를 잃어버릴 때가 있다. 그런데 성령이 충만하면 성령께서 우리 마음속에 용기를 주시고 일관된 자세로 흐트러지지 않고 자신감 있게 살 수 있는 마음을 주신다. 용기는 어떤 목표를 향하여 일관성 있게 흐트러지지 않고 가게 하는 힘이 되어준다.

그러면 성령 충만하지 못한 사람은 어떻게 될까? 에스겔 47:11에는 "그 진펄과 개펄은 되살아나지 못하고 소금 땅이 될 것이며"라고 되어 있다. 성전에서 나오는 물이 똑같이 흘러갔는데, 어떤 사람은 변화함을 받아 성령 충만하고 어떤 사람은 그렇지 못한다. 되살아나지 못해서 소금 땅이 되었다. 교회를 10년, 20년 다녀도 성령 받지 못하고 변화되지 못하는 사람들이 있다. 이런 분들은 성령 충만함을 받아서 반드시 그 삶이 변화되어야 한다.

성령은 우리의 기를 살리는 것이 본래의 역할이다. 현재의 경쟁사회를 살아가는 우리들은 사실 기가 많이 죽어 있다. 가족, 친척이 있어도 마친 없는 것처럼 저마다 외롭게 살아가고 있다. 하지만 이런 경쟁사회에서 사는 동안, 기죽지 않기를 바란다.

6년 전, 아들이 캐나다 고등학교를 졸업하게 되었다. 아들은 졸업식에 다른 친구들과는 달리 자신에게는 축하해 주러 올 사람이 거의 없다면서 걱정했다. 하필이면 졸업식이 수요예배가 있는 수요일이었다. 캐나다의 졸업식은 학생 한 사람, 한 사람을 다 소개하기 때문에 시간이 오래 걸린다. 다행히 나는 수요예배에 참석하러 자리를 뜨기 직전에 아들이 졸업장을 받는 장면을 보게 되었다. 아들이 연단에 나왔을 때, 나는 주변이 떠나가도록 큰 소리로 환성을 지르면서 축하를 해주었다. 나중에 졸업식이 끝나고 아들이 말했다. "제가 나왔을 때 축하해 주는 소리가 워낙 커서 백 명 정도는 온 줄 알았어요. 아버지, 고마워요."

성령께서 하시는 일이 바로 이것이 아닐까? 성령께서는 외롭지 않게, 기죽지 않게 해주시며, 신자들의 용기와 기운을 북돋워 주신다.

시카고에서 내가 목회를 했던 곳은, 성도들 간의 다툼으로 풍비박산 난 교회였다. 그 교회 장로님 한 분이 폐쇄된 교회에 들어가서 강대상의 십자가를 떼어가지고 자신의 집에 붙여놓고 "주님, 이 교회를 살려주십시오"라며 눈물로 기도한 것을 하나님께서 들어주셔서 교회가 소생하게 되었다. 그래서 그 교회를 다시 세워 나갈 수 있었다.

성령 충만하지 않은 사람은 공동체를 죽인다. 사람의 기를 꺾고 사기를 저하시킨다. 되는 게 하나도 없다고 사람들을 다운시킨다. 그러나 성령이 충만한 사람은 어떻게 하든지 살린다. 자신감을 주고, 시들어가던 것을 소생시킨다. 오늘을 사는 신자의 선택은 오직 하나, 성령 충만한 사람이 되는 것이다.

성령에 사로잡힌 사람

마가복음 5:16-20

예수께서는 거라사 지방에 가셨다가 귀신들린 사람을 만나셨다. 귀신들린 정도가 아주 심한 사람이었다. 이 사람은 예수님이 길거리를 가시고 계시는데 멀리서 예수님을 보고 달려와 "하나님의 아들 예수여 나와 당신이 무슨 상관입니까? 나를 괴롭히지 마소서."라고 외쳤다. 이 사람의 삶의 문제가 매우 긴박했던 것 같다. 이 귀신들린 사람은 너무나 상태가 심해서 여기저기 돌아다니면서 소리를 지르고, 돌로 자신의 몸을 자해하기까지 했다. 사람들은 이 사람이 무서워서 접근조차 하지 못했다.

예수께서는 이 사람에게 "무엇을 해주기 원하느냐?"라고 물으신다. 그런데 이 사람 안에 있는 귀신들은 자신들이 돼지 떼에게로 들어가기를 원한다고 말한다. 예수께서 귀신들로 하여금 2천 마리의 돼지에게 들어가라고 명령하시자, '군대'라는 이름을 가진 이 귀신의 무리는 돼지와 함께 그 길로 강에 빠져 사라지고 만다. 사람들은 자신들의 재산인 돼지를 몰살시킨 예수님을 내쫓았지만, 귀신들렸던 사람은 회복되어서 온전한 정신을 되찾고 전도자가 된다.

성서 주석에 의하면, 거라사 광인이 거했던 곳은 산중턱에 있었다. 오늘날 그 자리 부근에는 거라사 광인을 예수께서 회복하신 것을 기념하여 세운 비잔틴 시대의 교회가 있다고 한다. 거라사 광인이 산중턱에 올라 소리 소리 지르고 자해를 해도, 그를 거들떠보는 사람은 아무도 없었다. 우리는 이 비참한 삶을 살았던 거라사 광인을 예수께서 회복하셨던 사건을 통해 큰 교훈을 받게 된다. 이 거라사 광인에 대해서는 전통적으로 세 가지 해석, 즉 이 사건을 바라보는 세 가지 관점이 존재한다.

첫째, 거라사 광인을 '광인, 미친 사람'으로 해석할 수 있다.

광인은 말 그대로 '미친 사람'이라는 의미를 가지고 있다. 우리 주변에는 이런 광인들이 종종 있다. 그런데 역사적으로 보면, 광인을 긍정적으로 보는 학자도 있고, 부정적으로 보는 학자들도 있다. 예를 들면 미셸 푸코라는 사람은 『광기의 역사』라는 책에서 시대마다 있었던 광인들을 연구했다. 그의 연구 결과는 다음과 같다.

"'광인'은 미친 것이 아니고 그 시대 사람들이 그 사람을 이해하지 못하는 것이다. 광인은 그 시대에서 받아들일 수 없었던 새로운 정신을 가진 사람이었다. 소위 '정상적'이라고 하는 사람들이 도저히 받아들일 수 없었던 광인들을 자신들 나름대로 기준을 설정하여 그들을 낙인찍고, 심지어는 죽이기까지 한 것이다."

미셸 푸코의 이러한 생각은 포스트모더니즘 철학에 영향을 주었다. 미셸 푸코와 비슷한 생각을 가진 러시아의 소설가 투르게네프는 이 문제를 가지고 단편소설을 썼다. 소설의 내용은 다음과 같다. 어떤 사람이 정신에 문제가 있어서 신경정신과 의사에게 상담을 받았다. 처음에 의사는 이 환자를 만나는 데에 일주일에 한 시간씩을 할애했다. 그런데 상담이 한 달 정도 지속된 후에는 상담 시간이 일주일에 다섯 시간으로 늘어났다. 그런데 또 한 달이 지나자 의사는 일주일에 이틀 정도를 꼬박 그 환자와 함께했다. 그리고 또 한 달이 지난 후, 의사는 다른 모든 환자와의 만남을 취소하고 오직 이 환자와만 지내기 시작했다. 이것을 이상하게 여긴 간호사가 의사에게 물었다. "선생님, 왜 다른 환자들은 만나지 않고 유독 그 환자만 만나시는 겁니까?"

의사는 말했다. "나는 그 환자가 없으면 살 수 없어."

이 소설이 이야기하는 바는, 어떤 사람이 정상인지 비정상인지를 구분하기가 쉽지 않다는 것이다. 정상과 비정상의 기준은 시대마다 다르기 때문이다. 겉으로는 멀쩡히 정상적으로 보이는 사람도 비정상일 수 있고, 비정상으로 보이는 사람도 정상일 수 있는 것이다.

돌아가신 옥한흠 목사님도 『광인론』이라고 하는 책에서 예수를 믿는 것은 예수에게 미치는 것이라고 말씀하셨다. 예수님을 믿을 때, 체면치레 하지 않고 미친 사람처럼 믿어야 제대로 믿을 수 있다는 것이다. 어찌 보면 세상 사람들이 우리를 볼 때, '어, 저 사람 예수에 미친 사람이야.'라고 말할 수 있어야 할 것이다. 세상 사람들이 우리에게 이런 평가를 내린다면, 우리는 실로 예수님을 잘 믿고 있다고 할 수 있을 것이다.

그러나 대부분의 심리학자들은 광인을 '균형감각을 잃은 사람'이라고 정의한다. 삶에 있어서 모든 것이 균형과 조화를 이루어야 할 텐데, 광인은 이 균형감각과 현실감각을 잃은 사람이다. 이렇게 보는 대표적인 심리학자는 칼 융이다. 그는 의식의 균형을 상실하면 그것이 무의식으로 들어가 부조화를 일으킬 수 있다고 보았다. 거라사 광인도 성장 과정에서, 또는 어른이 되고 나서, 어떠한 계기인지는 모르지만 삶의 균형감각을 잃고 말았다. 우리도 거라사 광인처럼 균형감각과 현실감각을 잃어버릴 때, 예수님을 만나야 한다. 어떻게 보면 거라사 광인은 그 삶에서 가장 간절하게 도움의 손길을 필요로 했을 때, 예수님을 만난 것이다. 오죽했으면 거라사 광인이 예수님께 그렇게 심각한 상태에서 찾아왔겠는가. 망가진 삶으로 인해서 괴로웠던 거라사 광인은 예수님께 다가가 살려달라고 울부짖었다. 그런 거라사 광인을 예수께서 치료해 주셨고, 그는 정상인이 되었으며, 더 나아가 전도자가 되었다.

성경은 이 놀라운 결과에 대해서 이렇게 전한다. "그가 가서 예수께서 자기에게 어떻게 큰 일 행하셨는지를 데가볼리에 전파하니 모든 사람이 놀랍게 여기더라"(막 5:20).

둘째, 거라사 광인을 글자 그대로 '귀신이 씌운 사람'이라고 해석할 수 있다.

거라사 광인은 2천 명에 달하는 귀신들에 씌인 사람이었다고 볼 수 있다. 귀신을 쫓아내는 것을 '축귀' 또는 엑소시즘(exorcism)이라고 한다. 초대교회, 중세교회에는 교회마다 축귀사가 한 명씩 있었다. 이것을 보면 과거에 얼마나 귀신들린 사람들이 많았는지 알 수 있다.

강화도에 첫 목회를 갔을 때의 일이다. 교회 안에 귀신 씌운 사람이 있었다. 나는 이제 막 신학교를 졸업하고 부임했기에 경험이 일천했다. 결국 나는 교인들과 하루종일 찬송가를 불러대면서 성도님에게 씌운 귀신을 쫓기 위해서 노력했다. 참으로 신기한 것은, 귀신이 우리의 믿음의 크기를 알아본다는 것이다. 첫 목회지에서 축귀 사역을 하면서 참 많은 어려움을 겪었던 것이 기억난다.

친한 선배인 감신대 이후정 교수는 신학생이었던 때에 오늘날 고양시에 속하는 백마에서 개척을 했다. 이곳은 서울을 기준으로 보면 굉장히 외진 곳이었다. 나는 이후정 교수의 후배인지라 주일날 그 교회에 가서 선배를 도와주곤 했다. 그런데 그 교회의 여성청년 한 분이 귀신에 들리고 말았다. 나는 나의 모교회였던 수색감리교회에 연락해서 열심히 기도하는 청년들을 불러 모았다. 귀신들린 청년을 앉혀놓고 빙 둘러앉아 기도를 하면서, 우리는 요한일서에 있는 "예수가 오신 이유는 마귀를 몰아내기 위함이라"라는 말씀을 반복해서 외웠다. 그렇게 그곳에 모인 모든 사람들이 합심하여 기도하기 시작했다. 기도를 하던 중에 살펴보니, 그 귀신 씌운 여성청년이 나를 뚫어져라 쳐다보고 있는 것이었다. 나는 등골이 오싹해져서 통성으로 방언기도를 하며 두려움을 떨쳤다.

심리학자들과 목사들 사이에서는 이에 대한 논쟁이 있어왔다. 심리학자들은 학문적 관점에서 접근하기 때문에 귀신의 존재를 부정하며, 미친 사람을 심리적인 문제가 있는 사람으로만 본다. 하지만 신앙적 관점에서 보면, 귀신은 있다. 그래서 영적으로 단련된 목사님들은 귀신들린 사람과 심리적으로 문제가 있는 사람의 차이가 무엇인지를 잘 알고 있다. 귀신 들린 사람은 귀신만 쫓아내면 다시 감쪽같이 온전한 삶을 살 수 있다.

거라사 광인에게서 수많은 군대 귀신이 나가자 거라사 광인은 감쪽같이 회복되었다. 그렇게 소리를 지르고 자해를 했던 사람이 예수께서 귀신을 쫓아내자마자 온전하게 되었다. 예수님만이 귀신들림을 해결하는 유일한 방법이었다. 악한 세력은 예수님 앞에서 맥을 못 추기 때문이다. 거라사 광인은 귀신 들려 삶이 망가졌지만 예수님을 만남으로 새 삶을 얻게 되었다고 할 수 있다.

셋째, 거라사 광인을 무엇인가에 사로잡힌 사람으로 보는 견해이다.

무엇인가에 사로잡혔다는 것은 무엇인가에 중독되었다는 것을 의미한다. 사람들은 쉽게 세상에 있는 것들에 중독된다. 우리는 일상생활을 하면서 무엇인가에 관심을 갖고 살아가게 마련이다. 그런데 관심은 곧 습관이 되고, 그 나쁜 습관이 계속되면 무엇인가에 중독되게 되는 것이다. 따라서 내가 어떤 대상에 중독되었는지 아닌지를 판단하는 것은 쉬운 일이 아니다. 많은 사람들은 담배, 술, 마약, 도박 등에 중독되어 살아간다. 최근에는 게임에 중독되는 사람들이 늘어나고 있다. 이렇게 우리를 중독시키는 것을 귀신이라고 하기는 어렵지만 귀신과 매우 비슷하다고 할 수 있을 것이다.

『세속도시』의 저자 하비 콕스는 거라사 광인에 대해 이렇게 말한다. "거라사 광인은 현대의 우리를 지칭한다. 현대인들은 늘 거라사 광인처럼 늘 무엇인가에 중독되어 살아간다. 세속적 도시 앞에서 현대인은 무엇인가에 대한 중독 증상으로 인해서 소리 지르고, 자신의 몸을 자해할 정도의 증상에 시달린다."

톰 라이트라는 신약학자의 관점도 주목할 만하다. 거라사는 이방지역이다. 그런데 사실 학자마다 이 거라사 지방의 범위를 조금씩 다르게 본다. 매우 넓은 지역으로 보는 사람도 있고, 매우 좁은 지역으로 보는 사람도 있다. 톰 라이트는 갈릴리 호수 근처에 있는 거라사 지방이 바로 이방인들이 사는 지역이었다고 추측한다. 왜냐하면 그곳에서는 유대인들이 꺼리는 돼지를 키우고 있었기 때문이다. 톰 라이트는 더 나아가, 거라사 지방에 살던 사람들이 세속적이고 이방적인 세력에 사로잡혀 있었을 것이라고 추측한다. 그는, 예수께서 이 이방 도시에 복음을 전하시면서 이방 세력, 즉 악한 세력에 사로잡힌 거라사 광인을 치료해 주셨을 것이라고 말한다.

돼지 떼 2천 마리에 대한 흥미로운 해석이 있다. 유대인들은 돼지를 먹지 않는다. 그런데 왜 거라사 지방에서는 돼지를 2천 마리나 키웠을까? 이 돼지들은 소아시아 지방으로 수출하기 위한 돼지들이었다. 말하자면 내수용이 아니라 수출용 돼지들이었던 것이다. 돼지는 현재의 화폐가치로 보면 30만원 정도였다고 한다. 거라사 지방에 있던 돼지 2천 마리는 일종의 돼지 집단 농장에 속한 것들이었는데, 한 마리당 30만원씩 치면 총 6억 원이 된다. 예수께서 귀신들린 사람을 회복시킨 바람에 그 지방 사람들은 많은 돈을 손해봐야 했다.

그래서 거라사 지방에 살던 사람들은 예수님께 이렇게 요청한다. "그들이 예수께 그 지방에서 떠나시기를 간구하더라"(막 5:17). 그들은 예수님이 마을 공동체에서 떠나시길 원했던 것이다. 결국, 거라사 지방에 살던 사람들은 사람을 회복시키는 것보다 돼지를 통해서 벌 수 있는 돈에 더 사로잡힌 사람들이었다. 줄여 말하면, 그들은 이익에 사로잡혀 사는 사람들이었던 것이다. 오늘날에도 자기들의 이익 때문에 예수를 떠나보내는 신앙공동체가 많이 있는 것을 볼 수 있다. 예수가 떠나면 그 공동체는 더 이상 영적 공동체라고 할 수가 없다.

가브리엘 마르셀은 이러한 상태를 '소유의 역전 현상'이라고 한다. 처음에 사람이 술을 먹으면, 술을 마시는 것을 통제할 수 있다. 그런데 술 마시는 것이 점점 습관이 되면, 오히려 술이 사람을 지배하게 된다. 그래서 사람이 술을 지배하는 것이 아니라 술이 사람을 지배한다. 술에 중독된 사람은 술이 하라는 대로 살게 된다. 이렇게 어떤 것에 사로잡힌 사람은 자신의 힘으로는 그러한 사로잡힘에서 벗어날 수 없는 지경에 이르게 된다.

이러한 사로잡힘과 중독에 대한 기독교적 대안은 무엇일까? 우리 기독교인은 이렇게 세상의 것에 사로잡히지 말고 성령에 사로잡혀야 한다. 우리는 곧잘 성령께서 우리 안에 오시길 간구한다. 그러나 올바른 기독교적 성령론은 우리가 오히려 성령 안에 거해야 한다고 가르친다. 성령께서 우리를 지배하셔야 한다. 성령에 사로잡혀야 한다.

성경은 성령을 바람으로 비유한다. 바람은 우리가 잡을 수 없다. 바람 같은 성령 또한 우리가 잡을 수 없다. 바람은 잡을 수 없고 우리는 바람을 쏘일 수 있을 뿐이다. 마찬가지로 우리는 성령을 잡으려 하지 말고, 성령의 바람이 부는 곳으로 가서 성령의 바람을 맞아야 한다. 예배를 드리는 주님의 전이 바로 성령의 바람이 부는 곳이다. 세상에서 부는 세속적 바람을 맞지 말고 성령의 바람을 맞아야 한다.

성경은 하나님께서 구하는 자들에게 '성령을 주실 것이다'라고 증거한다. 누가복음 11:13에서 예수님은 다음과 같이 말씀하신다. "너희가 악할지라도 좋은 것을 자식에게 줄 줄 알거든 하물며 너희 하늘 아버지께서 구하는 자에게 성령을 주시지 않겠느냐 하시니라" (눅 11:13).

이 말씀은 "구하라 그러면 주신다. 찾으라 그러면 찾게 될 것이다. 문을 두드리라 그러면 열린다"라는 선포 뒤에 나온 결론이다. 그러면 "너희가 말할지라도 좋은 것을 자식에게 줄 줄 알거든 하물며 너희 하늘 아버지께서 구하는 자에게 구하는 것을 다 주지 않겠느냐"

하셔야 되는데, 그러질 않고, "너희 하늘 아버지께서 구하는 자에게 성령을 주신다"고 말씀한다. 이 말씀은 성령을 주실 때, 구하는 모든 것을 함께 주실 것이라는 말씀이다.

하나님께서는 우리가 우리의 삶의 필요를 구할 때, 성령을 주신다. 우리가 구하는 대상보다 그 모든 문제들을 해결하실 수 있는 성령을 충만히 부어주신다.

얼마 전, 시인이자 목사인 고진하 님을 뵌 적이 있다. 사모님께서는 잡초를 식용으로 이용할 수 있는 책을 쓰셨는데, 그 사모님께서 하신 말씀이 기억에 남는다. "목사님, 세상에 있는 귀한 것은 모두 흔한 것입니다. 흔한 것이 귀한 것입니다." 그런데 세상 사람들은 이것을 반대로 생각한다. 세상 사람들은 흔하지 않은 것을 귀하게 여긴다. 그런데 생각해보면, 우리 곁에 있는 공기, 물, 흙과 같은 아주 흔한 것들은 아주 소중하다. 이것들 없이는 우리가 살 수 없기 때문이다.

성경은 성령을 '어디에나 있는 분'이라고 증거한다. 성령은 쉽게 말해 '흔한 분'이다. 이렇게 흔한 성령, 이렇게 귀한 성령 안에 거해야 할 것이다. 흔하지만 우리에게 참 생명을 주는 성령 안에 거해야 할 것이다.

하나님께서는 구하는 자들에게 어디에나 있는 성령, 하나님께서 원하시기만 하면 쉽게 주실 수 있는 성령을 부어주신다. 참된 신자는 성령의 바람에 쏘여서 성령에 사로잡혀 살아야 할 것이다.

성령 충만을 받는 법

누가복음 11:13

우리의 신앙은 늘 현실적인 힘을 가져야 한다. 현실에서 힘을 갖고 발휘하지 못하면 신앙은 무용지물이 될 것이다. 칼 바르트는 이 힘을 '하나님의 현실성'이라고 규정하고, 게르하르트 에벨링은 이것을 '신앙의 현실성'이라고 규정한다. 신앙의 현실성은 신자가 성령 충만을 받을 때 이루어진다. 신자가 성령 충만을 받을 때, 성령께서는 신자의 삶 속에서 역사를 이루신다. 성령론은 그저 말로 끝나는 것이 아니라 신자가 직접 성령 충만을 받아서 그 삶을 변화시키는 열매를 맺는 데까지 나아가야 한다.

성령 충만은 신자가 성령의 완전한 지배를 받는 것이다. 신자가 성령을 소유하는 것이 아니라 성령이 신자를 다스려야 한다. 에스겔서에 보면 성전에서 물이 나와 에스겔의 발목까지 차고, 무릎까지 차고, 가슴까지 차고, 나아가 에스겔의 머리 위까지 차는 환상이 나온다. 바로 이렇게 우리가 성령에 충만히 젖어든 상태가 바로 성령 충만의 상태인 것이다. 예수 그리스도를 주님으로 모시는 신자는 늘 성령에 충만하여 살아가야 한다. 그렇다면 신자는 어떻게 하면 성령에 충만하게 살아갈 수 있을까? 성경이 제시하는 성령 충만의 방법은 무엇인가?

첫째, 간절히 기도할 때, 성령으로 충만해진다.

"너희가 악할지라도 좋은 것을 자식에게 줄 줄 알거든 하물며 너희 하늘 아버지께서 구하는 자에게 성령을 주시지 않겠느냐 하시니라"(눅 11:13). 이는 마태복음 7:7-10에도 등장하는 말씀이다. 예수께서는 "구하라 그리하면 너희에게 주실 것이요 찾으라 그리하면 찾아낼 것이요 문을 두드리라 그리하면 너희에게 열릴 것이니 구하는 이마다 받을 것이요 찾는 이는 찾아낼 것이요 두드리는 이에게는 열릴 것이니라 너희 중에 누가 아들이 떡을 달라 하는데 돌을 주며 생선을 달라 하는데 뱀을 줄 사람이 있겠느냐"라고 말씀하셨다. 여기에 대한 마태복음의 결론은 "너희들이 구하면 다 받을 수 있다"라는 것이다. 그런데 누가복음은 마가복음과 달리 너희들이 구하면 구하는 자에게 '성령'을 주시겠다고 증거한다. 누가복음은 우리가 하나님께 삶의 문제의 해결을 위해서, 소원의 성취를 위해서 기도를 할 경우, 하나님께서 기도의 응답 대신에 성령을 주신다고 말하고 있는 것이다. 성령은 인생문제를 해결하는 마스터키라고 할 수 있다. 따라서 문제 해결을 위한 간절한 기도의 응답이 바로 성령 충만인 것이다.

우리가 우리의 삶의 문제를 위해서 기도할 때, 하나님께서는 먼저 삶의 문제를 해결하는 해결책을 주시기보다는 성령을 주셔서 우리가 그 삶의 문제를 믿음으로 극복할 수 있도록 도와주신다.

워치만 니라는 영성가는 우리가 문제를 놓고 기도할 때, 성령을 보내시는 하나님에 관련하여 자신의 체험을 이렇게 말한다. 워치만 니는 선교를 하다가 큰 어려움을 당했다. 하나님께서 그 문제를 해결해주시기를 열심히 기도하다가 잠이 들었는데, 꿈을 꾸었다. 꿈 속에서 워치만 니가 배를 타고 바다를 지나가는데, 배가 큰 암초를 만나고 말았다. 암초에 걸려서 워치만 니가 탄 배는 오도 가도 못하는 상황에 빠졌다. 그런데 별안간 바다의 물의 양이 늘어나더니 바닷물의 수위가 배가 걸린 암초의 높이를 넘어가는 것이 아닌가. 자연스럽게 배는 암초 위로 가득 찬 바닷물을 타고 암초를 넘어갈 수 있었다.

이 이야기가 우리에게 주는 교훈은, 하나님의 문제를 해결하는 방법은 우리의 방법과는 전혀 다르다는 것이다. 결국 워치만 니는 이 꿈을 꾼 뒤에 자신에게 필요한 것은 문제 상황의 해결책이 아니라 성령 충만임을 깨닫게 되었다.

하나님께서는 우리가 성령을 구하면 성령을 주신다. 그런데 우리가 삶의 구체적인 문제를 놓고 기도해도 하나님께서는 가장 먼저 우리에게 성령을 보내주신다. 왜냐하면 성령은 인간의 모든 문제를 푸는 근본이기 때문이다. 이렇게 성령은 하나님께서 우리에게 보내주시는 최선의 기도응답인 것이다.

예수께서 승천하신 뒤에 예수님의 제자들과 추종자들은 망연자실했을 것이다. 예수께서는 십자가에 못 박혀서 비극적으로 돌아가시고, 3일 만에 부활하신 다음 40일 동안 제자들과 함께 계셨는데 마치 신혼과 같은 시간을 이 땅에서 보내셨다. 그런데 아버지 같고 친구 같은 그 예수님이 이 땅에 함께 계시지 않으니 제자들의 입장에서는 어떻게 살아가야 할지 막막했을 것이다. 그들은 자신들에게 닥친 박해의 현실, 예수님에게 적대적인 세상을 어떻게 헤쳐 나아가야 할지 막막해서 기도하기 시작했다. 사도행전은 그때의 상황을 다음과 같이 기록하고 있다.

"들어가 그들이 유하는 다락방으로 올라가니 베드로, 요한, 야고보, 안드레와 빌립, 도마와 바돌로매, 마태와 및 알패오의 아들 야고보, 셀롯인 시몬, 야고보의 아들 유다가 다 거기 있어 여자들과 예수의 어머니 마리아와 예수의 아우들과 더불어 마음을 같이하여 오로지 기도에 힘쓰더라"(행 1:13-14).

이 말씀처럼, 예수님의 제자들은 예수님 없이 앞으로 살아가야 할 삶 속에서 자신들의 신앙을 지키고 살아갈 수 있길 최선을 다해서 기도했다. 그리고 그들이 자신들 앞에 놓인 문제를 놓고 기도했을 때, 그들은 새 술에 취한 것처럼 성령으로 충만해졌다. 따라서 성령으로 충만해지는 한 방법은 바로 '온 마음으로 기도에 힘쓰는 것'이다. 이렇게 우리의 삶에 위기가 닥쳐올 때, 삶의 위기를 헤쳐 나아가고자 우리가 기도한다면 하나님께서는 우리에게 성령을 가장 먼저 보내주실 것이다.

둘째, 말씀을 들을 때 성령으로 충만해진다.

우리가 말씀을 최선을 다해서 경청할 때, 성령께서 우리에게 충만히 임하신다. 사도행전 10:44-46에는 이렇게 쓰여 있다. "베드로가 이 말을 할 때에 성령이 말씀 듣는 모든 사람에게 내려오시니 베드로와 함께 온 할례 받은 신자들이 이방인들에게도 성령 부어 주심으로 말미암아 놀라니 이는 방언을 말하며 하나님 높임을 들음이러라"(행 10:44-46).

사도행전 10장에는 최초로 이방인인 고넬료가 예수님을 영접하는 장면이 등장한다. 고넬료는 예수님을 믿게 된 이후에 베드로를 자신의 집으로 초청하였고, 초청받은 베드로는 자신의 동역자들과 함께 고넬료의 집으로 가서 설교를 한다. 사도행전을 쓴 누가는 베드로의 설교 내용을 사도행전 10장에 그대로 실었는데, 베드로가 설교하는 것을 듣고 그 설교를 들은 그 자리에 있던 사람들에게 성령이 임했다. 그리고 성령 임재의 결과, 이방인들인 고넬료와 그 가족들도 하나님을 높이고, 방언을 말하게 되었다.

이렇게 우리가 한번만 말씀을 집중해서 들어도 우리에게 성령께서 임하실 수 있다. 따라서 말씀은 성령 임재의 통로이기에 매우 중요한 것이다. 말씀을 통한 깨달음과 성령 충만은 서로 상보적인 관계에 있다. 말씀을 깨달으면 성령이 충만해지고, 성령이 충만해지면 말씀이 깨달아질 수 있다. 따라서 성령 충만을 받으려면 말씀의 의미가 우리의 삶에 강물처럼 흘러 들어가야 한다. 말씀이 강물처럼 흘러 들어간다는 것은 말씀의 깨달음이 있다는 것이다. 말씀의 깨달음 속에서 성령은 인간의 내면에 오셔서 자리를 잡기 시작하신다. 말씀이 전혀 우리의 가슴에 와 닿지 않거나 말씀이 도저히 우리의 귀에 들리지 않는다면 우리는 성령과 멀어져 있는 상태이기 때문에 상당한 위기에 처해 있는 것이다. 이러한 영적 위기를 극복하는 방법은 온 마음으로 말씀을 듣고, 말씀을 통해서 임하시는 성령님을 기대하는 것이다.

셋째, 회개할 때 성령으로 충만해진다.

사도행전 2:38에서 베드로는 회개에 대하여 다음과 같이 이야기 한다. "너희가 회개하여 각각 예수 그리스도의 이름으로 세례를 받고 죄 사함을 받으라 그리하면 성령의 선물을 받으리니"(행 2:38).

베드로의 설교에서 말미에 나오는 말씀이다. 베드로는 우리가 죄 사함을 받으면, 즉 회개하면, 하나님께서 성령을 선물로 주실 것이라고 증거한다. 여기서 '선물'은 공짜로 주시는 것이라는 뜻을 갖고 있다. 우리가 진정으로 우리의 죄를 회개할 때, 성령께서 우리에게 강하게 임재하신다.

나는 매일같이 싸우던 친구들이 회개를 하자 성령 충만함을 받아서 서로의 잘못을 용서하고 방언을 말하는 것을 목격했다. 이처럼 신자가 회개하면 주님은 우리에게 성령을 물 붓듯이 부어주신다.

1905년, 우리나라에 엄청난 규모의 성령운동이 일어났다. 이 성령운동은 1908년까지 이어졌다. 이 성령운동의 시초는 평양 장대현교회였다. 평양 장대현교회에서 시작된 성령의 물결은 원주의 하디 선교사에게까지 옮겨갔다. 그런데 평양 장대현교회의 성령의 역사와 하디 선교사의 집회의 성령의 역사의 공통점은, 그들이 회개할 때 성령이 임했다는 것이다. 1905년 장대현교회의 길선주 장로님은 후에 목사가 되었지만 장대현교회의 부흥 당시에는 평신도 지도자로서 교회를 섬기고 있었다. 어느 날 금요심야예배가 끝난 후, 목사님이 축도를 하고 강단에서 내려오시는데, 길선주 장로가 손을 들더니 단상에 나가서 이렇게 말했다. "제가 하나님께 회개할 것이 있습니다. 저의 친한 친구가 병에 걸려서 죽어가면서 미화 100달러를 저에게 주었습니다. 그리고 제 친구는 그 돈을 저에게 주면서 자신의 아내와 아이들을 보살펴주길 부탁하고 세상을 떠났습니다. 하지만 저는 그 100달러를 저 자신을 위해서 써버리고 말았습니다. 저의 죄를 회개합니다. 저는 제 죽마고우의 신뢰를 저버렸습니다."

길선주 장로님은 이렇게 고백하고, 그 자리에 무릎을 꿇고 통회하며 회개하기 시작했다. 그러자 장대현교회의 모든 교인들이 앞으로 나와서 길선주 장로님처럼 자신의 죄를 회개하였고, 모든 교인이 다 회개하였기에 이 집회는 새벽 6시가 되어서야 끝이 났다. 이 장대현교회의 회개의 역사는 원주의 하디 선교사에게까지 전해졌다. 하디 선교사는 스스로 문명화된 백인으로서, 유색인종이고 비문명화된 조선인들에게 복음을 전한다는 교만에 젖어 있었다. 그는 오랫동안 조선 선교에 실패하고 있다가 어느 날 집회에서 자신이 조선인들을 무시하고 있었으며 교만했다는 것을 고백하고 회개했다. 하디 선교사의 회개로 인해 장대현교회에서 시작된 성령의 물결이 이어져서 온 한반도로 퍼져나간 것이다.

이처럼 성령이 임하시면 우리 눈에는 우리 죄밖에 보이지 않는다. 만약 우리 눈에 타인의 죄가 더욱 눈에 들어온다면 자기 내면에 성령님이 정말 계시는 것인지 점검해보아야 한다. 왜냐하면 성령께서는 남의 죄 대신에 나의 죄에 민감하게 반응하는 사람과 함께하시기 때문이다. 이처럼 성령께서는 회개하고, 자신의 죄에 대해서 통회하는 사람과 함께하신다.

넷째, 주의 일을 할 때 성령으로 충만해진다.

"오직 성령이 너희에게 임하시면 너희가 권능을 받고 예루살렘과 온 유대와 사마리아와 땅 끝까지 이르러 내 증인이 되리라 하시니라" (행 1:8).

이 말씀은 증인이 되기 위해서는 성령 충만을 받아야 한다고 증거한다. 우리가 주님의 일을 할 때, 하나님께서는 반드시 우리에게 성령을 주신다. 그러나 주님의 일을 하면서도 나의 힘과 꾀로 일하면, 혹은 나의 고집과 나의 생각대로 일한다면, 하나님께서는 우리에게 성령을 주지 않으신다.

중국에 최초로 들어간 선교사 중 '대부'라 불리는 허드슨 테일러에게는 이런 일화가 있다. 허드슨 테일러가 활동할 당시에 선교단체들은 대개 일정 수준의 선교기금이 모이지 않으면 선교를 떠나지 않았다. 하지만 허드슨 테일러는 이러한 관행을 깨고 혼자서 가족과 함께 중국으로 선교여행을 떠났다. 돈이 떨어지면 다른 사람에게 손을 벌리는 대신, 그는 온전히 기도에 힘썼다. 그렇게 열심히 기도를 하고 있으면 성령께서 허드슨 테일러에게 재정적으로 그를 도와줄 사람을 보내셨다. 허드슨 테일러는 이렇게 말한다. "하나님의 일을 할 사람은 하나님의 방법으로 일하는 것부터 배워야 한다." 그래서 허드슨 테일러는 철저히 하나님의 방법으로 선교사역을 감당했던 것이다. 하나님의 방법은 하나님의 힘, 하나님의 계획, 하나님의 뜻에 맞춰서 하나님의 일을 해나가는 것이다. 이렇게 주님의 일을 주님의 방법을 따라 하다보면 성령께서는 자연스럽게 우리에게 충만하게 임하신다. 우리 모두 주님의 일을 감당하며 성령으로 충만해져야 할 것이다.

다섯째, 안수할 때 성령으로 충만해진다.

사도행전은 사도들이 안수할 때 성령이 모든 사람에게 임했다는 것을 증거하고 있다. "이에 두 사도가 그들에게 안수하매 성령을 받는지라"(행 8:17).

사도행전 8:17은 예루살렘 교회에서 사마리아 지역에 복음을 전하기 위해서 베드로와 요한을 보냈는데, 베드로와 요한이 안수할 때 사마리아 사람들에게 성령이 임했다고 말한다.

"아나니아가 떠나 그 집에 들어가서 그에게 안수하여 이르되 형제 사울아 주 곧 네가 오는 길에서 나타나셨던 예수께서 나를 보내어 너로 다시 보게 하시고 성령으로 충만하게 하신다 하니"(행 9:17).

사도행전 9:17 이전에서 사울은 다메섹 도상에서 예수님을 만나고 눈이 멀어버린다. 아나니아라고 하는 사람의 집으로 가라는 말씀을 듣고 사울은 아나니아를 찾아갔고, 아나니아가 사울에게 안수할 때, 그의 눈에서 비늘 같은 것이 떨어져서 시력이 회복되고 성령이 충만해지는 역사가 일어나게 된다.

과거에 일부 잘못된 신앙관을 가진 사람들은 신자들에게 안수를 하면서 배터리를 이용한 장치를 만들어 성도들에게 전기적 자극을 가하기도 했다. 자신에게 성령이 나가는 것처럼 보이기 위해서였다. 하지만 안수를 통해서 이루어지는 성령의 역사는 인위적으로 조작될 수 없는 것이다. 영성이라는 것은 인격적이며 자연적인 것으로서 절대로 인위적으로 조작되어서는 안 되는 것이다.

이처럼 목회자의 안수, 성령을 받은 사람의 안수는 문자 그대로 성령께서 임하시는 통로가 될 수 있다. 성경 말씀이 그것을 증거하고 있다. 그런데 좀 더 해석의 범위를 넓게 하여, 우리는 사도행전 8:17, 9:17의 말씀을 이렇게도 해석할 수 있을 것이다. "성령을 받으려면 성령을 받은 사람들이 모인 곳에 가야 한다."

성령 받은 성도와 목회자가 있는 곳에 가면, 그런 사람들이 모인 공동체에 가면, 우리는 그곳에 가는 것만으로 성령으로 안수를 받는 것과 마찬가지의 효과를 누릴 수 있다.

나는 신학생 신분으로 다양한 영성을 체험해보기 위해서 떼제 공동체에 가보기도 하고 예수전도단 집회에 가보기도 했다. 그중 인상 깊었던 것은 예수전도단 집회였다. 5분 동안 찬양하고, 5분 동안 말씀을 듣고, 5분 동안 기도를 하는 특유의 방식에 따라 예배를 드리다 보면, 기독교에 대해서 전혀 모르던 사람도 어느새 눈물을 흘리며 기도를 하는 것을 목격할 수 있었다. 이처럼 성령 충만한 사람들이 모인 곳에 가면 성령을 받게 된다.

신자는 앞서 말씀드린 방법을 듣는 데서 그치지 말고 직접 실천함으로써 성령 충만함을 받아서 성령 충만한 삶을 살도록 자기점검을 게을리하지 말아야 할 것이다.

성령의 초대

요한복음 3:5-8

몇 년 전, 미국 월가(Wall Street)로부터 시작된 시위가 세계적인 이슈로 떠오른 적이 있다. 그 해에 뉴욕 월가에서 시작된 시위가 전 세계로 퍼져갔는데, 내가 살았던 밴쿠버에서도 다운타운 아트갤러리 앞에 5천 명 정도가 텐트를 치며 시위를 했었다. 월가 시위는 전 세계의 부유한 사람 1%가 나머지 99%의 사람들이 누려야 할 부를 갖고 누리는 '부의 편중 현상'에 대한 저항에서 비롯되었다. 월가 시위와 관련된 기사의 헤드라인 중의 하나는 "월가 사람들에게는 영혼이 없다."였다. 월가 사람들의 비정하고 매정한 모습을 표현하고 있다는 면에서는 맞는 말이지만, 목사인 내 입장에서 보면 이 말은 틀렸다. 왜 그런가? 성경적 관점에서 보면, 사람은 모두 영을 가지고 있기 때문이다.

하나님께서는 아담을 지으실 때에 코에 생기를 불어넣으셨다. 이 말은 하나님께서 사람에게 영을 넣으셨다는 의미이다. 그러니 성경적인 관점으로 보면, 모든 사람에게는 영이 있다. 문제는 그 사람의 영이 선한 영에 지배를 당하느냐, 악한 영에 지배를 당하느냐

하는 것이다. 선한 영에 지배를 받으면 그 사람은 선한 사람이 되고, 악한 영에 지배를 받으면 악한 사람이 된다.

요즘 사회적으로 문제되는 것이 인터넷 중독, 특히 인터넷 게임이다. 사람이 인터넷 게임에 중독되면 자기가 해야 할 일을 모두 제쳐놓고 인터넷 게임에 빠져서 살게 된다. 몇 달 전에는 신혼부부가 인터넷 게임에 빠져 살다가 자신의 아기를 굶겨 죽인 사건이 화제가 되기까지 했다.

인터넷 게임의 영에 사로잡히면 벗어나려고 해도 벗어나지 못한다. 도박도 마찬가지다. 도박에 빠진 사람들을 보면 아무리 거기에서 벗어나려고 몸부림을 쳐도 악한 영의 지배를 당하게 되어 끝내 파국에 이르는 것을 종종 볼 수 있다.

영은 히브리어로 '루아흐'이고, 헬라어로 '프뉴마'라고 하는데, 이 말들의 뜻은 '바람'이다. 그런데 바람은 공기의 흐름이다. 공기는 세상 어느 곳에나 존재하는데, 좋은 공기가 있는가 하면 나쁜 공기도 있다. 나무가 많은 곳에 가면 기분이 상쾌해지는 이유는 좋은 공기를 마시기 때문이다. 반대로 매연과 같은 나쁜 공기를 마시면 사람에게 질병을 일으키는 원인이 되기도 한다. 사람을 살리는 공기도 있지만 반대로 사람에게 피해를 주는 공기도 있는 법이다.

세상 어디에나 공기가 있듯이, 세상 어디에나 영이 있다. 하나님께서 사람의 코에 생기를 불어넣으셨기에, 사람에게는 저마다 영이 있다고 말씀드렸는데, 우리가 알아야 하는 것은 사람에게 있는 영의 형태와 모양이 모두 같은 것이 아니라는 것이다. 맑고 깨끗한 영이 있는가 하면 어떤 영은 혼탁하다. 어떤 사람은 깨끗한 영을 소유하고 있지만, 어떤 사람은 분노의 영에 짓눌려 분노의 삶을 살아가기도

한다.

레오나르도 다빈치의 '최후의 만찬'(The Last Supper)은 무려 7년에 걸쳐 완성된 그림이다. 이 그림에는 다음과 같은 일화가 전해져 내려온다. 레오나르도 다빈치가 '최후의 만찬'을 그리기 위해, 그림 속 '예수'가 되어줄 모델을 찾아 다녔다. 그러던 어느 날, 다빈치는 선하고 인자해 보이는 인상의 청년을 만났다. 1492년, 레오나르도 다빈치는 그 사람을 모델 삼아 예수의 그림을 완성하였다. 그로부터 6년에 걸쳐 예수의 열두 제자 중 열한 명의 그림을 완성한 레오나르도 다빈치는, 마지막으로 예수를 배신한 제자 가룟 유다의 모습을 그리기 위해 또 다시 적당한 모델을 찾아 다녔다. 마침 그가 유다의 모델을 찾는다는 소식을 전해들은 로마 시장은 다빈치에게 "로마 감옥에 가면 수백 명의 죄수들이 있으니, 그곳에서 유다의 모델을 한 번 찾아보라."고 제안했다. 시장의 제안으로, 로마에서 가장 악랄한 죄수들만 모여 있는 감옥을 방문한 레오나르도 다빈치는 사형을 앞두고 있는 인상 험악한 한 죄수를 '유다의 모델'로 선택하게 되었다. 그 죄수의 모습을 모델로 하여 그림을 완성한 레오나르도 다빈치는 그에게 다시 감옥으로 돌아가도 좋다고 말했다. 돌아가기 직전, 그 죄수는 다빈치에게 자기를 알아보지 못하겠느냐고 물었다. 다빈치는 그 죄수에게 일찍이 한번도 만난 적이 없고, 이번 일로 처음 보게 된 사람이라 대답했다. 순간, 그 죄수는 레오나르도 다빈치가 완성한 '최후의 만찬' 그림을 가리키며 "6년 전, 당신이 그렸던 저 예수 모습의 모델이 바로 나였소."라고 소리쳤다고 한다.

그는 몇 년의 세월이 흐르는 동안 방탕한 생활을 하게 되었고, 어찌어찌하다가 범죄자가 되었다. 몇 년 전에 그렇게 온유하고 인자한 얼굴을 하고 있었던 그 남자가 사악한 모습의 범죄자로 변해버린 것이다.

사람은 같은 사람인데 과거에는 예수님과 같은 모습을 지녔다는 것은 그 당시 그 사람이 선한 영의 지배를 받았다는 것을 말해주고, 동일한 인물이지만 6년 후에 가룟 유다와 같은 얼굴을 하고 있었다는 것은 그 사람이 악한 영의 지배를 받고 있었다는 것을 나타내 준다. 이처럼 영은 깨끗한 영, 혼탁한 영이 있는데, 아쉽게도 우리가 사는 세상은 혼탁한 영이 지배하고 있다.

하나님의 창조를 받은 사람이 죄를 범하여 하나님을 배신하고 타락한 이후부터 이 세상은 악의 영으로부터 지배를 받게 되었다. 사도 바울도 이렇게 말한다. "그때에 너희는 그 가운데서 행하여 이 세상 풍조를 따르고 공중의 권세 잡은 자를 따랐으니 곧 지금 불순종의 아들들 가운데서 역사하는 영이라"(엡 2:2).

이 말씀에서 공중의 권세 잡은 자는 악의 영이다. 하나님을 믿지 않는 사람은 세상 풍조를 따르는데, 이것은 악한 영들을 따르기 때문이다. 이것이 현재 우리의 모습이다. 세상 사람들의 욕심과 성정을 신자인 우리도 다 가지고 있기에 우리 또한 세상 풍조를 따른다. 이처럼 인간이 악한 영의 지배를 받고 있기 때문에 이런 상황에서 구원 받으려면 다시 하나님과 관계를 맺어야 한다. 하나님께로 다시 돌아가야 한다. 신자는 하나님께로 돌아갈 때만 악의 영들에게서 자유함을 얻게 되어 구원을 받는다.

하나님은 악한 영들에게서 지배받는 우리들을 구원하기 위해 당신의 아들을 이 세상에 보내셨다. 그래서 예수 그리스도는 성령으로 잉태되어, 성령으로 처녀의 몸에서 나셨다.

오래 전 연예인 교회에서 구봉서 장로가 신앙생활을 할 때였다.

당시 연예인 교회를 섬기던 하용조 목사님이 주일 오후에 연예인들과 성경공부를 하였는데, 그 날의 성경공부 주제는 동정녀 마리아에 대한 것이었다. 목사님께서 열정을 다하여 예수께서 동정녀 마리아에게서 태어났다는 사건을 가르치는데, 뒤에서 한 젊은 연예인이 손을 번쩍 들더니 이렇게 말하는 것이었다. "목사님, 농담하지 마세요. 어떻게 처녀가 아기를 낳아요? 그런 얘기는 그만 하시고 예수님께서 좋은 일 많이 하셨잖아요. 다른 말씀을 가르쳐 주시지요."

그러자 목사님은 예수께서 동정녀 마리아에게서 탄생하신 것을 믿지 않으면 안 된다고 강조하면서 더 자세히 설명했다. 하지만 그 연예인은 그 말씀을 들으려 하지 않고 계속 질문을 해댔다. 결국 실내 분위기가 이상해졌다.

그때 구봉서 장로가 벌떡 일어나 상기된 얼굴로 그 후배 연예인을 향하여 이렇게 소리 쳤다고 한다. "야, 임마! 남편도 가만히 있는데 네가 왜 문제를 삼아? 마리아 신랑 요셉도 믿었는데 네가 뭔데 안 믿어?"

세상은 동정녀 탄생을 어리석다고 말하지만 신자는 동정녀 탄생 교리를 믿는다. 예수님은 성령으로 잉태되셨고, 세례를 받으실 때 성령이 임하셨고, 광야에서 사탄의 시험을 받자 성령의 힘으로 물리치셨다. 또한 예수님은 성령의 도우심으로 십자가를 지심으로 인간을 모든 악의 영에서 구원해 내셨다. 예수께서 십자가에 달리실 때 "다 이루었다."고 하셨는데, 이 말은 모든 악의 영으로부터 승리하셨다는 뜻이다. 그래서 성령을 그리스도의 영이라고 한다. 이 그리스도의 영을 우리 안에 모셔 들이면 우리를 괴롭히는 불안, 편견, 분노 등 모든 악의 영으로부터 자유하게 된다.

요한복음 3장을 보면, 니고데모가 밤에 예수님을 찾아온다. 니고데모는 산헤드린 공의회 의원인데 지금으로 말하면 국회의원에 해당하는 사람이고 지성인이다. 이 사람의 관심은 천국에 있었기에, 예수님께 어떻게 하면 천국에 갈 수 있는지 묻는다. 그러자 예수께서 이렇게 말씀한다. "진실로 진실로 네게 이르노니 사람이 물과 성령으로 나지 아니하면 하나님의 나라에 들어갈 수 없느니라"(요 3:5). 예수님의 이 말씀은 성령을 받아들여야만 하나님 나라에 들어갈 수 있다는 뜻이다. 그런데 니고데모는 지성인이긴 했지만 영에 대해서는 문외한이었기 때문에 이 말씀을 전혀 이해하지 못했다.

교회는 다른 장소와 달리 영의 문제를 다루는 곳이기에, 신자는 영에 대한 지식과 체험이 있어야 한다. 당연한 말이지만, 신자가 신앙생활을 잘 하려면 영의 세계를 잘 알아야 한다. 하지만 니고데모는 영의 세계를 전혀 모르기 때문에 당연히 예수님이 무슨 말을 하는지 하나도 이해하지 못했다. 교인 중에 영의 세계에 문외한인 사람이 있는데, 이런 사람을 영치라고 한다. 교회에 나오면 영적인 세계를 이해하기 위해 관심을 가져야 한다. 그래서 예수 그리스도의 영으로 우리의 마음을 채우고, 또한 예수 그리스도의 영으로 다른 영들을 물리치면, 우리의 마음이 평화롭고 천국에 갈 수 있다.

그럼에도 불구하고, 교회 다니면서 성령을 받았다고 하지만 정작 영의 분별을 하지 못하는 사람이 있다. 이런 분들을 보면 성령을 받았다고 하면서 방언으로 기도를 하고, 기도할 때 울고불고 난리를 치고, 심한 경우에는 쓰러지기도 한다. 그런데 아무리 우리가 권능과 능력을 행한다고 해도 그 안에 사랑이 없으면 다 헛된 것이 되듯이, 신자를 난리치게 만드는 영이 하나님으로부터 온 영인가를 분별할 줄 알아야 한다.

우리가 어떻게 영을 분별할 수 있을까? 그 답을 요한일서에서 찾아볼 수 있다. "사랑하는 자들아 영을 다 믿지 말고 오직 영들이 하나님께 속하였나 분별하라 많은 거짓 선지자가 세상에 나왔음이라 이로써 너희가 하나님의 영을 알지니 곧 예수 그리스도께서 육체로 오신 것을 시인하는 영마다 하나님께 속한 것이요 예수를 시인하지 아니하는 영마다 하나님께 속한 것이 아니니 이것이 곧 적그리스도의 영이니라"(요일 4:1-3).

2절에 보면 예수 그리스도께서 육체로 오신 것을 시인하는 영은 하나님께 속한 것이라고 말씀하고 있다. 또 3절에 보면 예수를 시인하지 않으면 그 영 역시 가짜 영이라는 것이다. 신자가 성령 받는 것보다 더 중요한 것은, 어느 영을 받았는지 분별하는 것이다. 천사장이 타락하여 루시퍼, 악한 영이 되었듯이, 영이라고 해서 모두 하나님께로부터 오지 않는다는 것을 명심해야 한다. 오직 예수 그리스도께서 육체로 오신 것을 시인하는 영, 또 예수를 시인하는 영, 바로 이런 영이 하나님께 속한 영이고, 이런 그리스도의 영이 우리 안에 있어야만 악한 영의 지배를 물리칠 수 있다.

마가복음 5장을 보면 귀신들린 사람의 이야기가 나온다. 더러운 귀신 들린 사람이 있는데 이 사람은 무덤 사이에 거하고 있었다. 얼마나 난폭하고 힘이 센지, 사람들이 그 사람을 제어하기 위해 쇠사슬로 몸을 묶어놓았지만 이미 여러 번 그 쇠사슬을 끊을 정도로 힘이 세어 아무도 그를 제어할 수 없었다. 이 사람은 밤낮으로 무덤 사이에서나 산에서 소리를 지르며 자신의 몸을 자해하기까지 했다. 예수님이 이 마을을 지나가다 이 사람을 만나게 되었다. 이 사람이 예수님을 보고 달려와 절하며 "지극히 높은 하나님의 아들 예수여 나와 당신이 무슨 상관이 있나이까 원하건대 하나님 앞에 맹세하고 나를 괴롭히지 마옵소서."라고 외친다.

그런데 예수님이 먼저 이 귀신들린 사람에게 "더러운 귀신아 그 사람에게서 나오라"(막 5:8)라고 하신다. 예수님이 "귀신아 나오라"고 하시자 그 귀신들린 사람이 나와 무슨 상관이 있느냐고 말한 것이다. 마침 거기에 돼지 떼가 있는데 예수님이 명하자 그 귀신들이 나와서 돼지 떼로 들어갔는데, 거의 2천 마리나 되는 돼지 떼가 바다에 빠져 몰살한다. 이때 예수님이 그 귀신의 이름을 묻자, 귀신은 자신의 이름을 '군대'라고 한다. 집단의 영이 한 사람에게 들어간 것이다. 한 사람 안에 집단의 영이 들어갔으니 얼마나 괴로웠을까? 군대 귀신이 나간 다음 이 사람은 금세 정신이 온전해지고 평안해진다.

우리가 성경을 읽을 때 유의해야 하는 것은, 이 사건은 2천 년 전의 사건이 아니라는 점이다. 이 사건에 나오는 군대 귀신 들린 사람은 바로 현대인들을 상징한다. 오늘날 현대인들도 이런 악한 영에 사로잡혀 있다. 진실한 목표 없이 여러 영의 지배를 받으며 좌충우돌하며 살아가는 것이 현대인의 모습 그 자체이다. 귀신들린 사람이 예수를 만나서 예수 그리스도의 영을 모셔 들임으로 악한 영을 물리치고 그에게 평안이 임했듯이, 현대를 사는 우리도 예수 그리스도의 영을 모셔 들일 때 참된 기쁨과 평안을 얻을 수 있다.

나는 고교 시절에 이와 비슷한 경험을 한 적이 있다. 고등학교 2학년 때인데, 예수 믿고 늘 기뻐서 즐거워할 때였다. 그 당시 오대원 선교사님이 연희동에서 예수전도단 화요 집회를 시작하셨는데, 우리 집과 연희동 집회 장소는 버스로 5분 정도 거리였기에 그 화요 집회에 빠지지 않고 참석했다. 화요일마다 저녁 6시에 모여서 5분 찬양, 5분 기도, 5분 간증, 이런 방식으로 백여 명 정도가 모여 세 시간

정도 집회를 했다.

어느 날, 화요 모임에서 서울대학을 다니는 한 분이 기도부탁을 하셨다. 이분은 시골 출신으로 자기 마을에 본인 가족과 친척 등 70여 명 정도가 모여 사는데 이상한 사교를 믿는다는 것이다. 그분의 마을 사람들이 전부 그 사교의 악한 영에 씌어서 얼굴도 어둡고 본인이 아무리 복음을 전해도 예수 믿는 것을 거부한다는 것이다. 그분이 내일 고향에 가는데 부모님과 친척들에게 복음을 전하려고 하니 중보기도를 해 달라는 것이다. 그날 저녁 백여 명이 그분을 위해서 간절히 기도하였다.

그 다음 주에 이분이 집회에 오셔서 고향 갔다 온 간증을 하셨는데, 참으로 놀라웠다. 이분이 화요일에 중보기도를 받고 수요일에 고향으로 내려갔는데, 그분의 어머니가 어젯밤 8-9시에 이상한 일이 동네에 있었다고 했다. 화요일 8-9시쯤 동네에 큰 개 두 마리가 있었는데 한 마리가 소리를 지르더니 갑자기 우물에 뛰어들어 빠져 죽었고, 다른 한 마리도 역시 소리를 막 지르더니 재래식 화장실에 빠져 죽었다는 것이다. 그 일이 있은 후에 사람들이 평안해지고 자유함을 얻게 되었다고 한다. 그분의 어머니가 말한 화요일 8-9시는 화요 집회에서 그분을 위해 중보기도를 하는 시간이었다. 그래서 그분이 가족들과 친척들을 다 불러 모아서 그런 일이 있었다는 것을 말하고 복음을 증거하였더니, 한 순간에 모든 가족과 친척들이 복음을 받아들였고 자신들이 믿던 사교의 책들을 다 불태웠다고 간증을 하였다.

영의 세계는 바로 이렇다. 이렇게 사람이 성령, 즉 그리스도의 영을 받아 그리스도의 영에 지배를 받으면 모든 악의 영으로부터 자유하게 된다. 그래서 사람은 어느 영을 받았는가가 중요하다. 우리는 어차피 영의 지배를 받는 사람이기에 악한 영이든, 선한 영이든 둘 중 하나의 영의 지배를 받고 살아간다. 서두에서 언급했지만, 영은 바람과 같고, 바람을 일으키는 공기는 어디에나 있다. 중요한 것은 내가 어떤 공기를 마시느냐이다. 공기는 한 번 마시면 몇십 년 가는 것이 아니라 순간순간 계속 마셔야 된다. 그렇지 않으면 사람은 죽는다. 그래서 영의 지배를 받는 것은 과거, 미래가 문제가 아니고 현재의 문제이다. 공기를 계속 마셔야만 사람이 살 수 있듯이, 신자는 계속해서 선한 영의 지배를 받아야 한다.

그러면 신자가 그리스도의 영의 지배를 받으면 어떻게 될까? 다시 말해서, 성령이 우리 가운데에 들어오면 우리의 삶이 어떻게 달라질까? 그리스도의 영이 우리 안에 들어오면, 우리 마음 안에 들어있던 탐욕, 분노, 편견, 고집 등 이런 모든 것이 물러가고 마음에 평안이 찾아온다.

요한복음 16:13은 이렇게 말씀한다. "그러나 진리의 성령이 오시면 그가 너희를 모든 진리 가운데로 인도하시리니 그가 스스로 말하지 않고 오직 들은 것을 말하며 장래 일을 너희에게 알리시리라." 성령은 진리의 영이기에 그리스도의 영이 우리 가운데에 거하면 신자인 우리를 올바른 곳으로 인도한다.

또 요한복음 8:32은 이렇게 말씀한다. "진리를 알지니 진리가 너희를 자유롭게 하리라." 진리의 성령이 우리에게 오시면 모든 억압에서 우리를 해방시키고 자유의 영이 되게 하신다는 말씀이다.

여기에서 또 우리가 가질 수 있는 질문이 있다. 신자가 예수 믿고 성령 받으면 욕심도 없어지고, 사람 미워하는 것이나 완전히 나쁜 마음이 없어지는 것일까? 대답은 '그렇지 않다.'이다.

사람이 예수를 믿고 성령이 임해도 마음속에 계속해서 욕심과 미움 근심, 걱정이 일어난다. 계속해서 말하지만, 성령은 바람과 같고 공기와 같다. 우리가 흔히 공기 속에 산소가 80-90%가 있는 것으로 생각하는데, 공기의 구성을 보면 78%가 질소, 21%가 산소, 나머지 1%는 아르곤, 이산화탄소, 헬륨 등이다. 21%의 산소가 사람을 살리는 것이다. 마찬가지로, 우리가 그리스도의 영을 모셔 들였다고 해도 우리 안에는 여전히 이기심, 탐욕, 편견, 분노, 불평, 원망, 근심, 불안 같은 것들이 있다. 하지만 그리스도의 영이 있으면 그것들이 결코 나를 지배하지 못한다. 100% 중 21%에 불과한 산소가 우리를 살리는 것처럼, 우리 안에 혼탁한 것이 70%가 넘는다고 해도 20%의 성령이 있으면 그 더러운 모든 것을 물리칠 수 있는 것이다.

요한복음 3:8은 말씀한다. "바람이 임의로 불매 네가 그 소리는 들어도 어디서 와서 어디로 가는지 알지 못하나니 성령으로 난 사람도 다 그러하니라."

예수님이 니고데모에게 한 이 말씀을 니고데모는 전혀 이해하지 못했다. 이 말씀이 의미하는 것은 이렇다. 공기는 기체이기 때문에 사람은 잡을 수가 없다. 이것은 인간이 할 수 있는 부분이 아니다. 하지만 사람이 바람을 잡을 수는 없지만 느낄 수는 있다. 바람이 잘 부는 곳에 가서 서 있거나 앉아 있으면 그 바람이 우리를 감싸 안는다. 세상에는 성령의 바람이 잘 부는 곳이 있다. 바람을 맞아들이려면 바람 잘 부는 곳에 가서 서 있어야 되듯이, 신자는 그리스도의 영을 받으려면 하나님의 사랑이 충만한 곳에 있어야 한다.

그것의 첫 번째는 교회이다. 교회는 성령의 바람이 잘 부는 곳이다. 우리가 신앙생활을 할 때 기쁨과 행복이 넘치는 이유는 교회 안에 그리스도의 선한 영이 넘쳐나기 때문이다.

두 번째는 믿음 좋은 신자이다. 믿음 좋은 신자 옆에 있으면 성령의 바람을 맞이할 수 있다. 신자는 가능하면 믿음 좋은 사람 옆에 앉아야 한다.

신앙생활에서 얼굴이 어두운 사람은 신앙생활을 제대로 하지 못하고 있는 것이다. 하나님을 믿는 사람이 얼굴이 어두우면 안 된다. 어떤 사람은 하나님을 믿으면서도 얼굴이 분노의 영으로 타오르곤 한다. 이런 사람들은 그리스도의 영, 성령의 바람을 맞아야 한다. 그럴 때 모든 악한 영들이 물러가고 얼굴에 미소가 넘친다. 신자는 이렇게 되어야 한다. 우리는 그리스도의 영을 받아들여 나쁜 영을 물리치고 성령에 순종하여 행복과 기쁨이 넘치는 인생을 살아야 한다. 그리스도의 영이 불어오는 곳에 앉아서 성령의 바람을 맞고 기쁨으로 신앙생활을 하여야 할 것이다.

성령이 다스리는 것

요한복음 14:25-27

신자들이 성령에 대해서 오해하는 부분 중의 하나는, 성령을 마치 물건처럼 소유할 수 있다고 생각하는 것이다. 그래서 신앙생활에서 신자들은 '성령 받으라'고 하면 마치 물건을 전달해주는 것처럼 주거니받거니 할 수 있는 것으로 생각하는 경우가 많다. 하지만 엄밀히 말하자면, 우리가 성령을 소유하는 것이 아니라 성령이 우리 안에 들어와서 우리를 소유하시며 다스리시는 것이다. 즉, 우리가 성령에 속해 있는 것이지 성령이 우리 안에 속해 있는 것이 아니다.

미국의 영성 신학자인 파커 팔머는 말했다. "여러분 중에 이런 고민을 하는 사람이 있을 것입니다. 내가 앞으로 어떻게 살아야 할까? 내가 어떻게 행동해야 할까? 이런 고민을 할 때, '내가 누구인가?'라는 그 문제를 깨달으면 자신이 앞으로 어떻게 살아야 할 것인가에 대한 답이 나옵니다. 그리고 '내가 누구인가?'라는 질문의 답은, 내가 어디에 속해 있으며 내가 어떤 존재에 의해 영향을 받느냐를 알면 더 확실해집니다."

이 말은 '내가 누구에게 속해 있는가?', '내가 누구의 지배를 받느냐?'

에 따라 사람이 앞으로 어떻게 살며 무슨 일을 하고 어떤 행동을 할지 결정 난다는 것이다.

크리스천은 예수님께 속한 사람들이며 또한 성령의 소유임을 깨달아야 한다. 성령의 영향권 안에 있는 사람들이 진정한 신자이다.

이런 의미에서 성령이 우리 안에 들어올 때, 우리 안에는 어떤 변화가 일어나고 우리의 어떤 요소를 다스리시는가에 대해 두 가지로 살펴보겠다.

첫째, 성령은 우리의 생각을 다스리신다.

성령께서 우리 안에 들어오시면, 그분은 우리의 생각을 다스리신다. 요한복음 14:26에는 "보혜사 곧 아버지께서 내 이름으로 보내실 성령 그가 너희에게 모든 것을 가르치고 내가 너희에게 말한 모든 것을 생각나게 하리라"라고 되어 있다. 그리고 마태복음 10장을 보면, "너희가 중요한 때 무슨 말을 해야 할지 생각나게 할 것이다"라고 말씀한다. 즉, 성령께서 우리에게 생각나게 하시고 다스리실 것이라는 말씀이다. 또한 빌립보서 4:7은 "그리하면 모든 지각에 뛰어난 하나님의 평강이 그리스도 예수 안에서 너희 마음과 생각을 지키시리라"라고 말씀한다.

사람의 생각을 두 가지 측면으로 볼 수가 있는데, 그 하나는 계시적인 측면이다. 어떤 외부 세력에 의해서 생각이 지배당해서 그 외부 세력이 집어넣는 생각이 계속 우리에게 떠오르는 것을 계시적인 측면이라고 한다. 종종 생각하고 싶지 않은 것들이 떠오를 때가 있다. 그런 증상이 심해지면 강박증이 되기 때문에 치료를 받아야 한다. 그렇다면 우리에게 자꾸 생각이 떠오르게 하는 외부세력이란 무엇일까? 성경적으로 보면, 하나는 사탄의 세력이고 하나는 성령님이시다. 양대 세력이 우리 생각 속에서 싸우고 있다.

다른 하나는 분열적 성격의 측면이다. 자크 라캉이란 프랑스의 포스트모던 철학자는, '내가 존재하지 않는 곳에서 나는 생각하고 내가 생각하지 않는 곳에 나는 존재한다.'라고 말하였다. 즉, 우리의 몸은 여기 있지만, 생각은 다른 데에 가 있는 것을 뜻한다. 생각과 몸이 따로 놀아 우리의 삶이 분열적이고 이중적이라는 것이다. 이렇게 되는 것도 역시 우리 마음속에 존재하는 사탄과 성령님의 줄다리기 때문이다. 따라서 크리스천의 생각은 사탄과 성령님께서 싸우는 전쟁터이다. 그러므로 믿음 생활을 잘 하려면 신자는 생각을 잘 관리해야 한다.

예를 들어 보자. 병원에 가서 진단을 받게 될 때, 우리는 결과를 기다리며 여러 상상을 하게 된다. 치료될 가능성이 99%이고 단 1%만 부정적이라는 의사의 진단을 받았을 경우에도 우리는 극단적인 생각을 많이 한다. 왜냐하면 사탄은 계속 부정적인 생각을 사람의 머리에 집어넣기 때문이다. 그러므로 신자들은 생각을 잘 다스려야 참된 평안을 가지게 된다. 이처럼 고민하는 이들에게 성령이 하는 역할은 여기에 맞불 작전을 펴는 것이다. 성령은 부정적인 생각에 맞서서 긍정적인 생각을 심어주는 역할을 한다.

모세는 약속의 땅 가나안에 들어가지 못하고 숨을 거둔다. 이후에야 여호수아가 이스라엘 백성들을 이끌고 가나안 땅에 들어가게 된다. 그 과정에서 열두 정탐꾼을 보내게 되는데, 그중에 열 명은 상황을 부정적으로 보고 겁에 질려 돌아오고, 나머지 두 명은 반드시 이길 것이라는 신념을 갖고 돌아온다. 이처럼 어느 한 사건을 두고도 사람에 따라 해석을 달리하는 것을 알 수 있다. 이것은 모두 생각의 차이에서 벌어진 일이다.

생각의 차이 때문에 벌어진 극단적인 두 경우가 있다. 하나는 독재자 히틀러이고, 다른 하나는 요셉의 경우이다. 600만 명에 달하는 유대인들을 죽였던 히틀러는 중고교 시절에 어머니와 유태인 새아버지 밑에서 자랐다. 그런데 그 유태인 계부가 성격이 못되었는지 히틀러의 어머니를 못살게 굴었고, 히틀러는 그러한 모습을 보고 성장하면서 유태인에 대한 강한 반감을 가지게 되었다. 그래서 그는 '유태인은 모든 나쁘고 악질이다'라는 생각을 하게 된 것이다. 결국 후에 그가 절대 권력을 잡고 나서, 유태인에 관한 잘못된 생각을 그대로 실행에 옮겨서 그 악행을 저지른 것이다. 이처럼 하나의 잘못된 생각이 엄청난 결과를 빚을 수 있다.

반면에 요셉은 타의에 의한 고난의 삶 가운데서도 하나님이 주시는 생각으로 악을 선으로 갚았다. 창세기 50:20에서 요셉은 이렇게 말한다. "당신들은 나를 해하려 하였으나 하나님은 그것을 선으로 바꾸사 오늘과 같이 많은 백성의 생명을 구원하게 하시려 하셨나니." 요셉 앞에 무릎을 꿇은 형들에게 요셉이 한 말이다. 요셉은 형들로 인하여 죽을 고생을 하였지만, 하나님의 예비하심과 사랑으로 그들을 용서한 것이다. 이처럼 성령님께서 우리의 생각을 주관해 주셔야 올바른 생각을 가지게 된다. 또한 우리의 생각을 성령님이 주관하시며 올바르게 이끌어 주심으로써 우리는 바른 생각 가운데 마음에 참된 평안을 찾을 수 있다.

요한복음 14:27을 보자. "평안을 너희에게 끼치노니 곧 나의 평안을 너희에게 주노라 내가 너희에게 주는 것은 세상이 주는 것과 같지 아니하니라 너희는 마음에 근심하지도 말고 두려워하지도 말라."

이 말씀처럼 성령이 우리의 생각을 다스리시면 마음에 평안이 임한다. 모든 마음의 병은 우리의 생각 속에서 비롯되는 것이다. 그 생각을 성령이 다스리시면 우리의 마음에 말할 수 없는 평안이 찾아온다. 오늘도 성령께서는 신자들이 부정적인 생각을 할 때마다 맞불작전을 계속하며 올바른 생각을 심어주고 계신다. 신자는 다른 것에 요동되지 말고 성령의 다스림을 받아 참된 평안 속에 살아야 한다.

두 번째, 성령은 우리의 마음과 감정을 다스리신다.

고린도후서 1:22을 보자. "그가 또한 우리에게 인치시고 보증으로 우리 마음에 성령을 주셨느니라." 인격은 세 가지 심적 요소인 지성(知性), 감정(感情), 의지(意志)로 표현할 수 있다. 지(知)는 머리, 정(情)은 가슴, 의(意)는 손과 발을 상징한다. 이 중에 하나님께서는 우리 마음에 성령을 주셨다. 마음은 가슴에 있기에 감정과 동의어이다. 그래서 예를 들면 '나의 마음이 불안하다'는 말은 '내 감정이 불안하다.'는 뜻이다.

갈라디아서 5:22-23에는, "오직 성령의 열매는 사랑과 희락과 화평과 오래 참음과 자비와 양선과 충성과 온유와 절제니 이같은 것을 금지할 법이 없느니라"라고 되어 있다. 여기에 나오는 성령의 아홉 가지 열매는 모두 인간의 감정과 마음에 관한 것이다.

한국 사람은 기질상 감정의 기복이 심하다는 연구 통계가 있다. 그래서 이성적으로 이해가 되고 명분이 있고 합리적이어도 기분을 더욱 중요시 여긴다. 우리 민족과 비슷하게 다혈질 성격을 가진 민족으로는 이탈리아가 있다. 다혈질적인 사람은 관계에서 상처를 받기 쉽다. 그리고 상처를 입었을 때는 바로 바로 풀어야 하는데 쌓아두면 건강에 이상이 생긴다. 통계상으로 다혈질적인 성격이 많은 한국에서는 '풀이 문화'가 발달되어 있다. 한풀이, 살풀이, 화풀이 등 아픈 감정을 푸는 말이나 문화가 발달되어 있는 것이다. 그런데 한을 푸는 방법은 남자와 여자가 많이 다르다. 남자들은 문제가 있으면 술로 풀고, 여자들은 대화로 푼다.

몇 년 전, 캐나다에서는 한이 쌓일 때 어떻게 푸는지 알 수 있는 기회가 있었다. 스탠리컵에 밴쿠버 캐넉스(CANUCKS) 팀이 결승까지 올라가게 되었다. 그런데 결승에서 상대팀에게 아쉽게 지고 말았고, 경기가 끝나자 다운타운 일대가 쑥대밭이 되었다. 이성적으로는 진 것을 받아들였지만 감정적으로는 받아들이지 못한 나머지 그런 폭동을 저지른 것이었다.

이처럼 사람의 감정을 다스리는 일은 무척 중요한다. 감정을 다스리는 데에는 성령의 도우심이 필요하다. 성령께서 감정을 다스리게 되면 내적인 변화가 일어난다. 그러므로 성령께서 우리의 마음을 주관해 주셔야 한다. 성령께서는 우리의 한이 쌓이지 않고 잘 풀어질 수 있도록 우리를 치유해 주고 도와주신다.

몇 달 전, 아들과 탁구를 친 적이 있다. 어렸을 때는 15점을 미리 아들에게 주고 쳤는데, 어느새 이제는 아들이 나를 이길 정도가 되었다. 게임을 하다가 아들이 친 공이 탁구대 모서리에 맞았는지 안 맞았는지 애매한 상황이 나왔다. 아들은 모서리에 맞았다고 우겨댔지만, 내가 보기에는 아웃된 것이 분명했다. 하지만 그 반대의 상황이 되자, 나는 모서리에 맞았다고 우겼고, 아들은 아웃되었다고 우겼다. 탁구 게임에서도 서로가 이기려고 우기듯이, 사람 사는 세상에서는 저마다 자신의 입장을 내세우기 십상이다.

탁구게임을 하는 중에 아들이 우기는데도 불구하고 나는 기분이

나쁘지 않았다. 왜 기분이 안 나빴을까? '내 아들이 이렇게 잘 커줬고 운동도 잘하는구나. 대견하다!'라는 아버지의 마음을 가지고 있기 때문이다. 성령이 우리의 감정과 마음을 다스리면 이렇게 된다. 성령이 우리의 마음을 주관하시면 감정을 다스리게 되고, 하나님의 사랑으로 상대방을 사랑하는 마음을 가지게 되는 것이다.

반기문 유엔 사무총장이 투표에서 만장일치로 연임이 결정되자, 이런 연설을 하셨다. "저는 유엔 사무총장이 되고 난 후 늘 반복하는 것이 있습니다. 내가 이 문제를 어떻게 해결할 수 있을까? 그런 걱정 속에 매일 아침 눈을 뜨게 됩니다. 유엔 초대 사무총장이었던 트리그브 할브단 리(Trygve Halvdan Lie)라는 노르웨이 사람은 유엔 사무총장의 직업에 대해 '세상에서 가장 불가능한 직업'이라는 정의를 내렸다고 합니다. 왜 그렇습니까? 세계의 모든 문제를 책임져야 하기 때문입니다. (중략) 제가 어떻게 세계의 모든 문제를 풀 수 있겠습니까? 그래서 저는 다음과 같은 마음을 갖고 다시 이 일에 임하고자 합니다."

그러면서 반기문 유엔 사무총장은 다음과 같은 노자의 한자성어를 인용했다.

天之道 利而不害 聖人之道 爲而不爭
천지도 이이불해 성인지도 위이부정

이 말의 뜻은, '하늘의 뜻은 이롭게 하되 해치지 않으며 성인의 길은 행동하되 다투지 않는다'이다. 이 한자성어를 성서적으로 말하면, '하나님의 뜻을 현실 속에서 성취하되 남을 해치지 않으면서 한다'는 것이다.

기독교인 중에는 하나님의 뜻을 따른다고 하면서 남에게 피해를 주는 사람이 많다. 하나님의 뜻을 이루되 남에게 피해를 주지 않으며, 어떤 문제를 해결하되 다투지 않는 것은, 성령님이 우리의 감정을 다스릴 때 이루어지는 현상이다.

성령의 다스림을 받아 감정을 다스려서 승리하는 신앙생활을 하시기를, 늘 마음이 평안하고 항상 이웃을 사랑하는 신자가 되시기를 기원한다.

성령과 쓰레기

창세기 2:7-9

우리 사회는 그 어느 때보다도 사회적 아노미 현상이 두드러지게 나타나고 있다. 일전에 모 일간지에 두 가지 극렬히 대비되는 사건에 대한 보도가 실렸다. 첫번째 보도는, 인천에서 초등학생을 잔인하게 살해한 고등학교 1학년 여학생들에 대한 재판 결과와 재판에서 어떤 일이 있었는지를 전하고 있었다. 두 여학생 중 한 여학생은 20년형을 선고 받았고 다른 여학생은 무기징역을 선고 받았다. 그런데 참으로 놀라운 것은, 이러한 중형을 선고 받을 당시 가해자들의 태도였다. 대부분의 사람들이 이런 중형을 선고받으면 그 자리에서 충격을 받고 쓰러지기까지 하지만, 이 두 여학생은 자신들에게 중형이 선고되었음에도 불구하고 눈 하나 깜빡하지 않았다고 한다.

두 여학생은 초등학교 1학년 여학생을 죽이고, 시신의 일부를 훼손하여 한 여학생이 다른 여학생에게 선물하기도 하는 행태를 보여주었다. 가해자들은 구속수감 중에도, 또 공판에서 실형이 선고된 후에도 표정 하나 변하지 않는 냉혈한 같은 모습을 보여주었다. 많은 사람들이 대체 어떻게 고등학생이 이렇게 극악무도한 범죄를 저지를 수 있느냐며 공분하기도 하고, 또 이러한 학생들을 길러낸 우리 사회가 얼마나 망가져 있는 것인가 걱정하기도 했다.

또 다른 기사는, 가부라키 레이코라는 70세가 넘은 한 일본인 할머니의 이야기였다. 레이코 여사는 WHO의 초대 사무총장인 이종욱 박사님의 아내이다. 레이코 여사는 처녀의 몸으로 우리나라 안양에 위치한 한센병 환자 보호시설에서 봉사하다가 그곳에 자원봉사자로 온 의사 이종욱 총장을 만나 결혼하게 되었다. 이종욱 총장은 한센병환자 보호시설에서 근무하다가 WHO 사무총장으로 발탁되었으나 안타깝게도 과중한 업무에 시달려 뇌졸중으로 사망하고 말았다. 레이코 여사는 남편의 뜻을 받들어 페루의 수도인 리마 근교의 빈민촌에서 지금도 봉사를 하고 있다고 한다. 레이코 여사는 이번에 사회를 위해서 헌신한 분에게 수여하는 일가상을 수상하기 위해서 한국에 왔는데, 기사는 레이코 여사의 인터뷰 내용을 담고 있었다.

나는 이렇게 극명하게 대비되는 두 기사를 읽으면서 너무나 혼란스러웠다. 똑같은 사람인데 왜 어떤 사람은 짐승만도 못한 행동을 하고 어떤 사람은 천사와 같은 삶을 사는 것일까?

사람은 동물과 다르다. 왜냐하면 사람에게는 영혼과 정신이 있기 때문이다. 인천 초등학교 어린이 살해 사건에서 살인을 저지른 두 학생은 동물과도 같은 상태에 놓여 있었다. 이와 반대로 가부라키 레이코 여사는 인간이지만 그 영혼이 천사와도 같은 수준에 닿아 있었다.

"여호와 하나님이 땅의 흙으로 사람을 지으시고 생기를 그 코에 불어넣으시니 사람이 생령이 되니라"(창 2:7).

하나님께서 사람을 흙으로 만드셨다는 창세기의 이 말씀이 의미하는 바는 인간이 육체성을 갖고 있다는 점이다. 그래서 인간이 세상을 떠나고 나면 세상에 남기는 것은 흙밖에 없다. 내가 이전 교회에서 사역할 때는 많은 장례식을 집전했는데, 장례식 예문에는 이런 부분이 있다. 고인을 관에 모신 후에 관을 매장할 때, 목회자는 관의 뚜껑 위로 흙을 던지는 의식을 해야 한다. 장례를 집전한 목사는 "흙은 흙으로 먼지는 먼지로 돌아갈지어다."라고 선언한다.

결국 인간은 흙으로 돌아가게 되어 있다. 그렇다면 근본적으로 '흙'일 뿐인 인간이 어떻게 살아 움직이는 생명이 되었을까? 창세기 2:7은 하나님께서 인간을 흙으로 만드신 후에 그 코에 생기를 불어넣으시니 사람이 생령이 되었다고 전하고 있다. 인간은 근본적으로 흙에 불과하지만 하나님께서 생기(루아흐, רוּחַ)를 불어넣으셨기에 살아 움직이는 생령이 된 것이다. 여기서 말하는 '생기'라는 단어는 히브리어 원어로 '바람', '하나님의 영', '성령'이라는 의미를 갖고 있다.

인간은 하나님께서 우리에게 주시는 성령을 받아야 진정한 의미에서의 인간이 될 수 있다. 만약 성령이 없다면 우리는 그 근본적인 상태인 흙으로, 또는 동물과 똑같은 상태로 돌아가고 말 것이다.

'흙'이라는 단어는 히브리어로 아파르(עָפָר)라고 한다. 아파르는 흙, 먼지라는 뜻도 갖고 있지만 쓰레기라는 의미도 갖고 있다. 따라서 인간은 성령을 끊임없이 공급받지 못하면 쓰레기가 되고 마는 것이다. 이러한 의미에서 성령과 쓰레기는 대조를 이룬다. 우리가 꾸준히 신앙생활을 하면서 성령으로 충만해지지 않으면 우리는 언제든지 쓰레기와 같은 존재로 타락할 가능성을 갖고 있는 것이다.

에스겔서 22:18은 이렇게 증거한다. "인자야 이스라엘 족속이 내게 찌꺼기가 되었나니 곧 풀무 불 가운데에 있는 놋이나 주석이나 쇠나 납이며 은의 찌꺼기로다"(겔 22:18).

이 말씀은 하나님께 이스라엘 백성이 쓰레기, 찌꺼기가 되었다고 증거한다. 왜냐하면 이스라엘 백성들이 하나님께서 그들에게 성령을 주시고, 생기를 불어넣어 주셨음에도 불구하고 동물처럼 살았기 때문이다.

갈라디아서는 이렇게 증거한다. "육체의 소욕은 성령을 거스르고 성령은 육체를 거스르나니 이 둘이 서로 대적함으로 너희가 원하는 것을 하지 못하게 하려 함이니라"(갈 5:17).

이 말씀은 우리에게 성령과 육체가 우리의 안에서 서로 싸우고 있음을 말해주고 있다. 성령과 육체가 우리 안에서 싸우고 있기에, 우리는 우리가 원하는 것이 성령의 길임에도 불구하고 그 방향으로 나아가지 못한다. 이러한 점에서 성령이 없는 육체는 하나님과 대적관계에 놓여 있는 것이다.

구조주의적으로 성령과 육체의 관계를 해석하자면, 양자는 '대칭'의 관계에 놓여 있다. 이 대칭의 관계란 어떤 것일까? 사람들은 서로 오랫동안 관계를 맺고 지내다 보면 관계가 쉽게 나빠지기도 한다. 우리 지방의 목회자들 중에서도 서로 오랫동안 알고 지내서 오히려 관계가 나빠진 분들이 있다. 어느 날 서로 관계가 좋지 않은 두 목사님과 내가 식당에 갔는데, 한 목사님께서 자신과 관계가 좋지 않은 다른 목사님에게 이렇게 말하는 것이었다. "목사님, 목사님이 제 반대편에 마주 앉으면 우리는 서로 결점만 볼 수밖에 없습니다. 그러니 차라리 제 옆에 와서 앉으시면 우리는 한 방향을 보게 되니 한마음이 될 수 있을 것입니다."

나는 이 목사님이 참으로 지혜롭다고 생각했다. 이 말을 들은 상대편 목사님은 그 말에 순종하여 말을 꺼낸 목사님 옆으로 자리를 옮겨와서 앉았다. 이 상황에서 같은 방향을 보는 것을 '비대칭'이라고 하고 마주 보는 것을 '대칭'이라고 한다. 사람들 사이의 관계가 대칭, 즉 서로 마주보는 것과 같은 상태에 놓이면 그 사람들 사이에는 의견의 일치를 보기가 어려워진다. 대칭 관계는 의사 결정하기가 어렵다. 성령과 육체가 이러한 대칭 관계에 놓여 있기 때문에 성령과 육체는 서로 거스를 수밖에 없다. 그런데 비대칭은 이와 달리 그 관계에 놓인 당사자들 간의 의견일치가 아주 쉽게 이루어진다. 서로 같은 방향을 바라보고 있기에 갈등의 여지가 적다. 비대칭 관계는 서로 한 방향을 바라보고 있기 때문에 의사결정하기가 매우 쉬운 것이다.

성령으로 완전히 충만한 사람은 하나님과 비대칭을 이룬다. 즉, 하나님과 같은 방향을 바라보고 있기에 그는 하나님께서 뜻하시는 삶을 살아가게 된다. 그리고 늘 하나님의 뜻에 순종하며 살아간다.

창세기는 하나님께서 흙이었던 인간에게 바람을 불어넣으시자 인간이 생령이 되었다고 증거한다. "여호와 하나님이 땅의 흙으로 사람을 지으시고 생기를 그 코에 불어넣으시니 사람이 생령이 되니라"(창 2:7).

이미 전술한 대로 여기서 '생기'는 '성령' 또는 '바람'이라는 뜻을 갖고 있는 단어 '루아흐'(רוּחַ)이다. 인간은 성령이 그 안에 내주하심과 동시에 생령, 즉 살아있는 영혼이 된다. 현대적으로 '생령'이라는 단어를 해석하자면 '살아있는 정신'을 의미한다. 따라서 성령이 충만하면 사람의 정신이 살아있게 되는 것이다.

사람됨에 있어서 가장 중요한 것은, 사람의 정신이 살아있는지의 여부이다. 최근 우리 사회에는, 안타까운 일이지만, 정신이 온전하지 못한 사람이 너무나 많다.

과거에 미국에서 목회를 할 때, 이런 일을 겪은 적이 있다. 어느 날 갑자기 어떤 분이 시카고에서 목회를 하고 있는 나에게 상담 신청을 했다. 상담을 시작하자마자 이분은 나에게 자기 자신을 가리키며 "나는 우주에서 왔다."고 말하는 것이 아닌가. 대화를 계속 진행했지만 이분이 무슨 말을 하려는 것인지 전혀 이해할 수 없었다. 나는 정신이 온전하지 못한 이런 사람이 어떻게 이렇게 먼 타국까지 와서 살고 있는 것인지 이해할 수가 없었다.

온전치 못한 정신을 가진 사람들에 대한 이런 이야기도 있다. 한 정신병원에 몇몇 환자들이 모여 있었다. 별안간 한 환자가 "나는 예수 그리스도다!"라고 소리치자 옆에 있던 다른 환자가 그 환자의 머리를 치면서 이렇게 말하는 것이었다. "내가 언제 너더러 예수라고 하였느냐?" 머리를 때린 사람은 자신이 예수님을 초월한 존재, 즉 하나님이라고 생각하고 있었던 것이다.

정신이 온전한 것은 삶에 있어서 매우 중요하다. 그래서 사람들은 종종 "너 정신 못 차려?", "어디다가 정신을 팔고 있는 거야?"라고 다른 사람을 나무라기도 한다. 왜냐하면 우리의 정신이 온전치 못하면 우리는 동물이나 마찬가지이기 때문이다. 육체가 마비되고 정신은 살아있는 사람을 우리는 식물인간이라고 한다. 반대로 정신은 죽었는데, 육체만 살아있는 사람은 동물인간이라고 할 수 있을 것이다.

그런데 정신보다 더욱 깊은 영역이 있다. 바로 우리의 영이다. 영은 인간 내면의 가장 깊은 곳에 있는 하나님과 교제하는 능력이다.

영, 혼, 육은 그 통일체인 인간의 몸 안에서 각각 세력을 갖고 있는데, 우리가 만약 예배와 기도를 통해서 하나님과 교제에 힘쓰면 영이 강한 세력을 갖게 된다. 마찬가지로 열심히 책을 읽고 공부를 하면 우리의 정신의 세력이 강력해지게 된다. 하지만 만약 어떤 사람이 그저 동물처럼 먹고 사는 것에만 관심을 가진다면 우리의 몸은 육의 세력이 지배하게 되고, 우리의 삶은 동물의 수준에 그치고 말게 될 것이다.

우리의 삶이 동물의 수준에서 하나님과 교제하는 영적인 수준으로 나아가려면 어떻게 해야 할까? 바로 성령으로 충만해야 한다. 또 성경 구절을 반복하지만 창세기에는 이렇게 쓰여 있다. "여호와 하나님이 땅의 흙으로 사람을 지으시고 생기를 그 코에 불어넣으시니 사람이 생령이 되니라"(창 2:7).

여기서 '불어넣으시니'(나파흐, נָפַח)라는 단어는 '부풀리다'라는 의미를 갖고 있다. 즉, 하나님께서는 인간의 코에 생기(바람)를 불어넣으셨고, 그러니 이 하나님의 생기는 인간 안에서 하나님의 섭리 속에 부풀려진 것이다. 즉, 하나님의 생기는 인간 안에서 충만하게 되어야 한다. 그래야만 인간이 살아있는 영혼이 될 수 있다. 따라서 우리가 예배를 잘 드려서 우리 안에서 성령이 들어오시면, 성령은 우리를 충만하게 채우신다. 마치 누룩이 부풀어 오르듯이, 성령께서는 우리의 몸과 마음을 완전히 채우신다. 그리고 이렇게 성령이 충만한 사람은 가부라키 레이코 여사처럼 하나님께 영광을 돌리는 선한 삶을 살게 된다.

그런데 성령을 한 번이라도 받기는 쉽지만 성령 충만의 상태를 계속해서 유지하는 것은 어렵다. 많은 사람들이 성령을 한 번 받았다가 성령을 소실하고 만다. 그렇다면 어떻게 성령 충만의 상태를 유지할 수 있을까? 창세기에는 이렇게 쓰여 있다. “여호와 하나님이 동방의 에덴에 동산을 창설하시고 그 지으신 사람을 거기 두시니라”(창 2:8).

이 말씀에서 ‘동산’이라는 단어는 ‘보호하다’라는 뜻을 갖고 있다. 따라서 에덴동산은 그 안의 피조물들이 보호받는 공간이었다. 그렇다면 현대의 에덴동산은 어디일까? 바로 우리가 섬기는 교회이다. 우리가 교회에서 예배를 드릴 때, 하나님께서는 계속해서 우리에게 성령을 불어넣어 주신다. 우리를 처음 창조하셨을 때처럼 하나님께서는 예배 시간에 우리를 생기로 충만케 하신다.

또 창세기에는 이렇게 쓰여 있다. “여호와 하나님이 그 땅에서 보기에 아름답고 먹기에 좋은 나무가 나게 하시니 동산 가운데에는 생명나무와 선악을 알게 하는 나무도 있더라”(창 2:9).

에덴동산의 중심에는 생명나무가 있었다. 그리고 그 중심에서 벗어난 곳에는 선악과나무가 있었다. 아담과 하와는 생명나무의 열매를 먹어야만 그 생명이 유지될 수 있었다. 현대적으로 이 생명나무를 해석하면, 생명나무의 열매는 바로 하나님의 말씀이자 예수 그리스도이다. 하나님의 말씀을 듣고 예수 그리스도와 관계를 맺어야 우리는 생명을 얻을 수 있다. 그런데 우리가 생명나무가 아닌 선악과나무를 먹으면 우리는 선과 악을 우리 뜻대로 판단하는 죄를 범하게 된다. 즉, 하나님의 의 대신에 나의 의를 의지하게 된다. 그런데 문제는 아담과 하와가 생명나무 대신에 선악과나무의 열매를 따먹었듯이, 많은 신자들도 교회에 와서 하나님의 말씀과 예수 그리스도에 집중하기보다는 다른 사람을 판단하는 일에 힘쓴다는 것이다. 하지만 신자는 말씀의 꼴을 먹고, 성령 충만함을 유지해야 한다. 말씀의 의미가 강물처럼 우리의 영혼에 흘러들어가야 한다. 그래야만 살아있는 생령이 될 수 있다.

하나님께서 우리에게 성령을 주시고 생기를 불어넣어 주셔야만 우리는 가치있는 존재, 영적인 존재, 정신적인 존재가 될 수 있다. 하나님의 생기 안에서 우리 모두가 흙에서 생령으로 거듭나게 되는 것이다.

그러나 성령이 우리와 무관하게 될 때, 우리는 짐승만도 못한 쓰레기가 될 가능성이 있다. 늘 그것을 긴장하며 인식해야 될 것이다. 왜냐하면 성령의 존재와 쓰레기 같은 존재는 종이 한 장 차이에 불과하기 때문이다.

다윗은 하나님께 이렇게 기도한다. “나를 주 앞에서 쫓아내지 마시며, 주의 성령을 내게서 거두지 마소서”(시 51:11).

다윗은 하나님께 주의 성령을 내게서 거두지 말라고 간절히 기도한다. 왜냐하면 주의 성령을 거두면 자신이 쓰레기 같은 존재가 되고 만다는 것을 알기 때문이다. 시편 51편은 다윗이 밧세바를 간음한 후에 회개하는 마음으로 지은 시이다. 그는 과거의 실수를 회고하면서 하나님께서 성령을 거두어 가실 때의 상황을 생각하고, 성령 없는 쓰레기의 불쌍함을 떠올리며 반성하게 된다. 다윗은 하나님께 다시는 성령이 내게서 사라지는 일이 없도록 해달라고 통곡하며 기도하고 있는 것이다.

사도 바울은 성령을 상실한 고린도 교회 신자들에게 다음과 같이 권면한다. “너희는 너희가 하나님의 성전인 것과 하나님의 성령이 너희 안에 계시는 것을 알지 못하느냐 누구든지 하나님의 성전을 더럽히면 하나님이 그 사람을 멸하시리라 하나님의 성전은 거룩하니 너희도 그러하니라"(고전 3:16-17).

당시 고린도 교회는 많은 문제를 갖고 있었다. 그 일들은 모두 성령 없는 인간으로서 범하는 일들이었다. 여기에 대해 사도 바울은 그들을 책망하면서, "하나님의 성령이 너희 안에 계시는 것을 알지 못하느냐"라며, 성령의 내주(內住)를 다시 한 번 그들에게 상기시킨다.

성경의 이러한 모든 경우를 통해서, 우리는 마땅히 기독교 신자가 성령의 임재와 그 충만함의 유지를 위해 최선을 다해야만 한다는 것을 깨닫게 된다. 성령 충만한 인생인가, 쓰레기 같은 인생인가는 전적으로 우리의 선택에 달려 있다.

원죄와 성령

마태복음 1:17

신약성경의 맨 처음은 마태복음이다. 그리고 마태복음의 맨 처음에는 예수님의 족보가 실려 있다. 특별히 마태복음 1:17은 예수님의 족보가 아담부터 다윗까지 14대이고, 다윗부터 바벨론 포로시기까지 14대이고, 바벨론 포로시기부터 예수님까지 14대라고 전한다. 예수님의 족보에는 45명의 이름이 포함되어 있다. 그리고 이 족보에 가장 많이 등장하는 단어는 '낳고'이다. 그런데 하필이면 신약성경의 맨 처음, 마태복음 맨 처음이 족보로 시작되기 때문에 생긴 해프닝이 있다.

내가 중고등학교 시절의 일이다. 군인 신분으로 자신의 상관과 그 가족을 살해한 고재봉이라는 사람이 있었다. 이 사람은 투옥된 후에 새문안교회 교인들이 전도용으로 전달한 성경책을 읽게 되었다. 고재봉은 너무도 감옥생활이 무료해서 신약성경의 맨 처음을 펼쳤는데, 계속해서 "어떤 사람이 어떤 사람을 낳고"라는 말만 반복되어 있었다. 그는 이것을 보고 "웬 낳고 타령이야"라고 하면서 성경책을 벽에 집어던졌다고 한다. 그렇게 10여 일의 시간이 흘렀고, 다시 무료해진 고재봉은 다시 한 번 성경책을 집어 들어서 읽기 시작했다. 이번에 그의 눈에 들어온 성경 구절은 예수께서 십자가 옆의 강도에게 "네가 내일 나와 함께 낙원에 있으리라"라고 말씀하시는 부분이었다. 그는 이 구절을 읽고 감동을 받아 예수님을 영접하게 되었다. 결국 그는 자신이 지은 죄로 사형집행을 당했지만 성경책을 통해서 예수님을 만난 덕분에 구원의 은혜를 누릴 수 있게 되었다.

이처럼 마태복음의 족보는 그 족보를 읽는 사람들로 하여금 고개를 갸우뚱하게 한다. 하지만 마태복음을 쓴 마태는 우리에게는 별로 중요하게 보이지 않는 예수님의 족보를 쓰기 위해서 상당한 고민을 했다. 왜냐하면 예수님의 족보에는 보통 족보에는 실리지 않는 훌륭하지 못한 사람들의 이름이 포함되어 있기 때문이다. 대개 족보에는 당대에 명예를 떨쳤던 사람, 높은 관직에 올랐거나 명망이 높았던 사람들의 이름이 실리게 마련이다. 하지만 예수님의 족보에는 여성이 다섯 명이나 포함되어 있다. 이는 우리나라 조선시대의 족보에는 여성이 전혀 포함되어 있지 않는 것과 대조적이다. 더구나 이 다섯 명의 여인들은 부정한 여인들이다.

다섯 명의 여인 중에는 다말이 있는데, 다말은 자신의 시아버지와 관계를 맺어서 후손을 남겼다. 또, 다섯 명의 여인 중에는 기생 라합도 포함되어 있는데, '기생'이라는 말은 히브리어로 '창녀'라는 뜻에 가깝다고 한다. 또 예수님의 족보에는 자신의 남편을 죽인 다윗 왕의 아내가 된 밧세바도 포함되어 있다. 또 이방 족속인 모압의 여인인 룻도 예수님의 족보에 이름을 올리고 있다. 마지막으로 남자를 알지 못하면서도 아이를 가져 사람들에게 부정한 여인으로 오해를 받았던 마리아까지. 예수님의 족보에는 이처럼 당대에 부정했던 여인들의 이름이 포함되어 있다. 마태는 이처럼 인자(son of man),

즉 사람의 아들이신 예수님의 인성을 아주 적나라하게 묘사한다.

과거에 조선시대에는 족보세탁이라는 것이 유행했다. 족보세탁은 자신의 조상 중에 흉악범이나 부도덕한 사람이 있으면 관청에 가서 돈을 내고 족보에서 그 조상의 이름을 지우는 것이다. 예수님의 족보는 이러한 족보세탁과는 거리가 멀다. 예수님의 족보는 죄인의 족보인 것이다.

성경에는 예수님을 마지막으로 장사지내 준 아리마대 요셉이라는 인물이 등장한다. 아리마대 요셉은 예수님의 친척이었고, 야사(野史)에 따르면 그는 영국으로 건너가 복음을 전했다고 한다. 당시에 영국에는 브리튼족이 살고 있었는데, 이들은 아리마대 요셉의 전도로 모두 복음을 받아들였고, 브리튼족의 왕자가 아리마대 요셉의 딸과 결혼했다고 한다. 그런데 아리마대 요셉이 유다 지파로서 예수님의 친척이었고 다윗왕의 후손이었기 때문에 브리튼족의 공주들은 예수님의 친척이자 다윗왕의 후손으로서 유럽의 왕족들에게 아주 인기가 많은 결혼 상대였다고 한다. 그리고 후에는 영국의 북쪽에 살고 있던 앵글로색슨족도 이 브리튼족의 공주들과 결혼하게 되었는데, 결과적으로 영국의 공주들은 전 유럽에서 다윗왕의 후손이자 예수님의 먼 친척이라는 이유로 각국의 왕자들과 결혼을 하게 되었다. 사실상 이러한 결혼도 앞서 언급한 족보세탁의 일종이라 할 수 있다.

통일교는 소위 '피가름'의 교리를 갖고 있다. 이 교리에 따르면 모든 인간은 죄가 있는 아담의 피에서 나왔기 때문에 그들의 교주인 문선명의 피와 이어져야 그 육신이 깨끗해질 수 있다고 한다. 이러한 교리도 사실상 '족보세탁'과 연관되어 있다.

하지만 예수님의 족보는 위와 같은 족보세탁과는 전혀 거리가 멀다. 예수님의 족보에는 문제가 있는 사람들, 부정한 사람들을 그대로 포함하고 있다. 그런데 대체 왜 마태는 예수님의 족보에 이렇게 부정한 사람들의 이름을 그대로 포함시킨 것일까?

예수님의 족보의 맨 처음은 하나님께 첫번째로 죄를 저지른 아담으로 시작한다. 아담이 '원죄'를 저질렀기 때문에 예수님의 족보에는 '원죄'가 흐르고 있다. 원죄는 아담으로부터 유전되는 죄를 의미한다. 아담이 하나님께 범죄함으로써 하나님의 형상을 잃어버리고 죄된 본성을 갖게 되었기 때문에 그 후손인 우리도 죄된 본성을 갖게 되었다. 또 '원죄'라는 단어는 인간이 죄를 짓는 것을 피할 수 없음을 의미한다. 인간이면 누구나 죄를 짓게 된다. 죄를 저지르는 것은 인간의 피할 수 없는 운명과도 같다.

미우라 아야꼬의 소설 『빙점』의 중심 주제는 '원죄'라고 할 수 있다. 이 소설의 내용은 이렇다. 주인공 게이조는 작은 병원을 운영하는 의사이다. 그 밑에 '무라이'라는 또 다른 의사를 두고 있는데, 어느 날 게이조가 출타하고 있는 동안 게이조의 부인은 그만 무라이와 바람이 나고 만다. 두 사람이 집에서 불륜행각을 벌이는 동안, 집에 강도가 들어서 게이조의 외동딸을 살해하는 일이 벌어진다. 집에 돌아온 게이조는 자신의 아내가 불륜행각을 벌이다가 딸이 살해되는 것을 막지 못했다는 사실을 알게 되어, 아내에게 복수를 하기로 마음을 먹는다. 그는 그 뒤로 부인에게 복수를 하는 것을 인생의 목표로 삼고, 자신의 딸을 죽인 강도의 집에 찾아간다. 강도는 무기징역을 선고받고 복역 중이었는데, 게이조는 강도에게 죽은 딸 또래의 딸이 있다는 것을 발견한다. 게이조는 강도의 딸을 집으로 데려와 아내에게 이 아이가 강도의 딸이라는 사실을 숨긴 채, 앞으로 이 아이를 자신들의 딸처럼 생각하고 기르자고 말한다. 부인은 게이조의 말에 선뜻 동의를 하고, 죄책감을 지우기 위해서 온 마음과 정성을 다해 이 수양딸을 돌보기 시작한다. 그렇게 수년의 세월이 흐른 뒤에, 게이조는 자신의 아내에게 복수를 하기 위해서 이렇게 말한다. "우리가 수년 간 키워온 수양딸은 우리의 딸을 죽인 강도의 딸입니다." 부인은 이 말을 듣고 정신을 놓아버리고는 수양딸인 요코를 온 힘을 다해 핍박하기 시작한다. 수양딸 요코는 여러 해 동안 자신을 그 누구보다 사랑했던 어머니가 한 순간 자신의 원수로 변한 현실을 받아들이지 못하고 가출을 하고 만다. 소설은 가출한 요코가 하얗게 눈으로 뒤덮인 설원을 걸어가는 장면으로 끝을 맺는다.

그렇다면 이 소설의 제목이 왜 빙점, 즉 '물이 어는 온도'였던 것일까? 물이 어는 온도는 물의 끝이며 얼음의 시작이다. 변화가 시작되는 지점인 것이다. 복수를 하던 와중에 게이조는 자신의 젊었을 적 삶의 한 장면을 떠올리게 된다. 그 장면은 바로 게이조가 청년 시절에 동네 아가씨를 겁탈하고, 그 아가씨가 수치심에 못 이겨 자살을 하는 모습이었다. 참으로 놀라운 것은, 게이조가 그렇게 무시무시한 짓을 해놓고도 자신의 가해 사실을 까맣게 잊고 지냈다는 것이다. 게이조는 기억에 떠오른 그 장면으로 인해서 자신도 누군가에게 큰 상처를 입힌 가해자임을 깨닫는다. 그 장면이 떠오른 순간이 게이조의 삶에 있어서 '빙점'이었다. 게이조는 자신이 아내에게 복수를 저지를 만한 자격이 없는 사람임을 깨닫고, 아내를 용서하게 된다. 소설 빙점은 등장인물들이 저지르는 죄악의 모습을 통해 이처럼 인간이 모두 죄인이며, 죄를 짓는 굴레부터 도저히 벗어날 수가 없음을 말하고 있다.

얼마 전, 무산스님이 돌아가셨다는 것을 신문의 특집기사를 통해 알게 되었다. 스님은 시조 시인으로, 한용운 선생과 같이 평생 동안

수행을 하면서 자신의 깨달음을 시조로 옮기셨다. 이 스님의 죽음에 대한 특집기사가 3회에 걸쳐 실렸는데, 나는 왜 그렇게 스님의 죽음을 크게 다루는지 의아함을 갖게 되었다. 그런데 기사의 내용에서 스님이 죽기 직전 남기신 말을 읽고는 그 이유를 알게 되었다. 무산 스님은 죽기 직전 이런 말을 남겼다고 한다. "천방지축, 기고만장, 허장성세로 살다보니 온몸에 털이 나고 이마에 뿔이 돋는구나."

이 말의 의미는 무엇일까? 스님은 자신의 삶이 천방지축, 기고만장, 허장성세의 삶이었다고 평가한다. 그리고 그 결과로 스님은 자신이 온몸에 털이 나고 이마에 뿔이 난 괴물이 되고 말았다고 고백한다. 참으로 놀라운 사실은, 이분이 우리와 같은 범인이 아니라 일평생 산에서 속세와 인연을 끊고 도를 닦는 스님이었다는 점이다. 속세와 담을 쌓은 사람이 어떻게 자기 자신이 괴물 같은, 죄인의 삶을 살았음을 인정하게 된 것일까?

성철 스님도 죽기 전에 자신의 죄가 수미산보다 더 높다는 말을 남겼다. 이 두 스님의 이야기는 우리에게 인간이란 아무리 죄로부터 멀리 살려고 해도 죄를 지을 수밖에 없는 형편에 있음을 말해준다. 그래서 성자(聖者)는 죄를 짓지 않는 사람이 아니라 자신의 죄를 철저히 깨닫는 사람인 것이다.

루터는 종교개혁을 시작하는 95개조 반박문의 1조를 이렇게 적었다. "인간은 일평생 회개해야 한다." 루터는 수도원에서 수도사로 살면서 시시때때로 자신을 지도하던 수도원장에게 자신의 죄를 고백했다. 수도원장은 너무나 자주 찾아오는 루터에게 신물이 나서 "지은 죄를 한꺼번에 모아서 고백하라"라는 명령을 내릴 정도였다. 루터는 그만큼 자기 자신의 죄성에 대해서 근본적이고 철저하게 성찰했던 것이다.

인간의 죄된 본성은 아주 깊고 넓다. 그로 인해 우리가 평생 살면서 수천 번 예배를 드려도 이 죄된 본성을 완전히 없앨 수는 없다. 예배를 많이 드린다고 해서 죄를 짓지 않게 되는 것도 아니다. 예수께서는 바리새인들과의 논쟁에서, 인간의 지을 수 있는 죄의 목록을 나열하시면서 이렇게 말씀하신다. "속에서 곧 사람의 마음에서 나오는 것은 악한 생각 곧 음란과 도둑질과 살인과 간음과 탐욕과 악독과 속임과 음탕과 질투와 비방과 교만과 우매함이니 이 모든 악한 것이 다 속에서 나와서 사람을 더럽게 하느니라"(막 7:21-23).

사도 바울은 또 인간의 죄의 종류에 대해서 이렇게 말한다. "곧 모든 불의, 추악, 탐욕, 악의가 가득한 자요 시기, 살인, 분쟁, 사기, 악독이 가득한 자요 수군수군하는 자요 비방하는 자요 하나님께서 미워하시는 자요 능욕하는 자요 교만한 자요 자랑하는 자요 악을 도모하는 자요 부모를 거역하는 자요 우매한 자요 배약하는 자요 무정한 자요 무자비한 자라"(롬 1:29-31).

인간의 죄악은 성경이 말하는 것처럼 이렇게 광범위하다. 인간이 죄를 지을 수밖에 없는 존재라면, 누구나 아담으로부터 물려받은 죄의 문제, 원죄를 어떻게 해결할 수 있을까? 성경은 인간의 원죄 문제에 대해서 두 가지 해결책을 말한다.

인간의 죄의 문제에 대한 첫 번째 해결책은, 예수님의 십자가이다. 예수님의 십자가를 믿을 때, 우리의 모든 죄가 용서 받는다. 믿음으로 하나님께 의롭다 함을 얻게 되는 것, 이것을 '칭의'라고 한다. 하지만 하나님 앞에 예수님의 보혈로 의롭게 되었다고 해서 우리의 본성 자체가 변화되는 것은 아니다. 하나님께서 우리의 죄악을 예수님 때문에 눈 감아 주시는 것이지, 우리는 예수님을 믿고도 계속해서 죄를 지을 수밖에 없다.

우리가 우리 본성 자체를 변화시켜 죄를 짓는 것으로부터 멀어지려면 성령의 역사가 필요하다. 성령의 능력만이 인간이 죄를 지을 수 없도록 하는 유일한 방편이다. 스피노자는 "도덕은 힘에 관련된 것이다"라는 말을 남겼다. 원죄는 인간이 죄를 짓도록 만드는 힘을 갖고 있다. 원죄의 이 힘을 억누르려면 원죄보다 더욱 큰 힘을 가진 존재를 인간의 내면에 들여놓아야 한다. 그리고 죄의 힘을 억누를 수 있는 더욱 큰 힘을 가진 분은 바로 성령님이시다. 죄의 힘보다 성령의 능력이 더욱 크기에, 인간이 죄를 멀리하고 죄를 짓지 않고 살려면 성령 충만함을 받아야 한다. 하지만 우리 안에 성령이 늘 충만하신 것이 아니기 때문에, 성령을 받고도 인간은 죄를 지을 수 있다. 결국 죄를 짓지 않으려면 우리는 죄를 짓지 않도록 스스로 노력하기보다는 성령 충만의 상태를 늘 유지하려고 애써야 한다.

로마서에서 사도 바울은 이렇게 말한다. "이는 그리스도 예수 안에 있는 생명의 성령의 법이 죄와 사망의 법에서 너를 해방하였음이라"(롬 8:2).

바울은 성령의 법이 죄의 법에서 인간을 해방했다고 말한다. 즉, 성령의 능력은 죄의 속박으로부터 우리를 자유롭게 한다. 따라서 죄로부터의 해방은 우리가 성령으로 충만해지기 위해서 기도에 힘쓰고, 말씀을 읽고 묵상하는 데 힘쓸 때 시작되는 것이다.

일본의 기독교 사상가인 우치무라 간조는 이런 글을 남겼다. "나는 항상 죄를 범하는 자이다. 하나님만이 거룩한 분이시다. 내가 나인 동안은 언제까지나 죄를 범할 것이다. 그러나 하나님이 내가 되시는 때에는 나는 전혀 죄를 범하지 않게 될 것이다. 그러므로 나는 믿어 의심치 않는다. 내 마음 속에 선한 일을 시작하신 하나님이 예수의 날에 이것을 온전히 이루어 주실 것이다."

결국 인간이 죄로부터 해방되려면 하나님의 역사, 성령의 역사가 필요하다. 원죄를 이길 수 있는 유일한 길은 성령의 길이고, 원죄를 이길 수 있는 유일한 힘은 성령의 힘뿐이다. 우리 모두 성령 충만함 가운데서 죄로부터 자유로운 삶을 살아야겠다.

제4부

성령과 은유

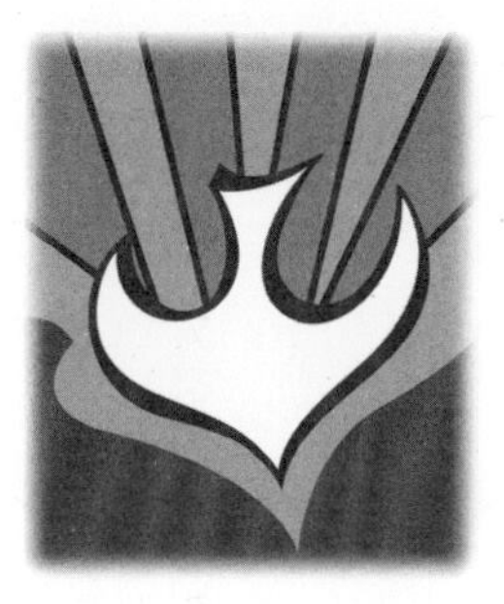

물 같은 성령이 임하면 죽어가는 생명이 다시 소생한다.
물은 죽어가는 화초를 되살린다. 가물어서 모든 식물이 죽어갈 때에 하늘에서 내리는 비는, 죽어가는 식물을 살려낸다.
물에는 이처럼 생명력이 있다. 따라서 물 같은 성령은 생명의 영이다.

성령현상의 은유

사도행전 2:11-13

교회에서 신앙생활을 하게 되면 자주 주고받는 말이 있다. "성도님, 성령 받으셨습니까?"

나도 청년 시절에 그런 말을 많이 들었다. 그런 말을 들을 때마다 나는 '성령이 무슨 물건인가?'라는 생각을 하면서 많이 의아해했다. 성령은 물건이 아니다. 성령은 인격이다. 우리는 성령님을 인격으로 모셔야 한다.

그런데 우리는 인격이신 성령에 대해서 얼마나 알고 있을까? 잘 모르시는 분들이 참 많다. 성령님이 잘 알려면, 성령님께서 우리의 삶 속에 임재하셨을 때 일어나는 현상을 보면 잘 알 수 있다. 성경에는 성령님이 임재하셨을 때 그 현상을 상징적인 용어로 표현하는 경우가 많다. 성령께서 임재하시는 모습을 상세하게 기록하기보다는 상징적인 용어로 설명한다.

은유는 이해하기가 매우 어려운 말이다. 영어로는 Metaphor인데 상징, 비유를 뜻한다.

성령의 임재 현상은 흔히 '불'에 비유되곤 한다. 찬송가에도 '불 같은 성령'이라는 표현을 볼 수 있다. 불이 사람에게 다가와서 임하면 뜨겁다. 불 같은 성령이 임한다는 것은 우리의 신앙, 심령, 마음이 뜨거워진다는 것을 이야기한다. 우리는 그런 것을 '불 같은 성령'이라 한다. 예배를 드리는 성도들은 불 같은 성령을 받아서 마음이 뜨거워지는 역사가 일어나야 한다. 차가운 마음보다는 뜨거운 마음으로 하나님을 믿는 것이 낫기 때문이다. 또 성령은 물이나 바람으로 비유되기도 한다. 그리고 성령을 은유적으로 '보혜사', '기름', '술', '비둘기' 등으로 표현한다. 이 같은 은유들 중에서 몇 가지를 살펴보고자 한다.

첫째, 성경은 성령을 보혜사라고 한다.

요한복음 14:26에서는 "보혜사 곧 아버지께서 내 이름으로 보내실 성령 그가 너희에게 모든 것을 가르치시고 내가 너희에게 말한 모든 것을 생각나게 하시리라"라고 말씀한다.

보혜사라는 희랍어는 파라클레토스이다. 이 말은 위로자, 상담자라는 뜻이다. 위로해주는 분, 상담해 주는 분이라는 뜻이다. 보혜사가 신앙생활에서 하는 역할은 우리를 복음으로 가르쳐 주시고, 예수님의 말씀을 생각나게 하신다. 한마디로 하면, 하나님의 말씀을 이해하는 데 도움을 주는 것이다. 보혜사 성령이 하는 역할은 하나님의 말씀을 들을 때 그 하나님의 말씀을 이해시키고 하나님과 우리 사이의 의사소통을 가능하게 하는 데에 있다. 하나님은 보이지 않는다. 보이지 않는 하나님과 어떻게 대화하고 교제할 수 있을까? 우리 힘으로는 하지 못한다. 성령께서 함께하셔야 보이지 않는 하나님과 의사소통할 수 있다.

창세기 11:1을 보면 "그때는 온 세상의 언어가 하나였다." 그런데 어떤 일이 벌어졌느냐 하면, 사람들이 하나님보다 높아지려고 바벨탑을 쌓기 시작했다. 하나님은 그 백성들이 너무 교만하다고 생각하셨다. 이 교만한 사람들을 흩트릴 방법이 무엇이 있을까 생각하셨고, 생각해내신 방법이 백성들이 사용하던 언어를 서로 다르게 만든 것이었다. 하나님은, 창세기 11:8에 나오듯이, 언어를 혼잡하게 하셨다. 언어가 달라지자 백성들은 무슨 이야기를 하는지 서로 알아듣지 못한다. 이 사건을 어떻게 해석할 수 있을까?

바벨탑 사건은 우리의 의사소통에 대해서 언급하고 있다. 언어가 다른 사람들이 의사소통을 하는 것이 불가능한 것은 말할 나위도 없다. 이것을 영적으로 해석하면, 우리는 서로를 완전히는 이해할 수 없다는 뜻이다. 서로 의사소통을 할 수 없다는 의미이다. 바벨탑 사건 이후로, 우리는 서로 의사소통이 불가능하게 되었다. 우리가 교만하기 때문에 서로 대화를 하더라도 충분히 서로를 이해하지 못한다.

하나님에 대해서도 마찬가지이다. 사람과 사람 사이의 대화도 서로 불가능한데 하물며 하나님이 우리에게 말씀하시는 것을 우리가 어떻게 이해할 수 있겠는가? 이해할 수 없다.

예수님이 승천하신 이후 제자들은 신앙생활의 용기를 잃어버렸다. 그래서 마가의 다락방에 120명이 모여 기도에 힘썼다. 여러 지방에서 대표로 참석한 사람들이 한데 모여 기도한 것이다.

사도행전 2장에 그 지명이 나온다. 그레데인, 아라비아인 등 여러 지방에서 온 사람들이 함께 기도를 하는데 성령이 임재했다. 성령이 임재하자 어떤 현상이 생겼을까? 그레데인, 아라비아인, 그 외 여러 종족들이 각자 자기네 방언으로 말하는데도 다 알아듣게 된다. 저마다 딴 나라 말을 하는데, 그것을 자기네 말로 알아듣는다.

이것은 무엇을 뜻하는 것일까? 창세기 11장의 바벨탑 사건으로 인해 벌어졌던 하나님과 인간, 인간과 인간 사이의 단절된 의사소통이 성령 충만함을 받고 회복된 것이다.

성령 충만을 받으면 하나님과 우리가 대화할 수 있고, 사람과 사람 사이가 서로 통하여 대화가 가능해진다. 동료 신자와 대화가 안 되는 분들은 성령 충만을 받아야 한다.

과거에 내가 목회했던 교회에 등록교인 중 백인이 한 명 있었다. 브라이언 칼슨이라는 사람이었다. 그는 항상 1부 예배에 나오고, 때로는 주중에 기도하러 오기도 했다. 하루는 그 사람이 왔기에 내가 물었다. "1부 예배 때 목사님들이 늘 한국말로 설교하는데, 한국말을 모르는 당신이 이해할 수 있습니까?"

그러자 이분이 말했다. "예배는 하나님과 마음과 마음으로 드리기 때문에 비록 언어를 몰라도 이해가 될 수 있습니다. 또 특별히 성령께서 예배시간에 임재하시기 때문에 그 성령님을 통해서 하나님을 만날 수 있습니다. 성령은 언어를 초월합니다."

성령이 임재하면 설교 말씀은 알아듣지 못해도 마음속에 하나님이 의도하시는 것이 들린다는 것이다. 심지어 언어가 달라도 어떤 때는 은혜를 크게 받기도 했는데, 성령 충만하여 마치 천국에 올라간 느낌이 든 때도 있었다고 했다. 성령이 임재하면 이렇게 언어를 초월하기 때문에 우리는 하나님의 말씀을 이해할 수 있다.

감리교 본부에서 속회공과를 만드는 책임자로 2년 반 동안 일한 적이 있다. 이렇게 기관에서 일하는 목사를 기관목사라고 한다. 기관목사로 지내는 동안 나는 장차 다닐 교회를 선택하기 위해 3개월 동안 시험적으로 서울 시내에 있는 큰 교회를 다 다녀보았다. 여러 교회를 방문해서 목사님들의 말씀을 들었지만 무슨 말인지 잘 들리지 않았다. 열심히 설교를 하시는데, 도무지 무슨 말을 하는지 이해하지 못했다. 그러던 어느 날 교회 가기 전에 간절히 기도하고 어느 교회에 가서 설교를 들었다. 설교 내용은 여느 때와 마찬가지로 평이했다. 그런데 그날은 내가 은혜를 받았다. 무엇이 달라진 것일까? 설교를 지금까지 이해하지 못했던 것은 내가 성령 충만함을 받지 못했기 때문이었다. 그때 깨달은 것은, 3개월 동안 설교를 듣지 못한 것은 목사님들의 설교에 문제가 있었던 것이 아니라 나에게 문제가 있었다는 것이었다.

성령 충만함을 받아야 하나님의 말씀이 들린다. 교회에 다녀도 하나님 말씀이 안 들리는 분이 많다. 성령 충만함을 못 받았기 때문이다. 성령 충만함을 받으면 들린다.

보혜사 성령이 하시는 일은 가르치고, 예수님의 말씀을 생각나게 하고, 이해시키고, 의사소통을 가능하게 하는 것이다. 성령 충만함을 받으면 하나님의 말씀이 들리게 된다.

둘째, 성경은 성령을 기름으로 비유한다. 누가복음 4:18을 보면 예수께서 설교를 하시면서 "주의 성령이 임하사 내게 기름부으사" 라고 말씀하신다. 이 말씀은 '성령으로 기름을 부은다'는 말이다. 구약성경에서 기름부음을 받는 대상은 왕과 제사장뿐이다. 그러나 신약시대 이후 지금까지는 왕과 제사장뿐만 아니라 하나님의 모든 백성, 신자들이 성령으로 기름부음을 받는다. 우리는 성령으로 기름부음을 이미 받았다.

성령으로 기름 부음을 받는 것을 '성령의 만져주심', '성령의

Touch'라는 표현을 쓴다. 근래에 나는 존 네이스빗의 『하이테크 하이터치』(High-Tech, High-Touch)란 책을 읽으면서 감동을 받았다. 이 책에 따르면, 우리가 사는 현대는 하이테크 시대, 즉 고도로 기술문명이 발달한 시대인데, 이것이 잘못되면 대화가 단절되어 기계중심적인 사회가 되기 때문에 이기적인 사회가 될 수 있다고 한다. 요즘 학생들은 컴퓨터, TV, 휴대폰, MP3, Ipod 등을 사용하는 데에 많은 시간을 보낸다. 하루 종일 기계에서 떠나지 않는다. 그래서 무슨 소리를 해도 못 알아듣는 경우가 많다. 이렇게 기계중심적으로 사는 학생들은 TV를 보고, 휴대폰도 보고, 음악도 듣고, 발까지 떨며 책을 본다. 다기능적 인간이 되어간다. 어떻게 책의 글씨가 머리에 들어올까? 그런데 그렇게 공부를 한다.

저자는 이런 하이테크 시대일수록 하이터치, 즉 깊은 사랑을 해주어야 한다고 강조한다. 서로 단절되기 쉽기 때문에 부모가 자녀에게 깊은 사랑을 주어야 한다고 말한다. 깊은 스킨십을 해주라고 한다. 어린 자녀를 자주 포옹해 주고, 자주 대화를 나누고, 모닥불 피워놓고 밤새 이야기도 하고, 손을 잡고 해변을 거닐기도 하는 식으로, 하이터치가 있어야 된다고 한다.

신자들은 그 어느 때보다 삭막한 사회 속에서 살아가고 있다. 그래서 성령께서 우리를 만져주셔야 한다.

이 세상을 살면서 힘들고 삭막하고 고통스럽고 정말 힘들 때가 많다. 그때마다 성령께서 우리를 만져주시고 기름 부어주시고 터치해주시면 우리는 힘을 낼 수 있다.

감리교 창시자 웨슬리가 미국 선교에 실패하고 영국으로 돌아와서 설교를 해도 사람이 모이지 않았다. 그러다가 우연히 어느 집회에 참석했다가 성령의 기름 부으심을 받았다. 성령께서 마음을 어루만져 주셨다. 그 후로 웨슬리가 복음을 선포할 때 능력이 나타났다. 3-4천 명씩 모이기 시작했다. 성령의 기름 부으심을 받고 나니까 능력을 받았다.

우리의 인생은 너무나 힘들고 어렵다. 따라서 우리는 성령의 터치, 성령의 기름 부으심을 받아야 한다.

셋째, 성경은 성령을 술에 비유한다.

사도행전 2:13을 보면, 제자들이 성령 충만함을 받는 것을 보고 다른 사람들은 '저들이 새 술에 취하였다'라고 조롱한다.

성령 충만 현상은 술 취한 현상과 비슷한 면이 있다. 사람이 술 취하면 들뜨고 기뻐진다. 성령 충만하면 기쁘다. 사람들이 술 취하면 곧잘 운다. 이유 없이 운다. 마찬가지로 성령 충만하면 울고 통곡하며 회개한다. 성령 충만을 받으면 눈물로 기도한다. 어떤 사람은 술 취하면 옆사람에게 마구 퍼준다. 성령 충만해도 마구 베풀게 된다. 성령 충만함을 받아 하나님에게 바치고, 사람들에게 마구 나눠주어야 한다. 성령 충만하면 하나님과 사람에게 넘치게 준다. 그래서 하나님과 사람에게 인색한 사람은 성령 충만을 받아야 한다. 또한 성령 충만하면, 자신감이 생긴다. 술에 취해도 자신감이 생긴다. 평소에 말을 못하던 사람도 술에 취하면 용기가 생겨 당당하게 하고 싶은 말을 다 한다. 성령 충만하면 용기가 생기고, 자신감이 생긴다.

에베소서 5:18에 "술 취하지 말라 이는 방탕한 것이니 성령의 충만함을 받으라" 한다. 여기에서는 술 취하는 것과 성령 충만한 것을 대비한다. 술 취하는 것은 세상 사람들이 하는 방법이다. 힘들고 괴로울 때 그들은 술을 마신다. 그러나 신자들이 하는 방법은 달라야 한다. 힘들고 어려울 때, 신자들은 성령 충만함을 받아야 한다. 양자는 이렇게 대비가 된다. 세상 사람들은 술로 어려움을 돌파하려고 하지만, 신자들은 술 대신에 성령 충만함을 받아야 인생 문제를 해결할 수 있다. 그래서 성령의 새 술에 취해야 한다. 성령 충만을 받아 인생의 모든 문제를 해결하는 우리가 되어야겠다.

넷째, 성경은 성령을 비둘기로 표현한다. 마가복음 1:10을 보면, 예수님이 세례를 받을 때 성령이 비둘기같이 임했다고 되어 있다. 그래서 우리는 흔히 '비둘기 같은 성령'이라고 이야기한다.

비둘기는 무엇을 상징할까? 비둘기는 평화, 부드러움을 상징한다. 사람들 중에는 과격하거나 싸움을 좋아하고 화를 잘 내는 분들이 적지 않다.

중고교 시절에 『삼총사』라는 소설을 읽은 적이 있다. 달타냥과 삼총사가 의기투합하여 싸움을 하러 가던 중에 달타냥이 어느 마을에서 아리따운 아가씨를 만나 사랑을 하게 된다. 달타냥이 사랑에 빠져 싸우러 갈 생각을 내지 않자, 아토스가 달타냥에게 싸우러 가자고 재촉한다. 달타냥이 아토스에게 이렇게 말한다. "너는 싸움밖에 모르냐?"

싸움밖에 모르는 사람이 사랑에 대해서 어떻게 알겠는가? 싸움만 잘 하는 사람은 사랑하는 마음을 알 리가 없다.

『대망』이란 소설에도 일평생 싸움밖에 모르는 오다 노부나가라는 사람이 나온다. 그는 날마다 전쟁을 벌인다. 하지만 사람 죽이는 일이 쉬운 일은 아니다. 어느 날 이 사람이 피리를 들고 도쿠가와 이에야스를 찾아간다. 이에야스를 만난 그는 이렇게 말한다. "나는 일평생 싸움밖에 하지 않았기 때문에 마음이 삭막하다. 그래서 나는 이 삭막한 마음을 달래기 위해, 내가 너무나 강팍해지지 않도록, 가끔 피리를 분다." 그러면서 그는 자신이 가장 아끼는 귀한 피리를 도쿠가와 이에야스에게 선물로 준다.

도쿠가와 이에야스가 그 피리를 잘 간직하며 살다가 늙어서 죽을 때가 되었다. 그에게는 아들이 여러 명이 있었는데, 큰아들에게 쇼군 직을 물려주었다. 그런데 셋째 아들이 마음에 걸렸다. 셋째 아들은 싸움밖에 몰랐기 때문이다. 이 아들은 싸움을 좋아하고 사람 죽이는 것을 좋아했다. 이에야스가 생각해 보니, 아무래도 셋째 아들이 큰아들의 쇼군 직을 갈취할 가능성이 큰 것 같았다. 죽기 전에 이것을 정리해 주어야 할 텐데 어떻게 할까 망설이다가 그는 셋째 아들을 불러 그 피리를 전해주면서 이렇게 말한다. "이 피리는 오다 노부나가가 나에게 준 피리다. 내가 너에게 이 피리를 유품으로 준다. 너는 마음에 싸우고 싶어 하는 욕구가 들 때는 항상 이 피리를 불어라. 이 피리를 불면 너의 마음이 부드러워질 것이다." 그렇게 유언하고 죽었다. 셋째 아들은 아버지의 유언에 따라, 마음이 산란하고 소란스러워질 때마다 피리를 불며 마음을 달랬다.

구약성경의 열왕기 상하, 사무엘 상하는 다 싸우는 이야기이다. 그중에서도 압권은 다윗과 사울의 이야기이다. 사울은 일평생 전쟁만 했다. 한 마디로 사람 죽이는 것밖에 하지 않았다는 이야기이다. 사울이 매일 효과적으로 사람을 죽일 생각, 전쟁하는 전법만을 골똘히 생각하니 마음이 얼마나 삭막했겠는가?

사무엘상 18:10을 보면 사울이 가끔 악신이 들렸다는 것을 알 수 있다. "하나님의 부리신 악신이 사울에게 힘 있게 내리매 그가 집 가운데서 야료하는 고로 다윗이 평일과 같이 손으로 수금을 타는 때에"라고 말씀한다.

사울은 싸움밖에 모르기에 악신이 내렸다. 그때마다 사울은 음악을 타는 사람을 불러 음악을 타게 했다. 그중에 한 명이 다윗이다.

여기서 야료라는 말이 나오는데 이 말은 '까닭 없이 트집을 잡고 마구 떠들어대는 것'이다. 의미 없이 이런저런 말을 하는 것이다. 말을 마구 하지만 무슨 말을 하는지 전혀 모른다. 이렇게 싸움만 좋아하면 사울처럼 악신이 내리게 된다.

다윗도 사울처럼 싸움을 좋아하고 일평생 전쟁에서 사람을 죽였는데 다윗은 왜 악신이 들리지 않았을까? 다윗은 시와 음악을 좋아하였다. 시편의 절반은 다윗의 작품이다. 그는 부드러운 마음을 지키기 위해 음악과 시를 좋아했다.

우리 역사에도 다윗과 같은 인물이 있었다. 이순신 장군은 23전 23승을 거둔 인물이다. 전쟁에서 한 번도 패하지 않았다. 사람을 많이 죽였다. 이순신 장군은 다윗처럼 시를 좋아했다.

한산섬 달 밝은 밤에 수루에 홀로 앉아
큰 칼 옆에 차고 깊은 시름 하는 적에
어디서 일성호가(一聲胡茄)는 남의 애를 끊나니

전쟁 중에도 시를 쓰는 사람, 이런 사람이 명장이다. 이순신은 인문학을 아는 사람, 시를 아는 사람이었다.

비둘기 같은 성령은 우리의 강퍅한 마음을 녹여주는 역할을 한다. 평소에 화를 잘 내고 강퍅한 분은 비둘기 같은 성령을 받아야 한다.

그래야 굳었던 마음이 녹게 된다.

인생살이는 늘 팍팍하고 힘들다. 직장생활은 전쟁이다. 마음의 싸움, 이것을 부드럽게 하려면 비둘기 같은 성령을 받아야 한다. 비둘기 같은 성령을 받으면, 우리의 마음이 부드러워지고, 쉼을 얻고, 평화와 안정을 누리게 된다. 비둘기 같은 성령을 받으면, 미워하던 사람도 사랑스러워 보이게 된다.

신자에게 제일 중요한 것은 성령 충만함을 받는 것이다. 그래야 하나님 말씀을 이해할 수 있고, 성령의 기름부음을 받을 수 있고, 성령의 새 술에 취해 자신감 있게 살 수 있고, 그리고 비둘기 같은 성령을 받아 마음의 평화와 안정을 얻을 수 있다.

성령과 비둘기

요한복음 1:32-34

성경에는 수많은 비유가 나온다. 그중에는 성령에 대한 비유들도 많다. 성령을 비둘기에 비유한 것도 그런 비유들 중의 하나이다. 우리가 잘 알고 있는 바와 같이, 비둘기는 매우 온순하고 부드러운 동물이다. 성경은 비둘기의 이러한 특성을 통해서 성령의 다양한 영적인 의미를 드러낸다.

비둘기가 처음으로 성경에 등장한 곳은 창세기 8:8이다. 하나님께서 40일 동안 온 세상에 비를 내려 심판하신 후에 노아와 그 가족은 온 세상을 뒤덮었던 물이 물러가고 뭍이 드러났는지를 확인해야 했다. 이 상황에서 노아는 비둘기를 날려 보냈는데, 비둘기가 처음에는 그냥 돌아왔다가 다시 한 번 보냈을 때는 감람나무 잎사귀를 입에 물고 돌아온다. 노아의 방주 이야기에서, 비둘기는 하나님의 심판이 그쳤다는 것을 알리는 전령으로 등장한다.

신약성경의 공관복음서에는, 예수께서 세례를 받으실 때 성령이 하늘에서부터 비둘기처럼 예수님께 임했다고 전한다. 공관복음서 중에서 누가복음은 비둘기 같은 성령에 대해서 다른 복음서보다 좀 더 구체적으로 기술한다. 아마도 제자인 누가가 의사였기 때문에 구체적인 형체를 선호하였던 것 같다. 누가복음은 3:18에서 성령이 '비둘기 같은 형체'로 예수님 위에 강림했다고 기록한다. 누가가 보기엔 예수님께 임했던 성령은 '비둘기'의 모양을 한 영적인 실체였던 것이다.

요한복음 1:32에는 세례 요한이 예수님에 대해서 말하면서, 예수님의 위에 성령이 비둘기같이 임한 것을 보았다고 쓰여 있다. 세례 요한이 예수님의 머리 위에 임하는 것을 보았던 '비둘기 같은 성령'은, 예수님의 십자가 사역을 예표한다고 볼 수 있다.

비둘기는 보편적으로 '평화'를 상징하는 동물이다. 동서고금을 막론하고, 또 비기독교인이든 기독교인이든, 비둘기를 생각하면 가장 먼저 평화를 떠올린다. 따라서 비둘기 같은 성령이 예수님께 임했다는 것은 예수께서 이 땅에 평화를 주기 위해서 오신 분이라는 것을 의미한다. 신자인 우리도 예수님처럼 비둘기 같은 성령을 받아야 한다. 그렇다면 비둘기 같은 성령이 우리에게 임할 때 어떤 일이 일어날까?

첫째, 비둘기 같은 성령이 임하면 하나님과 인간 사이에 평화가 이루어진다.

하나님은 눈에 보이지 않는다. 그런데 어떻게 눈에 보이시지 않는 하나님과 우리 인간의 사이가 틀어졌다고 말할 수 있을까? 칼 바르트라는 신학자는 이렇게 말한다. "하나님이 계시다는 것은 혁명적인 사실이다. 그리고 하나님께서는 우리의 신앙의 대상으로서 존재하신다." 우리가 타인과 대화를 할 때, 우리는 대화의 상대방과 상호관계를 맺게 된다. 그리고 이 관계 속에서 말하는 사람과 듣는 사람은 서로에게 대상이 된다. 이처럼 인간과 인간도 서로가 대상이 될 수 있듯이 하나님은 우리에게 자신을 예수 그리스도를 통해서 계시하셨고, 그 계시를 통해서 인간은 하나님 앞에 하나의 대상이 된다. 마찬가지로 하나님께서도 계시를 통해 자신을 드러내셨기에 인간 앞에서 하나의 대상이 되어주신다.

그런데 우리가 일상생활 속에서도 대화의 상대방과 관계가 좋지 않을 수 있듯이, 신앙의 대상이신 하나님과 우리의 관계도 좋지 않을 수 있다. 그리고 하나님과의 관계를 악화시키는 가장 큰 원인은 바로 '죄'이다. 인간은 모두 죄인이기에 거룩하신 하나님과 우리의 관계는 틀어졌고, 우리는 하나님과 불화할 수밖에 없다. 성경은 인간이 죄로 인해서 하나님과 '원수가 되었다'라고 전한다.

앞서 말씀드린 바와 같이, 예수께서 세례를 받으실 때, 예수님의 위에 비둘기 같은 성령이 임했다. 비둘기 같은 성령의 강림은 예수 그리스도의 십자가 사역을 예표한다. 특별히 예수님의 십자가 사역을 통해서 깨어진 하나님과 인간 사이의 관계가 다시 화평하게 될 것임을 비둘기 같은 성령은 나타내고 있다.

하나님과 원수 된 인간 사이의 관계를 예수님께서 화평하게 하신 것을 에베소서 2:16을 이렇게 증거한다. "또 십자가로 이 둘을 한 몸으로 하나님과 화목하게 하려 하심이라 원수 된 것을 십자가로 소멸하시고"(엡 2:16).

이 말씀에서 '원수된 것'은 인간이 하나님과 원수 되었다는 사실을 지칭한다. 우리는 죄로 인해서 하나님과 원수가 되었지만 예수님의 십자가 사역은 우리의 하나님과 원수된 것을 소멸시켜 준다. 그리고 우리가 예수 그리스도의 십자가의 은혜를 믿을 때, 하나님께서 우리의 십자가에 대한 믿음을 보시고 하나님과 원수 된 우리를 용납하시고 받아주신다. 따라서 신자의 마음속에서 예수 그리스도의 십자가 사건은 날마다 재현되어야 한다.

구약 시대에 하나님 앞에 죄를 지은 사람들은 희생제를 드려 자신의 죄를 씻어야 했다. 조금 부유한 사람들은 깨끗한 송아지를 잡아서 그 피를 뿌려서 하나님께 희생제를 드렸다. 지금으로 치면 중산층 정도 되는 사람들은 양을 잡았고, 너무나 가난한 사람들은 어린 비둘기를 잡아서 하나님께 드렸다. 그래서 우리는 "세상 죄를 지고 가는 어린양을 보라"라는 세례 요한의 예수님에 대한 표현을 들으면서, 예수께서 어린양이실 뿐 아니라 구약 시대의 모든 희생제물을 대신하는 '어린 송아지'나 '어린 비둘기'도 되심을 깨달아야 한다.

예배는 예수님의 십자가 사건을 우리의 마음속에서 재현하는 것이다. 우리가 십자가의 은혜를 믿을 때, 비둘기 같은 성령이 우리의 마음에 임해서 예수님의 보혈의 공로로 우리는 하나님과 원수 된 죄인의 자리에서 벗어나 하나님과 화평하게 될 수 있다. 이처럼 비둘기 같은 성령이 임할 때, 우리와 하나님의 관계에 평화가 찾아올 것이다.

둘째, 비둘기 같은 성령이 임하면 사람과 사람 사이의 평화가 이루어진다.

창세기 3장에는 인간이 선악과를 따먹고 타락하는 사건이 등장한다. 인간의 타락과 함께 인간이 소실한 중요한 능력이 바로 '사랑의 능력'이다. 인간은 죄로 인해서 자신이 아닌 타인을 제대로 사랑할 수 있는 능력을 잃어버리고 말았다. 그 결과, 두 사람 이상 모인 곳에는 늘 갈등과 다툼이 있다. 그런데 비둘기 같은 성령이 임하실 때, 인간 사이의 모든 갈등이 해결되고, 평화가 임할 것이다.

폴 틸리히는 성령을 '화해의 영'이라고 규정지었고, 어거스틴은 성령을 '사랑의 영'이라고 규정지었다. 반면에 성령에 반대되는 악한 영은 '분열의 영', 혹은 '관계를 파괴시키는 영'이다. 갈라디아서 5:22에 따르면, 성령이 하시는 일은 사랑, 화평 등 인간을 화합하게 만드는 것이다. 반면에 갈라디아서 5:19에는 악한 영이 하는 일들을 서술하고 있는데, 그것은 인간 사이를 벌려 놓아 원수를 맺게 하는 일, 시기와 분노와 당파심, 그리고 분열, 질투 등이다. 이렇게 성령과 악한 영이 하는 일은 서로 대조적이다.

우리 사회에는 유독 갈등이 많다. 왜냐하면 우리가 하는 어떤 일도 우리 주변의 모든 사람을 만족시킬 수는 없기 때문이다. 얼마 전, 정부에서 건강보험이 보장하는 질병의 범위를 확장하고 그 액수도 늘린다는 계획을 발표했다. 많은 서민들이 정부의 이러한 계획을 환영했다. 그런데 이러한 정부의 계획에 항의하는 사람들이 있었다. 바로 탈모환자들이었다. 왜냐하면 탈모는 건강보험이 보장하는 질병의 범위에 들어가지 않았기 때문이다. 많은 탈모환자들은 탈모로 인한 정신적 고통으로 심지어 입원을 해야 하는 경우도 있다고 말한다. 이처럼 우리 인간이 세운 모든 계획은 대부분의 사람들을 만족시킬 수는 있어도 모든 사람을 만족시킬 수는 없다. 그래서 갈등이 존재하는 것이다.

사회뿐 아니라 가정에서도 갈등과 불화가 끊이질 않는다. 언젠가 아주 지능적으로 부부싸움을 하는 부부를 본 적이 있다. 이 부부는 교회에 올 때면 서로 아주 잘해주는 것처럼 보였다. 나는 이 부부가 그 주일 따라 식사를 안 하고 그냥 집으로 돌아가기에 교회에서 식사를 하고 가시라고 권면하기 위해서 두 분의 뒤를 따라갔다. 그런데 교회를 좀 벗어나자마자 그 둘은 언제 그랬냐는 듯이 서로 싸우기 시작했다. 이렇게 표리부동한 부부들이 우리 주변에 참 많다. 그리고 이렇게 갈등을 숨기기만 하는 부부들은 그 갈등으로 인해서 가정이 해체되는 지경에 이르기도 한다.

사람과 사람 사이의 갈등은 비둘기 같은 성령이 임할 때 해결될 수 있다. 사회와 가정, 교회에 비둘기 같은 성령이 임할 때, 하나님의 평화가 임한다.

과거에 감리교에서 감독선거를 하는데, 그 해에는 유독 갈등이 심해서 스물두 번이나 투표를 했지만 감독을 선출하지 못하는 상황이 벌어졌다. 양 후보를 지지하는 사람들의 수가 동일했기에 아무리 투표를 해도 결판이 나지 않았던 것이다. 양 진영에서 그 누구도 양보하려고 하지 않았고, 투표할 당시가 더운 여름인지라 그 자리에 참석한 모든 감리교 지도자들은 상당히 지쳐 있었다. 그런데 갑자기 창문 밖에서 비둘기 한 마리가 날아들어 당시에 이 투표에 참가 중이었던 김종우 목사님의 앞에 앉은 것이다. 비둘기는 목사님 주위를 배회했는데, 김종우 목사님은 아주 따뜻하게 비둘기를 품에 안고 창가로 다가가 비둘기를 창 밖으로 날려 보내주었다. 그 자리에 있던 모든 목사님들은 김종우 목사님 앞에 앉았던 비둘기를 하나님의 계시라고 생각하고, 23번째 투표에서 모두 김종우 목사를 선출했다. 22번에 걸친 투표에도 해결되지 않았던 갈등이 단 한 번에 해결된 것이다. 이처럼 비둘기 같은 성령이 임할 때, 우리의 삶에서 해결되지 않았던 갈등이 해결된다.

요한일서 4:12-13은 이렇게 말한다. "어느 때나 하나님을 본 사람이 없으되 만일 우리가 서로 사랑하면 하나님이 우리 안에 거하시고 그의 사랑이 우리 안에 온전히 이루어지느니라 그의 성령을 우리에게 주시므로 우리가 그 안에 거하고 그가 우리 안에 거하시는 줄을 아느니라"(요일 4:12-13).

요한일서의 말씀이 증거하는 바와 같이, 비둘기 같은 성령이 임할 때, 인간은 서로를 진정으로 사랑할 수 있게 될 것이다.

셋째, 비둘기 같은 성령이 임할 때, 자기 자신과의 사이에 평화가 임한다.

바울은 로마서 7장에서 자신에게는 '두 개의 자아'가 있다고 말한다. "내가 원하는 바 선은 행하지 아니하고 도리어 원하지 아니하는 바 악을 행하는도다"(롬 7:19).

바울이 말하는 두 개의 자아 중 하나는 선을 행하는 자아이고, 다른 하나는 악을 행하는 자아이다. 이러한 상태를 자아의 '분열'이라고 한다. 이러한 자아의 분열은 사도 바울뿐만 아니라 인간 모두에게 있다. 자아의 분열이 심해지면 심각한 정신병인 조현병이 되고, 더 심해지면 '해리'가 된다. 해리는 두 자아가 분열될 뿐 아니라 두 자아 사이의 연결점이 아예 끊어진 상태를 말한다. 『지킬 박사와 하이드』라는 소설에서 주인공인 지킬은 해리 상태에 있는 사람이다. 영화의 주인공인 헐크도 해리 상태에 있다. 이들 모두 자신이 변했을 때, 자신이 무슨 일을 했는지 전혀 알지도 못하고, 자신의 변한 모습을 인정하지도 않는다.

이러한 분열과 해리는 자신에 대한 기대치가 높은 사람에게 쉽게 일어난다. 자기 자신을 너무 높이 평가해서 자신의 실수와 결점, 잘못을 인정하지 못하는 것이다. 성경에서 대표적으로 분열의 증상을 보이는 사람이 바로 사울이다. 사울은 다윗을 보면 분노가 치밀어서 다윗을 향해 창을 던져서 죽이려고까지 했다. 그런데 그는 돌아서자마자 자신이 다윗을 공격했던 것을 후회한다. 사울은 다윗을 향한 자신의 분노를 알았기에, 최대한 정상적이고 건강한 마음을 가지려고 노력한다. 그는 다윗을 불러서 다윗에게 자신의 앞에서 아름다운 음악을 연주하도록 지시한다. 즉, 자신의 분노를 음악을 통해서 치료하려 했던 것이다. 통제할 수 없는 분노로 인해서 폭주하는 사울의 모습이 사무엘상에 아주 잘 나타나 있다.

"그 이튿날 하나님께서 부리시는 악령이 사울에게 힘 있게 내리매 그가 집 안에서 정신 없이 떠들어대므로 다윗이 평일과 같이 손으로 수금을 타는데 그 때에 사울의 손에 창이 있는지라"(삼상 18:10).

사울이 집 안에서 '정신 없이 떠들었다'고 되어 있는 것을 보면, 그가 자아의 분열을 겪고 있었다는 것을 알 수 있다. 그런데 다윗은 그 앞에서 사울의 분노를 누그러뜨리기 위해서 수금을 탄다. 그런데도 사울의 마음은 다윗에 대한 분노로 불타오른다.

사울과 마찬가지로 우리 또한 자신의 마음을 내 마음대로 하지 못할 때가 있다. 사람이라면 누구나 그 안에 원하지 않는 자신의 모습을 갖고 있다. 그리고 이렇게 숨기고 싶은 우리의 어두운 면으로 인해 우리는 번민하고 고민한다. 그럴 때 필요한 것이 다윗의 수금과 같은 역할을 하는 '비둘기 같은 성령'이다. 찬송가 187장 1절은 비둘기와 같은 성령의 능력에 대해서 이렇게 말한다.

비둘기 같이 온유한 은혜의 성령 오셔서
거친 마음 어루만지사 위로와 평화 주소서

이 찬송가 가사에서 주목할 단어는 바로 '거친 마음'이다. '거친 마음'이란 사울과 같이 분노로 가득한 마음, 인생을 너무나 힘들게 살아서 사막과도 같은 마음을 말한다. 우리의 마음은 삶의 고난과 역경, 시련으로 인해서 마치 밤바다에 강풍이 불어서 바다의 수면이 요동치듯이 혼란스럽고, 분노로 가득 찰 때가 있다. 이러한 분노를 어떻게 가라앉힐 수 있을까? 오로지 비둘기 같은 성령의 역사만이 우리의 마음을 가라앉히고 부드럽게 할 수 있다.

불평과 불만으로 가득한 거친 마음 위에 비둘기 같은 성령이 임할 때, 우리의 마음은 고요한 호수와 같은 잔잔함을 얻을 수 있을 것이다.

성령의 새 술

사도행전 2:1-13

오늘날의 신자들이 생명력 있고 기쁘고 기운찬 신앙생활을 하지 않는 것은, 성령 충만한 신앙생활을 하지 못하기 때문이다. 대부분의 신자들이 신앙에 성숙을 이루지 못하고 퇴보하며 신앙생활에 실패하는 것은 바로 성령으로 거듭나지 못했기 때문이다. 따라서 신앙과 교회 생활의 모든 문제는 성령을 갈망하고 성령 충만함을 받으면 다 해결된다.

사도행전 1:9-10을 보면, 부활하신 예수님은 승천을 하시게 된다. 예수님은 승천하시기 전에 제자들에게 약속을 하시는데, 그 말씀이 바로 사도행전 1:8이다. “오직 성령이 너희에게 임하시면 너희가 권능을 받고 예루살렘과 온 유대와 사마리아와 땅 끝까지 이르러 내 증인이 되리라 하시니라.” 예수님이 승천하시 후에 얼마 있으면 성령님이 오신다는 말씀이다. 성령님이 오셔서 우리에게 권능을 주시고 우리로 하여금 증인이 되게 만드신다는 것이다.

사실 제자들은 예수님이 승천하신 후에 자신들의 신앙적 지도자를 잃고 당황하기 시작하였다. 그들은 신앙의 용기와 힘을 잃어버리고 불안해졌다. 그런 상황에서 예수께서는 당신이 승천하신 후에 제자들을 신앙으로 인도할 성령을 보내신 것이다. 예수님을 대신한 그 성령님 때문에 제자들은 신앙의 힘을 다시 회복하기 시작하였다. 성령을 보내주시겠다는 약속은 요한복음에도 여러 번 나온다. 요한복음 14:16을 보면, "내가 아버지께 구하겠으니 그가 또 다른 보혜사를 너희에게 주사 영원토록 너희와 함께 있게 하리니"라는 말씀이 나온다. 여기에서 성령님을 '보혜사'라고 표현하였는데, '보혜사'란 말은 희랍어 '파레클레토스'로, '상담자, 위로자, 중재자'란 뜻이다. 상담자와 위로자가 되시는 성령님께서 신앙생활하는 신자들 곁에서 영원히 떠나지 않고 계실 것이라는 뜻이다.

또한 요한복음 16:7-9을 보면, "그러나 내가 너희에게 실상을 말하노니 내가 떠나가는 것이 너희에게 유익이라 내가 떠나가지 아니하면 보혜사가 너희에게로 오시지 아니할 것이요 가면 내가 그를 너희에게로 보내리니 그가 와서 죄에 대하여, 의에 대하여, 심판에 대하여 세상을 책망하시리라 죄에 대하여라 함은 그들이 나를 믿지 아니함이요"라는 말씀이 나온다. 이 말씀의 뜻은 이렇다. 예수께서 승천하시고 나면 성령 보혜사가 오셔서 우리의 죄를 깨닫게 해주신다는 것이다. 사람은 늘 남의 죄만 눈여겨보는 경향이 있다. 자기 죄는 모르고 늘 남의 죄만 비판한다. 그런데 성령이 역사하시면 남의 죄보다도 자기의 죄를 깨닫게 된다는 것이다.

또 성령 보혜사는 인간의 행동 중에서 무엇이 옳고 그른지를 가려내어 주신다. 인간은 결코 의로울 수 없고, 무엇이 옳고 그른지를 모르는 채로 판단하기 일쑤이기 때문에, 성령님이 오셔서 우리가 판단한 인간의 의에 대해서 책망하신다는 것이다. 우리가 내세우는 자기의 주관적 의를 성령 보혜사는 판단하셔서 하나님의 의가 실현되도록 해주신다. 그리고 성령 보혜사는 사람들이 했던 판단과 심판을 하나님의 눈으로 심판하신다. 즉, 인간의 판단이 어떤 것이 올바른 판단이고 어떤 것이 그른 판단인지를 구별하신다는 뜻이다. 바로 이것이 성령 보혜사가 오셔서 하실 일이다.

그러면 이러한 약속은 어떻게 성취가 되었을까? 사도행전 2:1-4을 보면, 제자들은 예수님의 이러한 약속을 믿고 한자리에 모여 성령을 달라고 기도하기를 힘썼다. 그랬더니 예수님이 약속한 대로 모두 성령으로 충만함을 받고, 성령이 강한 바람으로 임하여 불의 혀로 방언을 말하는 것으로 나타나기 시작했다. 제자들이 이렇게 성령 충만함을 받은 결과는 어떠하였을까?

사도행전 2:43-47을 보면, "사람마다 두려워하는데 사도들로 말미암아 기사와 표적이 많이 나타나니 믿는 사람이 다 함께 있어 모든 물건을 서로 통용하고 또 재산과 소유를 팔아 각 사람의 필요를 따라 나눠주며 날마다 마음을 같이하여 성전에 모이기를 힘쓰고 집에서 떡을 떼며 기쁨과 순전한 마음으로 음식을 먹고 하나님을 찬미하며 또 온 백성에게 칭송을 받으니 주께서 구원 받는 사람을 날마다 더하게 하시니라"는 말씀이 나온다. 성령이 임하니까 기사와 표적이 나타나고, 서로의 물건을 함께 쓰고, 자기의 재산을 가난한 사람에게 나누어주기 시작하였다. 이러한 일이 어찌 인간의 힘으로 이루어질 수 있겠는가? 이것은 바로 성령님의 힘으로만 가능한 것이다. 신자가 성령 충만해야 이러한 일을 할 수 있다. 또 성령이 충만하니 날마다 마음을 같이하게 되었다. 다른 마음을 가진 사람이 하나도 없었다. 공동체가 한마음을 갖는 것이 얼마나 어려운지 모른다. 그러나 이들은 성령 충만하여 모두 한마음을 가지게 되었다. 성령이 충만하니 성전에 모이기를 힘쓰고 기도하기를 힘쓰게 되었던 것이다.

그리고 성령이 충만하니 각자 다른 나라의 말을 하여도 서로 알아듣게 되었다.

사도행전 2:13에는 "또 어떤 이들은 조롱하여 이르되 그들이 새 술에 취하였다 하더라"는 말씀이 나온다. 오순절 날 제자들이 성령 충만함을 받는 광경을 보고 어떤 이가 조롱하며 말하기를 "저들이 술에 취했다"라고 했다. 신앙이 없는 사람에게는 이렇게 보일 수밖에 없다. 신앙이 없었던 베스도 총독도 바울의 간증을 듣고 바울에게 미쳤다고 말했다. 신앙이 없기 때문에 하나님을 열심히 믿는 바울의 모습이 너무나 이상하게 보였던 것이다.

나의 형님은 사법고시 공부를 열심히 하여 결국은 판사가 되고 나중에는 대법원 판사까지 되었다. 사법고시 공부를 할 때 형님은 예수를 열심히 믿어서 공부하기 전에 늘 방언으로 기도를 하곤 하였다. 어느 날 형님이 방안에서 방언으로 기도하는 모습을 본 아버님은 놀란 나머지 방안으로 달려 들어가 형님의 머리채를 낚아채서 바깥으로 데리고 나왔다. 그리고 "너 미쳤으니깐 공부를 그만하도록 하라"라고 말씀하셨다. 당시 신앙이 전혀 없었던 아버님의 눈에는 형님의 방언 기도 소리가 미친 사람의 헛소리로 들렸던 것이다. 이와 같이, 오순절 120명 성도들이 성령 충만을 받았을 때 신앙이 없었던 사람에게는 그들이 술취한 것처럼 보였던 것이다.

성령 충만한 사람에게 술에 취했다고 하는 것은 조롱이겠지만 세속적인 의미에서 이 말은 일리가 있다. 성령 충만을 받는 현상이 술 취했을 때의 현상과 매우 비슷한 증상을 보여주기 때문이다. 성령 충만함을 받으면, 술을 먹지 않아도 술 먹었을 때보다 더 행복하고 기쁜 생활을 할 수 있다. 우리나라 사람들은 스트레스가 많아서인지 술 소비량이 세계 제1위라고 한다. 따라서 술 소비량을 줄이려면 모두 성령 충만함을 받아야 한다. 왜냐하면 술은 인간의 문제를 세속적으로 해결하지만, 성령은 인간의 문제를 영적으로 해결하기 때문이다. 술먹는 현상과 성령 충만한 현상을 한번 비교해 보자.

첫째, 술을 먹으면 근심과 걱정이 없어지고 자신감과 용기가 생긴다. 이런 현상은 인생을 자신없어 하는 내성적이고 겁 많은 사람에게는 더욱더 두드러지게 나타난다. 그런데 성령이 충만해도 모든 일에 자신감이 생기고 용기가 생긴다. 이런 의미에서 독일의 신학자인 게르하르트 에벨링은 그의 책 『신앙의 본질』에서 성령을 용기라고 표현하였다. 다시 말하면, 성령은 연약한 인간에게 늘 용기를 주시는 분이라는 것이다. 용기있는 자는 어떤 일에 있어서도 흔들림이 없이 일관되게 마음을 잡는다. 즉, 성령이 충만한 사람은 늘 마음의 자세가 일관되고 언제나 자신감 있게 살아간다. 인생에 자신감이 없으신 분은 술먹지 말고 성령 충만함을 받아야 한다. 특별히 피곤하고 지친 인생을 살고 있다면, 또한 어려운 상황에서 절망하고 좌절한 상태라면, 반드시 성령 충만함을 받아야 한다. 그래야 삶에 대한 의욕이 생기고 용기가 생긴다.

둘째, 사람들은 술만 마시면 기분이 좋아 서로 화해를 잘 한다. 세상 사람들이 기독교인들을 비판할 때, 기독교인들은 한번 싸우면 절대로 화해하지 않는다고 한다. 술 먹는 사람이 기독교인에게 항변하기를 자기네는 싸워도 술만 먹으면 화해하지만, 예수 믿는 사람은 한번 싸우면 절대 서로를 용서 안한다고 한다. 그러나 그것은 기독교를 너무나 모르고 하는 말이다. 우리들은 성령 충만하면 남의 잘못보다는 자신의 잘못을 먼저 깨닫고 화해를 잘 한다. 성령 충만한 사람은 먼저 사과하고 용서를 빈다.

요한일서 4:12-13은 이렇게 말씀한다. "어느 때나 하나님을 본 사람이 없으되 만일 우리가 서로 사랑하면 하나님이 우리 안에 거하시고 그의 사랑이 우리 안에 온전히 이루어지느니라 그의 성령을 우리에게 주시므로 우리가 그 안에 거하고 그가 우리 안에 거하시는 줄을 아느니라." 이 말씀을 보면, 우리 안에 성령이 임재하면 우리는 서로 사랑하게 되고 용서하게 된다는 것이다. 신자 안에 계신 성령님은 용서와 사랑의 영이시다. 예수를 믿는 신자들이 도저히 그럴 수 없을 것 같은 누군가를 자꾸 용서하고 사랑하는 마음을 갖게 된다면, 그것은 바로 신자 안에 계신 성령님께서 역사하시는 것이다. 만일 부부싸움을 했다면 그 문제를 가지고 하나님께 기도해 보라. 처음에는 다 내가 잘한 줄 알지만 성령님께 나아가 기도하면 내 잘못이 더 크다는 사실을 깨닫게 된다. 자녀들이 잘못해서 야단치다가도 성령님께 나아가 기도하면 부모 된 내게 더 문제가 많음을 인정하지 않을 수 없게 된다. 바로 이것이 성령님께서 하시는 일이다. 그래서 평소에 인간관계가 좋지 않고 사람들과 다투는 일이 많다면 성령 충만함을 받아야 한다.

셋째, 술을 먹으면 자기가 갖고 있는 것을 다른 사람들에게 잘 준다. 아버지는 예수 믿기 이전에는 술을 많이 드셨다. 고등학교 교장선생님이셨던 아버님은 술을 드시고 술 취한 채로 집에 돌아오실 때가 종종 있었다. 술 드시고 집에 오실 때마다 아버님은 우리에게 용돈을 막 주셨다. 그래서 어렸을 때는 아버님이 술 먹고 오시는 날을 기다리곤 했다. 사람들이 술에 취하면 이렇게 정신없이 막 주게 된다. 성령이 충만해도 사람들은 자기 것을 남에게 잘 준다.

사도행전 2장을 보면, 성도들이 성령 충만함을 받았을 때 서로의 물건을 통용하고 재산도 같이 나누어 썼던 것을 볼 수 있다. 성령 충만하면 가난한 사람에게 물질을 나누어주고, 어려운 사람을 많이 도와주며, 복음이 전도되도록 교회에 헌금도 많이 한다. 그래서 평소에 사람과 하나님 앞에 인색한 사람은 성령 충만함을 받아야 한다.

넷째, 술만 먹으면 우는 사람이 많다. 평소에는 얌전하다가도 술만 먹으면 계속 우는 사람이 있다. 마찬가지로 성령이 충만하면 신자들은 하나님 앞에 울고 회개기도를 한다. 그리고 자기의 죄를 울며 자복한다. 성령 충만하면 겸손하고 가난한 마음을 갖게 되는 것이다. 성령 충만하면 눈물을 흘리며 하나님 앞에 낮은 마음을 갖게 된다. 시편 말씀에 "눈물로 씨앗을 뿌리는 자는 기쁨으로 거두리라"고 했다. 하나님은 마음이 상한 자와 함께하신다. 암브로시우스는 눈물로 기도하는 어거스틴의 어머니 모니카에게 말하기를 "눈물로 기도하는 부모의 자식은 망하지 않는다"라고 하였다. 아시아의 신학자 송천성(C. S. Song)은 "눈물을 흘리는 백성은 망하지 않는다"고 하였다.

우리는 성령 충만함을 받아서 눈물로 기도해야 한다. 평소에 영혼이 메말라 기도하지 않는 분들은 성령의 충만함을 받도록 노력해야 한다. 독일의 칼 바르트라는 신학자는 "어두운 방안에 빛이 비쳐지면 먼지가 보이듯이 성령의 빛이 우리 안에 비쳐지면 그동안 감추어졌던 내 죄가 보여져서 신자는 통곡하며 회개하게 된다"고 하였다.

이렇게 자기 죄를 깊이 자복하고 울며 회개하던 때가 우리 기독교 역사 속에도 있었다. 1907년 장대현교회 신년집회 때, 한국교회 최초로 성령이 임하였다. 선교사들은 이 집회를 위해서 매일 두 시간 이상씩 4개월이나 기도하였다. 시작하는 첫 날, 700여 명의 신자가 모였다. 모여든 교인들은 이 집회를 통해 하나님께서 특별한 성령의 은혜를 주실 것을 기대했다. 마지막 날 저녁에 약 1,500여

명의 성도가 운집했다. 그러나 마지막 집회까지 아무런 역사가 일어나지 않았다. 그때 길선주 장로가 온 회중 앞에서 친구가 유언하며 맡긴 돈 200원 중에 100원을 가로챈 사실을 고백하고 회개하였다. 길 장로의 회개를 들은 온 회중은 모두 자기의 숨겨 놓은 죄를 털어놓으며 통곡하고 회개하기 시작하였다. 회개하게 하시는 하나님의 말씀에 반응하기 시작한 것이다. 여러 날 동안 무겁게 짓누르던 장벽과 같았던 담이 별안간 무너지고, 거룩한 하나님의 임재가 집회 장소에 충만했다. 죄에 대한 애끊는 회개가 예배당 전체를 휩쓸었다.

저녁에 시작된 집회는 이튿날 새벽이 되어도 끝나지 않았다. 울부짖는 소리, 통곡의 소리, 회개의 물결이 장대현교회를 휩쓸었다. 그 다음 날 쌀가게 주인은 됫박을 속여 판 것을 공개적으로 사과하는 글을 가게 앞에 붙이고 배상해 주었다. 고의로 빚을 떼먹은 사람은 채주를 찾아가 사과하고 용서를 구했다. 술집 앞에는 이런 간판이 걸렸다. '금일부로 이 술집을 폐업함. 어제 밤 주인이 회개함.' 많은 사람들이 빚을 갚으며 이렇게 말했다. "나는 예수를 믿기 때문이다." 이 부흥은 우리 민족을 휩쓸었다. 사람들은 하나님의 말씀을 그리워하여 두세 시간씩 걸어서 예배 장소에 왔다. 우리 민족사 속에 이런 부흥의 역사가 있었다.*

성령 충만하면 모든 문제가 해결된다. 인생에 큰 문제가 있다면, 중독성 있는 술이나 마약으로 도피하지 말고 성령 충만하여 문제를 믿음으로 극복해야 할 것이다. 에베소서 5:15-18을 보면, "그런즉 너희가 어떻게 행할지를 자세히 주의하여 지혜 없는 자 같이 하지

---

* 주민철, "평양부흥운동을 통해 본 21세기 한국교회 부흥운동의 과제," 석사학위논문, 협성대학교대학원(2007), 24-25.

말고 오직 지혜 있는 자 같이 하여 세월을 아끼라 때가 악하니라 그러므로 어리석은 자가 되지 말고 오직 주의 뜻이 무엇인가 이해하라 술 취하지 말라 이는 방탕한 것이니 오직 성령으로 충만함을 받으라"는 말씀이 나와 있다. 이 악한 시대에 지혜롭게 행동하는 것은 술 취하는 대신에 성령 충만함을 받는 것이다. 그것이 바로 지혜로운 믿음 생활을 하는 것이다.

성령의 물

요한복음 7:37-38

마태복음 3:11과 누가복음 3:16에서 세례 요한은 이렇게 말한다. "나는 너희들에게 물로 세례를 주었지만 예수께서 오시면 너희에게 불과 성령으로 세례를 주실 것이다."

성경에는 이처럼 '성령과 불'로 세례를 주실 것이라는 표현이 나온다. 그렇다면 성령 세례와 불 세례는 다른 것일까? 신약학자들은 '성령'과 '불'을 동격으로 본다. 즉, 성령 세례와 불세례는 같은 것이다. 그리스도인은 마땅히 성령의 불로 세례를 받아야 한다.

요한복음 3장에는 니고데모가 예수님을 찾아온 장면이 묘사되어 있다. 니고데모는 예수께 삶의 궁극적인 의문에 대한 답을 얻기 위해 찾아왔다. 니고데모는 예수께 "제가 어떻게 해야 하나님 나라에 갈 수 있겠습니까?"라고 여쭙는다. 예수께서는 이에 대해서 '물과 성령'으로 거듭나야 가능하다고 대답하신다. 신약학자들은 예수의 이 말을 두고, 물 세례와 성령 세례가 같은 것인지 질문을 제기한다. 의견은 분분하지만 대부분의 학자들은 물로 세례를 받는 것을 성령으로 세례를 받는 것과 동일하다고 말한다. 즉, '물 같은 성령'을 받는 것이다.

요한복음 7:38에는 "나를 믿는 자는 성경에 이름과 같이 그 배에서 생수의 강이 흘러나오리라 하시니"라고 쓰여 있다. 예수님은 '목마른 자들아 다 내게로 오라'고 말하시면서 나에게 나오면 제자들에게 '너희의 배에서 생수의 강이 흘러나올 것이다'라고 말하신다. 이어지는 39절은 예수님의 말에 대해서 이렇게 부연설명을 한다. "이는 그를 믿는 자들이 받을 성령을 가리켜 말하신 것이라 (예수께서 아직 영광을 받지 않으셨으므로 성령이 아직 그들에게 계시지 아니하시더라)"(요 7:39).

39절의 부연설명으로 보아, 이 말에서 '생수의 강'은 우리가 받을 물 같은 성령의 세례를 가리킨다는 것을 알 수 있다. 그렇다면 '물 같은 성령'이 의미하는 바는 무엇일까?

첫째, 물 같은 성령은 겸손의 영이다.

물 같은 성령을 받으면 사람이 겸손해진다. 아울러 우리가 물 같은 성령을 받으면 우리의 죄를 자복하게 된다. '세상을 알기는 쉽지만 자기 자신은 알기 어렵다'는 옛말이 있다. 우리는 우리 자신을 잘 알지 못한다. 하지만 성령이 우리 안에 임재하시면 우리 자신을 알게 되고, 우리의 죄를 자각하게 된다. 따라서 성령이 우리에게 임하시면 우리는 하나님 앞에 무릎 꿇고 죄를 회개하게 된다. 하나님 앞에 무릎을 꿇는 겸손한 마음을 가지게 되는 것이다. 이것은 모두 물 같은 성령이 하시는 일이다.

노자는 도덕경(道德經)에서 인간의 가장 이상적인 삶을 '물처럼 사는 것'이라고 말한다. 물은 높은 곳에서 낮은 곳으로 흐른다. 물은 자신이 높은 곳에 있는 것을 용납하지 않는다. 조금이라도 낮은 곳으로 흐르려고 노력하는 것이 바로 물이다. 따라서 물은 겸손하다. 물은 낮은 곳으로 내려가면서 모든 더러운 것들을 정화한다. 물은 주변을 깨끗하게 한다. 또 물은 적응력이 강하다. 물은 네모난 그릇에 들어가면 네모지게 되고, 둥근 그릇에 들어가면 둥근 모양을 취한다. 물은 이처럼 부드럽고 유연해서 상황과 환경에 대한 적응력이 크다.

노자는 또, 물처럼 사는 삶이라는 것은 '부쟁'(不爭), 즉 '다투지 않는 삶'이라고 말한다. 물은 흐르다가 산을 만나면 다투지 않고 돌아간다. 스스로 길을 만들어 산과의 대면을 피한다. 또 물은 흐를 때, 뒤에 흐르는 물이 앞서 흐르는 물을 추월하려고 하지 않는다. 뒤에 흐르는 물은 그저 앞서 흐르는 물을 따라갈 뿐이다. 앞에 웅덩이가 있으면 물은 그 웅덩이를 다 채우고 나서야 자신의 길을 간다. 물은 기본적으로 다툼과 갈등을 싫어한다. 자신의 권리를 내려놓거나 갈등 상황을 피한다. 따라서 물 같은 성령을 받으면 겸손하고, 다투지 않으며, 화를 다스리게 된다. 물 같은 성령을 받는 사람은 반드시 성공하게 되어 있다.

『대망』(大望)이라는 소설은 일본의 전국시대를 배경으로 하는데, 주요 등장인물인 오다 노부나가, 도요토미 히데요시, 도쿠가와 이에야스, 이 세 인물에 대한 재미있는 비유가 있다. 관상용으로 들인 작은 새가 울지 않으면 어떻게 하겠느냐라는 질문에 세 사람은 저마다 다른 대답을 한다는 것이다. 오다 노부나가는 새가 울지 않으면 죽이겠다고 말하고, 도요토미 히데요시는 울도록 만들겠다고 답하고,

도쿠가와 이에야스는 울 때까지 기다리겠다고 답할 것이라고 한다.

이 세 사람 중 혼란한 전국시대를 통일하고 일본을 안정시킨 사람은 누구였을까? 도쿠가와 이에야스이다.

도쿠가와 이에야스는 아들이 여럿 있었다. 죽을 날이 가까워오자 도쿠가와 이에야스는 아들들에게 유산을 물려주기로 한다. 그런데 그 아들 중 하나는 굉장히 성격이 다혈질이었다. 도쿠가와 이에야스는 이 다혈질의 아들이 매우 걱정이 되었다. 고심 끝에 그는 이 다혈질의 아들에게 피리를 유산으로 상속한다. 그러면서 아들에게 이렇게 당부한다. "네가 마음속에 화가 치어 오를 때, 이 피리를 불어라. 피리를 불면서 마음속의 분노를 삭이도록 하여라."

물 같은 성령의 가장 중요한 역할은 이야기 속의 피리와 같다. 물 같은 성령을 받아야 우리는 겸손하고, 남을 배려할 줄 아는 유연한 사람이 될 수 있다.

둘째, 물 같은 성령이 임할 때, 영적인 만족과 기쁨을 얻게 된다.

물 같은 성령은 인간의 목마름을 만족시켜 준다. '목마름'이라는 단어를 영적으로 해석하자면 '욕망이 펄펄 끓는 상태'를 말한다. 이 세상의 모든 사람들은 욕망에 사로잡혀 살아간다. 정당한 욕망도 있지만, 정당하지 않는 욕망도 있다. 정당하지 않은 욕망을 충족시키려고 하는 사람들이 너무나 많기 때문에 세상에는 갈등과 소란이 바람 잘 날 없는 것이다.

요한복음 4장에서 예수님은 사마리아 여인을 만나 물을 달라고 요청한다. 사마리아 여인은 "유대인이 왜 사마리아인인 나에게 물을 달라고 합니까"라고 말하면서 퉁명스럽게 맞받아친다. 그러자 예수께서는 이렇게 말하신다. "내가 주는 물을 마시는 자는 영원히 목마르지 아니하리니 내가 주는 물은 그 속에서 영생하도록 솟아나는 샘물이 되리라"(요 4:14).

예수님의 이 말씀의 뜻은 다음과 같다. 우리의 욕망은 끝이 없다. 하나가 채워지면 다른 것을 더 원한다. 우리는 늘 충족되지 못한 욕망을 안고 살아간다. 우리 눈에는 모든 것을 다 가진 것처럼 여겨지는 세상 최고의 부자들도 속을 들여다보면 저마다 충족되지 못한 욕망을 안고 살아간다. 그들 역시 더 많은 부를 추구하거나, 또 다른 무엇인가를 쫓아간다. 우리의 욕망은 이처럼 세상의 것으로는 충족될 수 없다.

그런데 예수께서는 세상의 것으로는 채워질 수 없는 우리의 목마름이 예수께서 주시는 '물', 즉 '물 같은 성령'으로 채워질 수 있다고 말하신다. 예수께서 주시는 물 같은 성령을 받게 되면, 우리에게 영적인 만족과 기쁨이 생기게 되고, 우리는 영원히 목마르지 않은 삶을 살 수 있게 된다.

'십자가의 요한'은 『영혼의 어두운 밤』에서 이렇게 말한다. "예수께서 주신 물로 만족한 상태는 세상의 욕망에 대해서 목석이 된 상태와 마찬가지이다." '목석'은 말 그대로 감정이 없는 장작이나 돌덩어리와 같은 상태다. 즉, 세상의 것에 대해서 전혀 맛을 느끼지 못하는 상태를 가리킨다. 왜 그렇게 변화될까? 한번 영적인 만족을 누린 사람은 세상이 주는 만족이 얼마나 하잘것없는 것인지를 그제야 실감하게 되기 때문이다.

"여호와여 이 세상에 살아 있는 동안 그들의 분깃을 받은 사람들에게서 주의 손으로 나를 구하소서 그들은 주의 재물로 배를 채우고 자녀로 만족하고 그들의 남은 산업을 그들의 어린 아이들에게 물려주는 자니이다 나는 의로운 중에 주의 얼굴을 뵈오리니 깰 때에 주의 형상으로 만족하리이다"(시 17:14-15).

기원전 800년, 지금으로부터 2,800년 전에 쓰인 이 시는, 놀랍게도 오늘날의 한국 풍토와 너무나 닮아 있다.

대한민국의 많은 부모들은 그 자녀를 우상을 삼고 살아간다. '엄친아'라는 말이 대표적으로 이러한 행태를 반영한다. 대기업은 자신의 소유를 자신의 자녀들에게 물려준다. 그리고 그 상속의 방법은 대부분 올바르지 못하다. 대형교회들도 마찬가지다. 많은 교회의 목회자들이 자신의 자녀들에게 교회를 세습한다. 그런데 시편 17편은 3천 년 전의 사회에서도 비슷한 사회적 풍토가 있었다고 말한다. "그들의 남은 산업을 그들의 어린 아이들에게 물려주는 자니이다."

다윗은 15절에서 이렇게 노래한다. "나는 주의 형상으로 만족하리이다." 다윗은 자신의 자식이 잘되는 것, 자식을 우상 삼고, 부귀영화를 추구하는 것에 만족하지 않는다. 자신은 오로지 주님의 얼굴을 뵙는 것으로 만족하겠다고 말한다. 이것이 바로 영적인 만족이다. 이것이 바로 영적인 기쁨이다. 다윗은 영적인 만족과 기쁨으로 인해서 세상의 것들을 과감히 버릴 수 있는 사람이었다. 물 같은 성령을 받으면, 이 세상의 것이 주는 모든 기쁨을 초월하는 참 기쁨을 누리게 된다.

셋째, 물 같은 성령이 임하면 소멸해 가던 생명이 되살아난다.

물 같은 성령이 임하면 죽어가는 생명이 다시 소생한다. 물은 죽어가는 화초를 되살린다. 가물어서 모든 식물이 죽어갈 때에 하늘에서 내리는 비는, 죽어가는 식물을 살려낸다. 물에는 이처럼 생명력이 있다. 따라서 물 같은 성령은 생명의 영이다. 성경 말씀에도 성령이 생명의 영이라고 표현되어 있다. 로마서 8:2은 '생명을 주시는 성령의 법'이라는 표현을 사용한다.

에스겔서 47장에는 에스겔이 보았던 환상에 대해 기록되어 있다. 성전에서 물이 흘러나와서 사람들의 다리를 적시고 무릎을 적시고 가슴을 적시고 온몸을 적신다. 그리고 이 물이 만물에 생명으로 흘러 들어가 나무에 열매가 맺히고, 물고기와 동물들이 에덴동산에서 그랬던 것과 같이 활력으로 넘치게 된다. 물 같은 성령은 에스겔이 보았던 것처럼 만물에 생명을 주는 영이다. 만물을 회복시키는 영이다.

물 같은 성령을 생각나게 하는 구약성경의 위대한 선지자가 있다. 하늘로 병거 타고 올라간 엘리야 선지자다. 이세벨에게 살해 협박을 받은 엘리야는 로뎀나무 밑에서 너무나 지친 나머지 자신을 죽여 달라고 기도한다. 그런데 하나님께서는 엘리야의 이러한 기도에 아무 말도 하지 않으시고 엘리야를 먹이시고, 엘리야에게 마실 것을 공급해 주신다. 40일 동안 먹고 마셨더니 엘리야의 생명이 회복된다. 하나님의 역사는 이처럼 죽어가는 우리의 영을 회복시킨다.

반대로, 사탄 마귀는 생명을 살리기는커녕 우리의 생명을 죽인다. 사탄 마귀는 우리의 마음에 근심과 걱정을 안겨준다. 근심과 걱정이 많은 사람은 당연히 밤에 제대로 잠을 이루지 못한다. 근심과 걱정으로 인해서 밤을 하얗게 지새운 사람을 보게 되면 사람들은 대개, "하룻밤

사이에 얼굴이 왜 이렇게 수척해지셨어요?"라고 묻곤 한다. 근심과 걱정은 이처럼 우리의 생명력을 소진시킨다. 육체적 고난뿐 아니라 마음의 고민도 사람의 생명력을 소진시키는 아주 중요한 요인이다.

예수께서는 마귀들의 행태에 대해 이렇게 말씀하신다. "더러운 귀신이 사람에게서 나갔을 때에 물 없는 곳으로 다니며 쉬기를 구하되 쉴 곳을 얻지 못하고"(마 12:43). 귀신이 사람에게서 나가게 되면 물 없는 곳으로 다닌다고 하는데, 왜 그럴까? 물이 있는 곳에는 생명이 있기 때문이다. 생명을 멀리하고 싶은 사탄 마귀는 생명의 근원인 물로부터 멀어지고 싶어 한다. 사탄의 속성에 대해 알려주는, 참으로 흥미로운 구절이다.

찬송가 183장은 생명의 근원인 물에 대해서 다음과 같이 말한다.

빈 들에 마른 풀 같이 시들은 나의 영혼
주님의 허락한 성령 간절히 기다리네
가물어 메마른 땅에 단비를 내리시듯
성령의 단비를 부어 새 생명 주옵소서

온 세상이 가뭄으로 인해서 메마르더라도, 우리는 땅이 메마른 것만을 보아서는 안 된다. 우리의 영혼이 메마른 땅과 같이 영적으로 메말라 있다는 것도 보아야 한다. 그래서 가물어 있는 나의 영혼에 성령의 단비가 내리길 기도해야 한다.

가뭄이 들어 저수지의 수위가 낮아져도 물고기는 그 안에서 아무렇지 않게 살아간다. 왜냐하면 물 안에 있는 동안에는 물이 줄어들어가는 것을 보지 못하기 때문이다. 그러다가 물이 바닥을 드러낼 정도가 되면, 물고기는 숨을 쉬지 못해 죽고 만다. 저수지에서 줄어들어가는 물은 하나님의 은혜와 성령을 상징한다.

하나님의 은혜와 성령이 없이 살아가는 사람은, 물이 없어 죽고 마는 물고기와 같은 운명을 맞게 될 수밖에 없다. 그리스도인이라면 물 같은 성령의 바다에서 생명력을 얻고 하나님의 은혜로 살아가야 한다. 물 같은 성령으로부터 힘을 얻어야 우리는 비로소 생명력이 넘쳐나고 영적인 만족과 기쁨 속에서 살아갈 수 있게 된다.

성령의 불

출애굽기 3:1~5

교회력에서 가장 긴 절기가 성령강림절이다. 그만큼 성령은 기독교에서 중요한 존재이다. 성경에는 성령에 대한 말씀이 많이 나와 있다. 성경은 대부분 성령을 비유로 표현한다. 성령을 물이라고 하기도 하고, 불이라고 하기도 하고, 바람이라고 하기도 한다. 또 성령을 비둘기라고 말하기도 한다. 또 성령을 받는 것을 기름부음을 받는다고 하기도 한다. 성령을 기름에 비유하는 것이다.

성령을 '불'이라고 비유할 때, 이 비유를 통해서 표현되는 성령은 어떤 분이실까? 성경에서는 성령 충만을 받는 것을 불 받았다고 표현한다. 마태복음 3:11(누가복음 3:16)에 보면, 세례 요한이 예수님의 능력을 이야기하면서 그는 '성령과 불'로 너희에게 세례를 베푸실 것이라고 말한다. 여기에 '성령과 불'은 다른 것을 언급한 것이 아니고 뒤의 것이 앞의 것을 비유해주는 동격으로서, '불 같은 성령'을 주시겠다고 말씀하시는 것으로 해석된다. 또한 사도행전 2:3에서도 '불의 혀처럼 갈라지는 것들이'라는 표현이 나오는데, 이것 역시 성령이 불처럼 우리에게 임하시는 것을 묘사해주는 것이라고 볼 수 있다.

사도행전 2:3에 "불의 혀처럼 갈라지는 것들이 그들에게 보여 각 사람 위에 하나씩 임하여 있더니"라는 말씀이 있다. '불의 혀'란 '불의 권능'이라고 해도 좋고 '불 같은 언어'라고 해도 된다. 또 '불의 혀'를 '불꽃'이라고 해도 좋을 것이다. 사도행전은 위에서 하나의 불이 내려오다가 여러 개의 불꽃으로 갈라지면서 거기 모인 사람들 위에 각각 임하는 장면을 묘사하고 있다. 한마디로, 거기 모인 모든 사람들이 각자 불 같은 성령을 받은 것이다. 각 사람 위에 임했던 그 불꽃은 그들이 전도와 사랑, 그리고 헌신으로 타올라야 함을 보여주는 것이다.

구약성경에서는 성령을 불로 해석하는 구절들이 여럿 나온다. 아브라함은 타오르는 횃불을 보았다. 엘리야는 갈멜산에서 불이 내려오게 했다. 솔로몬이 아름다운 성전을 짓고 봉헌할 때, 하나님의 불이 제물 위에 내려왔다. 그런데 가장 두드러진 것이 모세의 떨기나무 불꽃사건이다. 이 사건을 묘사하는 출애굽기 3장은 모세가 광야에서 40년을 보낸 뒤에 불이 붙은 떨기나무를 발견하고, 하나님을 만나게 된 사건을 이야기하고 있다. 우리는 이 사건을 통해서 성령이 불이라는 의미를 잘 깨달을 수 있다. 모세는 다름이 아닌 성령의 불을 받았던 것이다. 그렇다면 모세가 목격한 하나님의 불, 성령의 불은 어떤 의미를 가질까?

첫째, 성령의 불은 열정과 열심을 의미한다.

모세는 40년 동안 광야에서 지루하고 권태로운 삶을 살았다. 그는 40년 동안 광야에서 아침에 양들을 데리고 들로 나가 먹이고, 양들을 먹인 후에는 다시 우리로 데리고 오는, 다람쥐 쳇바퀴 같은 삶을 살았다. 이렇게 무료하고 권태로운 삶을 살다가 모세는 하나님의 불을 발견하고, 하나님의 뜻과 자신의 민족을 향한 열정을 품게 되었다.

'열정', '열심'이라는 단어에서 '열'이라는 글자는 '뜨거울 열'이다. 열심이라는 것은 말하자면 마음이 뜨겁다는 것이다. 모세는 40년 동안 지루하고 권태로운 삶을 살았지만 그 마음에 뜨거운 불을 받아 다시 열정과 열심을 갖게 되었다. 신앙생활의 비전이 회복되었다.

몇 년 전, TV에서 고교 야구에 푹 빠져서 살아가는 사람의 이야기를 보게 되었다. 이 사람은 1965년부터 거의 수십 년 동안 결혼도 하지 않고 매일같이 고교야구 시합장에 나가서 경기의 내용을 기록하고, 선수들의 실적을 기록했다고 한다. 이 사람의 집에는 이러한 기록을 적은 노트가 한 벽면을 채울 만큼 있었고, 고교야구연맹에서도 야구 선수들의 과거 기록을 찾을 때 이분에게 부탁할 정도라고 한다. 기자가 이분에게 물었다. "아니, 어떻게 이렇게 고교야구를 좋아할 수 있습니까?" 인터뷰 말미에 그분은 이렇게 대답한다. "내 마음에는 고교야구에 대한 뜨거운 불이 있습니다."

우리 신자들은 자신에게 이렇게 물어봐야 한다. "나에게는 예수님을 향한 뜨거운 불이 있는가? 나에게는 예수님을 향한 뜨거운 열정이 있는가?" 우리 마음에 예수님을 향한 뜨거운 불이 있다면, 우리는 성령 충만한 것이다. 마리아는 거의 일년치 봉급을 털어서 예수님의 발에 향유를 붓고, 자신의 머리로 예수님의 발을 닦았다. 마리아는 그 마음에 예수님을 향한 뜨거운 불을 가지고 있었던 것이다.

미국의 찰스 피니라는 목사님은 본래 법학도로서 변호사 시험에 합격하고 변호사 일을 하던 분이었다. 그런 그가 어느 날 예수님을 영접하게 되었다. 그는 홀로 숲 속에서 간절히 기도하다가, 전류가 몸에 흐르는 것처럼 불로 온몸이 지져지는 뜨거운 체험을 하게 된다. 그리고는 뉴욕의 거리를 걸어가다가 예수님을 믿지 않는 수많은 영혼들을 보고 그 자리에서 무릎을 꿇고 통곡하며 그들의 영혼들을 위해 기도한다. 그는 이렇게 성령의 불을 받아 평생 20만 명 정도 예수님을 영접하도록 전도하였다.

레위기 6:13에는 이런 구절이 나온다. "불은 끊임이 없이 제단 위에 피워 꺼지지 않게 할지니라."

하나님께서는 레위기에서 이스라엘 백성들에게 제단의 불을 꺼지지 말게 하라고 명령하신다. 이 '불'은 교회 또는 예수님을 의미하기도 하지만, 우리 마음의 제단 위의 '불'을 의미하기도 한다. 교회에 오면서도 마음에 감동이 없고 마음에 뜨거움이 없다면, 우리 마음의 제단의 불이 꺼진 것은 아닌지 깊이 생각해 보아야 한다. 하나님께서는 우리의 마음의 제단의 불이 꺼지는 것을 원하지 않으신다.

고린도전서는 우리의 마음에 '성전'이 있다고 말한다. 우리 마음 속 성전의 불이 꺼지지 않아야 한다. 예수님에 대한 사랑과 뜨거운 헌신과 열심이 늘 충만해야 한다.

둘째, 성령의 불이 의미하는 것은 우리에게 주어진 사명을 말한다.

'불'은 사명의 성실성, 또는 사명의 완수를 의미한다. 하나님께서 모세에게 떨기나무의 불을 보여주신 이유는 모세에게 사명을 맡겨주시기 위함이었다. 그 사명의 내용은 이렇다. "이제 내가 너를 바로에게 보내어 너에게 내 백성 이스라엘 자손을 애굽에서 인도하여 내게 하리라"(출 3:10).

모세는 하나님께서 주신 불을 보고 사명 완수를 위한 열정을 가지게 되었다. 하나님께서는 우리 모두에게 사명을 주셨다. 이 사명을 향해 성실하게 일할 수 있도록 하나님께서는 성령의 불을 우리에게 주셨다.

윤봉길 의사가 훙커우 공원에 폭탄을 던지러 가기 전, 윤봉길 의사와 김구 선생이 나누었던 대화는 지금까지도 널리 알려져 있다. 윤봉길 의사는 자신보다 더 값싼 시계를 차고 있던 김구 선생을 보고 이렇게 말했다. "제 시계는 이제 몇 시간 뒤면 아무런 쓸모가 없습니다. 그러니 제 시계를 차시지요." 그러면서 윤봉길 의사는 자신의 시계와 자신이 가지고 있던 모든 돈을 털어 김구 선생에게 주었다.

사명을 향한 불을 가진 사람은 이처럼 자신의 삶의 부차적인 것들을 사명을 위해서 버릴 수 있는 사람이다. 한마디로 윤 의사는 사명을 완수하려는 열성이 있었고, 사명에 대한 뜨거운 불이 있었던 것이다.

국군과 북한군의 고지전을 다룬 영화를 본 적이 있다. 국군이 고지를 점령하려면 진지를 구축하고 있는 북한군을 향해 접근해야 하는데, 북한군의 기관총이 워낙 거세서 아무도 접근할 수 없었다. 이러한 상황에서 국군 지휘관은 부하들에게 북한군 진지로 침투하라는 명령을 내린다. 하지만 진지로 다가가려는 국군 병사마다 북한군의 총탄에 쓰러지고 만다. 하지만 병사들은 그 누구 하나 지휘관의 명령에 불만을 갖지 않고, 계속해서 날아오는 총탄을 무릅쓰고 앞으로 나아갔고, 여덟 명의 병사가 희생된 후에야 북한군의 진지를 빼앗을 수 있었다. 자신이 받은 사명에 최선을 다하는 모습을 감동적으로 보여준 영화였다.

성령의 불을 받는 것도 마찬가지이다. 하나님께서는 마치 전쟁의 지휘관처럼 우리에게 사명을 주신다. 크리스천은 하나님께서 주신 사명과 명령에 앞뒤 가리지 않고 순종하는 사람이다. 하나님께서는 우리의 삶을 향한 목적과 사명을 갖고 계신다. 이 사명을 성실하게 완수토록 하기 위해서 하나님께서는 우리의 마음에 뜨거운 불을 주신다. 성령의 불은 이처럼 우리에게 맡겨진 사명을 완수토록 하는 불이다.

마틴 셀리그만은 인간의 삶을 즐거운 삶, 만족스러운 삶, 의미 있는 삶으로 분류한다. 즐거운 삶이란 놀이동산에 가서 느낄 수 있는 즐거움에 머무는 삶이다. 만족스러운 삶이란 취미 생활이나 흥미로운 것을 하면서 즐거움을 갖는 삶이다. 그런데 셀리그만은 더 나아가 행복은 의미있는 삶에서 온다고 말한다. 가장 큰 행복은 의미 있는 삶에서 온다. 기독교적 관점에서 의미 있는 삶이란, 바로 하나님을 만나 하나님의 불을 받는 삶을 말한다. 더 의미 있는 삶은 그렇게 받은 하나님의 불을 가지고 이웃을 섬기고, 전도하며, 선교하는 삶이다. 성도는 하나님께서 맡겨주신 사명을 감당하며 행복을 누리는 삶을 살아야 된다. 여기에 본보기가 되는 사람이 헨리 나우웬이다.

헨리 나우웬은 하버드대 교수로 오랫동안 재직했는데, 말년에는 그 교수생활이 너무나 권태롭고 무기력하게 느껴졌다. 그는 어느 날 모세처럼 성령의 불을 받고 이렇게 살아서는 안 되겠다고 결심하게 된다. 그는 즉시 학교의 교수직을 그만두고 정신지체장애인을 위한 사랑의 공동체인 라르쉬 공동체에 들어가 죽을 때까지 정신지체아들을 돌보다가 죽었다. 성령의 불을 받아 하나님이 주신 사명을 완수했던 것이다. 이러한 것이 바로 성령의 불을 받는 것이다.

셋째, 성령의 불은 힘과 에너지를 의미한다.

불은 그 자체로 힘과 에너지를 가지고 있다. 그러기에 불은 화력발

전의 원동력으로 사용되기도 한다. 모세는 40년 동안 광야생활을 하면서 나태하고 권태로운 삶을 살게 되었다. 그러다가 떨기나무의 불을 보고 그의 삶에 활력을 찾게 된다. 그의 삶에 힘과 에너지를 갖게 된 것이다.

이스라엘에 가면 귀한 나무가 많다. 백향목, 올리브나무, 포도나무, 무화과나무 등이 모두 귀한 나무이다. 그런데 떨기나무는 마치 잡초와 다를 것 없이 아주 평범한 나무이다. 이렇게 평범하고 보잘것없는 떨기나무에 하나님의 불이 임하였다. 그와 같이, 평범하고 보잘것없는 우리의 삶에 하나님의 불이 임할 때, 우리에게는 새로운 힘이 생길 것이다.

예수께서 부활하신 뒤에 예수께서는 제자들과 40일 동안 함께 계셨다. 그 뒤에 예수님께서 승천하신 뒤에 제자들과 예수님을 따르던 이들은 자신들의 신앙의 대상이 사라짐으로 인해서 절망을 느꼈을 것이다. 그들은 예수님께서 약속하셨던 보혜사를 받기를 간절히 사모했고, 그것을 위하여 최선을 다해 기도했다. "여자들과 예수의 어머니 마리아와 예수의 아우들과 더불어 마음을 같이하여 오로지 기도에 힘쓰더라"(행 1:14). 이렇게 모두가 합심하여 기도한 것에 대한 응답으로 그들에게 성령의 불이 내렸던 것이다.

사도행전 2:3에는, 성령의 불이 혀처럼 임했다고 되어 있다. 각 사람의 머리 위에 하늘에서 떨어진 불이 임했고, 그들의 마음에 절망을 이길 만한 힘이 생겼다. 사람들은 성령 받은 제자들의 힘이 넘치는 모습을 보고 '술에 취한 것 같다'고 생각했다. 제자들은 성령의 불을 원동력으로 땅끝까지 복음을 전파하는 사명을 감당하게 되었다.

신앙생활이 무기력해지고 나태해진 사람들은 성령의 불을 받아야 한다. 그래야 신앙의 에너지와 활력을 다시 충전받을 수 있다.

내가 잘 아는 어떤 분은 청년 시기에 예수 믿고 신앙생활을 해왔는데, 폐결핵에 걸려 폐병 3기로 죽어가고 있었다고 한다. 그러던 어느 날, 존경하는 목사님을 따라 뒷산 범굴에서 기도하다가 성령의 불을 받게 된다. 성령의 불을 받고 뜨거워 견디지 못해 앞에 있는 연못에 얼음을 깨고 들어갔는데도 열기를 감당하지 못해 몸부림을 쳐야 했다. 그런 과정을 거치고 나니 폐병에서 깨끗이 회복되어 있었다. 성령의 불에 의해 병균이 모두 소각된 것이다. 그 이후로 이분은 신앙의 힘과 에너지를 회복하여 수많은 영혼들을 주님께로 인도하는 전도자가 되었다.

열왕기상 18장에는 엘리야가 갈멜산에서 바알 선지자 850명과 대결하는 장면이 나온다. 지금도 갈멜산에 가면 엘리야가 칼을 든 동산이 있다. 엘리야가 살던 시대에 이스라엘 사람들은 신앙적으로 침체되어 있었다. 우상숭배가 횡행하고, 영적으로 어두운 시대였다. 모든 선지자가 다 도망가고 엘리야 홀로 남았다. 이스라엘 백성들의 신앙을 회복하기 위해서 엘리야는 바알 선지자들에게 제안을 한다. "너희의 신과 이스라엘의 하나님 중에 누가 참된 신인지 알아보자. 만약 하늘에서 불이 내려 제물로 바친 송아지를 태우면 그 불을 내린 신이 참 신인 것으로 하자." 바알 선지자들은 이 제안을 받아들여 춤을 추고 괴성을 지르고, 심지어는 자해를 하면서 자신의 신을 부르기 시작한다. 아무런 응답이 없자, 엘리야는 이렇게 말한다. "당신들의 신은 죽은 신입니까? 그 신은 자고 있습니까?"

엘리야는 이렇게 말한 뒤에 하나님께 기도를 드린다. "하나님, 이스라엘의 제단이 무너졌습니다. 하나님, 이 시간 불을 내리셔서 하나님께서 살아계심을 우리에게 보여주소서." 그렇게 간절히 기도할 때, 하나님의 불이 내려 송아지를 태웠고, 엘리야는 기손 시냇가에서 바알 선지자들을 모두 단죄한다.

우리가 믿는 하나님은 살아계신 하나님이다. 하나님이 살아계셔서 우리 마음에 불을 주셔서, 힘과 에너지를 주시고, 사명을 주시고, 열정과 열심을 회복하게 하신다.

찬송가 184장 1절의 가사를 보자.

불길 같은 주 성령 간구하는 우리에게
지금 강림하셔서 영광 보여주소서
성령이여 임하사 우리 영의 소원을
만족하게 하소서 기다리는 우리에게
불로 불로 충만하게 하소서

여기서도 성령받는 것을 불 받는 것에 비유하고 있다. 찬양하기를 불길 같은 주 성령 영광 보여 달라고 노래한다. 또 후렴에서는 성령의 불로 충만하게 해달라고 염원한다. 이 찬송처럼 우리 모두는 성령의 불을 받아야 하나님께 영광 돌리는 신앙생활을 할 수 있다.

성령의 바람

요한복음 3:5~8

성경은 성령을 다양한 은유(metaphor)로 표현한다. 성령을 인간의 언어로는 정확히 표현하기가 어렵다 보니 일상적인 사물에 빗대어 표현하는 것이다. 그중에서도 요한복음 3:1-15은 성령을 '바람'으로 표현한다.

요한복음 3장에서 산헤드린 공의회의 회원이었던 니고데모는 예수님께 영적인 질문을 들고 찾아온다. 산헤드린 공의회는 지금으로 치면 한 나라의 국회에 해당하는 권력 기관이었다. 니고데모는 평소 천국에 관심이 많았다. 그래서 니고데모는 예수님께 한밤중에 찾아왔다. 예수님께 찾아온 니고데모는 예수님께 당신은 하나님으로부터 오신 분임에 틀림이 없다고 이야기한다.

거기에 대해 예수께서는 니고데모에게 하늘나라에 대해서 말씀하시면서 '거듭나야 한다'고 말씀하신다. 그러나 니고데모는 이 말씀이 무슨 뜻인지 전혀 알 수 없었다. 한 걸음 더 나아가, 예수께서는 "물과 성령으로 거듭나야 한다"라고 말씀하셨다. 니고데모는 이 말씀은 더욱 더 이해할 수가 없었다. 예수께서는 "육으로 난 것은 육이요 영으로 난 것은 영이다"라고 말씀하시면서, 성령을 이렇게 설명하신다. "바람이 임의로 불매 그 소리는 들어도 어디서 오고 어디로 가는지는 알지 못하는도다 성령으로 난 사람도 이러하느니라"(요 3:8).

예수님의 이 말씀은 상당히 이해하기 어려운 구절이다. 하지만 이 구절의 의미를 이해한다면, 우리는 성령의 특성에 대해서 더욱 깊은 이해를 얻을 수 있을 것이다. 예수께서는 여기에서 '성령'을 '바람'에 비유하신다. 히브리어로는 '바람'을 '루아흐'(רוח)라고 하고, 헬라어로는 '프뉴마'(πνεύμα)라고 하는데, 두 단어 모두 각각 두 가지 뜻을 갖고 있다. 두 단어가 가진 첫번째 의미는 바로 '영'이라는 뜻이다. 두 번째로 루아흐와 프뉴마 모두 '바람'이라는 뜻도 가지고 있다. 요한복음 3:8에서 예수께서는 매우 함축적인 단어를 사용하여 성령에 대해서 설명하고 계신 것이다. 그렇다면 예수께서 말씀하신 '바람과 같은 성령'이 함축하고 있는 의미는 무엇일까?

첫째, 성령의 주권성이다.

요한복음 3:8에는 '바람이 임의로 불매'라고 쓰여 있다. 바람은 자신이 불고 싶은 곳을 향해 분다. 바람은 자신의 뜻과 주권을 갖고 있다. 마찬가지로 성령 또한 어떤 사람을 향해서 불 수도 있고, 어떤 사람을 향해서는 불지 않을 수도 있다. 주권을 가지고 있는 것이다. 성령의 주권은 매우 강력해서 인간의 역사와 사회의 운명을 이끌어간다. 개인의 삶도 성령께서 인도하신다. 그러므로 신자는 자신의 삶이 성령의 주권적인 역사에 의해 이끌림을 받도록 해야 한다.

또 인간은 바람이 어디서 와서 어디로 부는지 알 수 없다. 이것은 성령의 자유를 의미한다. 성령은 그 어떤 것에도 구속받지 않고,

매우 자유롭다. 마치 바람과 같이 그 어떤 제약도 뛰어넘을 수 있다. 「빠삐용」이라는 영화에 삽입되었던 'Free as the wind'라는 노래의 가사는 바람이 가진 자유에 대해서 잘 말해준다.

Free as the wind, free as the wind
That is the way you should be

바람처럼 자유롭게, 바람처럼 자유롭게
그것이 네가 걸어가야 할 길이야

성령은 바람처럼 자유롭게 자신의 뜻대로 역사하신다. 그리고 성령이 역사한 사람마다 모든 억압으로부터 놓임받는 자유를 누리게 된다.

고등학교 때, 친한 친구 다섯 명이 함께 기도원에서 기도를 했다. 그들은 특히 방언을 받고자 최선을 다해서 기도했다. 그런데 함께 기도하던 친구 중 네 명은 방언을 받고 한 명은 받지 못했다. 방언을 받지 못한 한 명은 큰 시험에 들게 되었다. 그는 지금까지도 자신만 방언을 못 받은 것에 대해서 기분이 언짢아한다. 그런데 왜 그 친구만 방언을 받지 못한 것일까? 우리는 알 수 없지만 그 친구에게 내가 줄 수 있는 답은 이것밖에 없는 것 같다. "성령이 그렇게 원하셨기 때문에."

성령은 이처럼 자유가 있어서 어떤 사람에게 은사를 줄 수도 있고, 주지 않을 수도 있다. 어떤 사람에게는 신유의 은사를 주기도 하고, 어떤 사람에게는 지혜의 은사를 주기도 한다. 성령의 역사는 전적으로 성령의 주권에 달려 있기에 우리는 성령님께 기도해야 한다. 성령의 주권이 우리에게 향하길 구해야 한다.

둘째, 성령의 접촉 가능성이다.

바람 같은 성령은 성령의 접촉 가능성에 대해서 말하고 있다. 성령을 바람으로 비유할 수 있다면, 우리는 바람을 잡아야 한다. 즉, 성령을 잡아야 한다. 그런데 문제는 우리가 바람을 잡을 수 없다는 것이다. 성령도 바람과 마찬가지로 인간의 힘으로는 잡을 수 없다.

성령을 잡기 위해서 지금까지 수많은 사람이 갖은 노력을 해왔다. 사도행전 8장에 등장하는 마술사 시므온도 그중 한 사람이다. 예수님의 제자들이 성령이 충만해서 기적을 행하자 시므온은 성령의 능력이 부러운 나머지 제자들에게 성령의 능력을 돈을 주고 사려고 했다. 결국 시므온은 제자들에게 책망을 듣게 된다.

어떤 사람이 바람을 잡으려고 팔을 벌려 허공에 손짓을 한다고 해보자. 이 사람이 바람을 잡을 수 있을까? 바람을 잡기는커녕 오히려 자신을 향해 불어오는 바람을 밀어내고 말 것이다. 바람을 잡는 것은 불가능한 일이다.

결국 바람은 '잡는 것'이 아니라 '쏘이는 것'이다. 바람을 만나려면 바람이 불고 있음을 느끼면서 바람이 부는 곳에 가 있어야 한다.

바람은 밀폐된 공간이 아닌 이상 어디에나 분다. 작게 부는 바람도 있고 크게 부는 바람도 있지만, 우리가 조금만 주의를 기울이면 우리는 아주 작게 부는 바람도 느낄 수 있다. 마치 바람과 같이 우리는 성령의 임재를 가슴으로 느껴야 한다.

성령은 어디에나 존재하시기에 우리는 어디서나 미풍과 같은 성령의 임재를 느낄 수 있다. 하지만 바람이 많이 부는 장소가 따로 있다고 할 수도 있다. 바람을 쏘이기 위해서는 이렇게 바람이 많이 부는 곳에 가야 한다. 높은 산에 올라가면 바람을 충분히 쏘일 수 있는 것처럼, 바람을 만나기 위해서 우리는 바람이 부는 곳에 가야 한다.

바람은 '전염성'을 가지고 있다. 우리는 흔히 '춤바람', '치맛바람', '스마트폰 바람', '부동산 투기 바람'이라는 말을 사용한다. 이러한 바람은 주변 사람들에게 큰 영향을 미치기도 한다. 스마트폰 바람이 불자 거의 모든 사람들이 스마트폰을 쓰기 시작했다. 유명한 가수가 온다고 하면 많은 학생들은 '연예인 바람'에 휩쓸려 몰려다니기도 한다.

이 같은 세상의 바람이 아니라 성령의 바람이 강하게 부는 곳은 어디일까? 바로 교회이다. 은혜로운 찬양과 설교가 선포되는 곳이면 어김없이 성령 바람이 불고 있는 곳이다.

내가 부산에서 교수로 일하고 있을 때, 광안리교회의 소속목사로 지냈다. 그때, LA에서 오신 한 목사님께서 부흥회를 하셨다. 이 목사님께서 집회를 하시면 그 집회에 참석한 모든 사람들이 방언을 받을 정도로 목사님은 특별한 능력을 갖고 계셨다. 나는 고등학교 3학년 때 신학교에 가는 것을 반대하시는 아버님의 마음을 돌리기 위해서 기도하다가 이미 방언을 받은 상태였다. 하지만 아내는 아직 방언을 받지 못한 상태였다. 방언을 받게 하는 능력이 있으신 목사님이 오신다고 하니, 방언을 받지 못한 모든 사람들이 부산 전역에서 몰려 집회는 성황을 이루었다. 집회에 모인 모든 사람들이 모여서 합심으로 기도했다. 나도 집회에 참석해서 함께 기도했다. 그런데 목사님께서는 말씀이 끝난 뒤에 모든 회중들을 일으켜 찬양을 하도록 했다. 그 뒤에 회중석을 다니면서 입에다가 손을 얹고 등 뒤를 때리면서 기도를 하시는데, 그렇게 기도를 받은 사람마다 방언의 은사를 받았다. 나의 아내와 함께 참석한 속도원들도 이 집회에 참석하여 방언을 받았다. 물론 속도원 중에서 한 분은 방언의 은사를 받지 못해서 아쉬워하기도 했지만, 그렇게 강력하게 성령의 바람이 부는 집회는 찾아보기 어려울 정도였다. 그 집회에 참석한 사람의 3분의 2 정도가 방언을 받게 되었다.

이처럼 우리는 성령의 바람이 강하게 부는 곳에 찾아가야 한다. 특별히 우리가 섬기고 있는 교회의 예배에 아주 강력하게 성령의 바람이 임하기를 기도해야 한다. 성령의 바람이 강하게 부는 예배의 자리에 있어야 우리는 성령 충만해질 수 있다.

주역은 세상의 모든 것은 항상 쌍으로 존재한다고 말한다. 주역에 따르면 바람의 쌍은 우뢰이고, 하늘의 쌍은 땅이며, 물의 쌍은 불이고, 산과 호수도 한 쌍이다. 가족으로 비유하자면 아버지와 어머니는 하늘과 땅이고, 큰아들과 큰딸은 바람과 우뢰이며, 둘째 아들과 둘째 딸은 물과 불이며, 막내는 산과 호수라고 한다. 그런데 여기서 집중해야 할 것은 바람과 한 쌍을 이루는 것이 '우뢰'라는 점이다.

성령은 바람이 우뢰를 몰고 다니듯이 아주 강력한 힘을 가지고 있다. 내가 아는 어떤 분은 낮잠을 자다가 자신이 섬기는 교회의 종탑에 강한 바람과 함께 번개가 치는 꿈을 꾸었다. 이 꿈은 영적으로 좋은 꿈일까? 물론 좋은 꿈이다. 강력한 뇌우는 뇌우와 함께 오는 태풍을 함축하고 있다. '태풍'은 말 그대로 '큰 바람'을 말한다. 우리가 섬기는 교회에 말 그대로 '큰 바람'이 강력한 영적인 천둥 번개와 함께 불어야 할 것이다.

사도행전 2:2의 성령강림 사건에서도, 성령이 임할 때에 급하고 강한 바람이 불었다고 표현되어 있다. 급하다는 말은 바람의 속도가 매우 빠르다는 것을 의미하고, 강하다는 말은 그 영향력과 힘이 대단하다는 말이다. 가히 태풍이라고 할 수 있다. 성령이 임재할 때에 급하고 강한 바람, 즉 태풍과도 같은 바람이 불었던 것이다. 여기에 번개를 동반하면 그 영향력은 말로 표현할 수 없을 것이다.

태풍이 한번 쓸고 간 곳은 완전히 그 주변 환경이 뒤바뀌어 버린다. 성령의 바람, 태풍이 지나간 곳도 마찬가지로, 그곳에 있었던 사람들의 영혼과 마음이 새롭게 될 것이다. 이와 같이 우리의 삶을 송두리째 바꾸어놓으시는 성령의 바람을 쏘이는 신자가 되어야 하겠다.

셋째, 성령의 인식가능성이다.

'인식'은 어떤 대상을 알아보는 것을 말한다. 그렇다면 우리는 성령을 어떻게 알아볼 수 있을까? 바람의 속성을 통해서 우리는 성령을 어떻게 인식할 수 있는지에 대한 힌트를 얻을 수 있다. 요한복음 3:8은 이렇게 말한다. "바람이 임의로 불매 네가 그 소리는 들어도 어디서 와서 어디로 가는지 알지 못하나니 성령으로 난 사람도 다 그러하니라"(요 3:8).

또한 사도행전 2:2에는 "홀연히 하늘로부터 급하고 강한 바람 같은 소리가 있어 저희 앉은 온 집에 가득하며"라고 되어 있다.

이 두 말씀은 똑같이 성령 임재 현상을 바람소리로 비유하고 있다. 이 두 말씀이 증거하고 있는 것과 같이, 바람에는 '소리'가 있다. 바람이 불고 있다는 것을 증명할 수 있는 유일한 증거는 바로 그 소리이다. 예수께서는 우리가 "바람의 소리는 들을 수 있다"라고 말씀하신 뒤에 "성령으로 난 사람은 다 그러하다"라고 말씀하시고,

뒤를 이어 "육으로 난 것은 육이요, 영으로 난 것은 영이다"라고 말씀하신다.

요한복음에서 예수님을 찾아온 니고데모는 천국에 관심이 있었다. 하나님 나라에 대한 관심을 갖고 있었다. 그런데 예수께서는 니고데모에게 신앙의 언어로 영적인 답변을 주신다. 하지만 니고데모는 신앙이 없었기 때문에 신앙의 언어를 이해하지 못했다. 예수께서 '거듭나야 한다'라고 말씀하시자, 니고데모는 '어머니 뱃속으로 들어갔다가 나와야 합니까?'라고 유치한 반문을 던진다. 니고데모는 세속적인 사고방식을 가지고 있었기 때문에 예수님의 영적인 언어에 문외한일 수밖에 없었다. 니고데모는, 줄여서 말하자면, '영치'였다. 그래서 니고데모는 성령에 관한 예수님의 말씀의 뜻도 전혀 알 수 없었다.

그렇다면 예수님의 말씀 중에서 "육으로 난 것은 육이요, 영으로 난 것은 영이다"라는 말씀의 뜻은 무엇일까? 예수께서는 성령을 인식하는 유일한 통로는 바로 인간의 '영'임을 말씀해 주신 것이다. 인간은 영, 혼, 육으로 이루어져 있다. 그중에서 '영'은 하나님께서 우리 마음 깊은 곳에 하나님을 알 수 있도록 뿌려두신 하나님의 씨앗이다. 이 '영'을 통해서만 인간은 성령을 인식할 수 있다. 바람이 부는 것을 바람소리로만 통해서 알 수 있듯이, 성령 바람은 인간의 영을 통해서만 알 수 있는 것이다. 영이 발달되지 않은 니고데모 같은 사람은 성령을 알아볼 수가 없다.

기독교 신자는 영의 세계를 믿는다. 보이지는 않지만 영의 세계가 존재하고 실재적임을 인정한다. 교회에 와서 신자가 시험에 들지 않으려면 영안이 열려서 영적인 세계를 볼 수 있어야 한다. 영안이 열리지 않으면 인간은 육신적인 생각만을 할 수밖에 없다. 영의 세계를 모르는 사람은 설교를 들으면서도 '목사님께서 왜 저런 말을 하시지? 저 성도는 왜 저런 소리를 하지?'라고 생각한다. 영안이 열려 영의 세계를 보아야 기쁘고 즐겁게 신앙생활을 할 수 있다.

"바람이 임의로 불지만 그 소리는 들을 수 있다. 성령으로 난 사람은 모두 이러하다"라는 예수님의 말씀을 영적으로 해석하자면 이러한 뜻을 가지고 있다. "성령을 파악하기는 어렵지만 우리는 우리의 영으로 성령을 파악할 수 있다." 성령님의 임재를 느끼는 것은 오직 우리의 영으로만 가능한 것이다.

성령의 바람이 우리가 섬기는 모든 교회에 불어야 한다. 성령의 태풍이 불어서 우리 모두가 성령으로 충만해져야 할 것이다.

성령의 기름부으심

누가복음 4:18-19

성경은 성령을 물, 불, 바람으로 비유한다. 그리고 성령에 대한 또 다른 비유는 바로 '기름'이다. 성경은 신자가 성령 충만함을 받는 성령 강림을 성령의 기름부으심이라고 표현하기도 한다. 특히 구약성경에서 '기름'이라고 하는 소재는 매우 중요하다. 지금도 이스라엘의 성전이나 성전터에 가면 반드시 기름 짜는 틀이 있다. 구약시대에는 하나님께서 주신 율법을 따라서 성전에서 쓰는 모든 기구들에 올리브 기름을 발라야 했다. 왜냐하면 기름이 성전의 성구들을 세상의 모든 물건들과 구별시키는 용도로 쓰였기 때문이다.

구약성경을 보면, 하나님께서는 자신의 일을 시키기 위해서 특별하게 택한 사람들에게 기름을 부었다. 예를 들면, 제사장, 선지자, 왕과 같은 사람들이 기름부음을 받았다. 역시 여기서도 기름의 용도는 '구별함'이다. 즉, 하나님의 일을 하기 위해서 특별하게 구별된 사람들은 하나님의 선택의 징표로서 기름부음을 받았던 것이다.

그런데 신약 시대에는 이 기름이 좀 더 영적인 의미로 사용되기 시작한다. 기름은 영적으로 성령을 의미하게 되었고, 신약성경 여러 곳에서 '성령의 기름부으심'이라는 표현이 자주 등장하게 되었다. 구약 시대에는 기름을 특별한 사람들에게만 부었던 것과 달리 신약 시대에는 예수님을 믿는 모든 자들이 성령의 기름부으심을 받을 수 있게 되었다. 따라서 교회에 나와서 예배를 드리는 모든 신자는 성령의 기름부으심을 받아 하나님의 자녀로서 구별된 자들이 된 것이다.

성경에 따르면, 성령의 기름부으심이 일어날 때, 세 가지 사건이 함께 일어남을 볼 수 있다. 그 세 가지를 설명해 보면 다음과 같다.

첫째, 성령의 기름부으심이 임할 때, 마음의 상처가 치유된다.

구약 시대에 사람이 상처를 입으면 가장 먼저 상처 부위에 바르는 것이 바로 올리브 기름이었다. 기름은 상처를 잘 아물게 하는 일종의 연고 역할을 했던 것이다. 목자들도 양을 키울 때, 양이 상처를 입게 되면 상처 부위에 기름을 발라주었다.

야고보서 5장에 이러한 말씀이 있다. "너희 중에 병든 자가 있느냐 그는 교회의 장로들을 청할 것이요 그들은 주의 이름으로 기름을 바르며 그를 위하여 기도할지니라"(약 5:14).

기름이 육체의 상처를 치료하듯이, 영적으로는 성령의 기름부으심이 우리에게 임할 때, 우리 마음의 상처가 치유되고 상처가 났던 부위에 새살이 돋아나 온전히 회복될 것이다.

누가복음은 성령의 치유 능력에 대해서 이렇게 말한다. "주의 성령이 내게 임하셨으니 이는 가난한 자에게 복음을 전하게 하시려고 내게 기름을 부으시고 나를 보내사 포로 된 자에게 자유를, 눈 먼 자에게 다시 보게 함을 전파하며 눌린 자를 자유롭게 하고"(눅 4:18).

이 말씀에서 예수께서는 하나님의 성령이 예수님 자신에게 임하였고, 그 임한 성령으로 인해서 예수님 자신이 가난한 자에게 복음을 전하며, 포로 된 자를 해방시키고, 눈 먼 자를 다시 보게 하며, 눌린 자를 자유롭게 하신다고 말씀하신다. 가난한 자, 포로 된 자, 눈먼 자, 눌린 자 모두가 마음의 상처를 가진 사람들이다. 이들의 마음의 상처 위에 예수님을 통해서 주님의 성령이 임하시면 이들의 마음이 치유될 것이라고 예수님은 말씀하신다(눅 4:18).

혹여나 우리의 마음이 스스로 감당할 수 없는 짐으로 인해서 눌려 있다면, 우리는 성령의 기름부으심을 받아야 한다. 그리고 성령께서 임하실 때, 억눌렸던 우리의 삶은 온전히 자유롭게 될 것이다.

사람에게는 모두 상처가 있다. 사람들은 상처를 주기도 하고 받기도 하면서 살아간다. 그런데 상처는 대개 어떤 사람으로부터 우리에게 찾아올까? 우리에게서 멀리 떨어져 있는 사람은 우리에게 상처 줄 수 없다. 오히려 우리와 가장 가까운 사람들이 우리에게 가장 큰 상처를 준다. 나의 가족, 친척, 자녀, 친구들, 교회의 믿음의 동료들에게서 우리는 가장 자주 상처를 받는다.

욥기를 보면, 우리와 가까운 사람들이 얼마나 우리에게 큰 상처를 줄 수 있는지 알 수 있다. 욥이 엄청난 고난으로 인해서 절망하고 있을 때, 그의 친구들이 찾아와 욥의 폐부를 찌르는 말들을 한다. 욥은 통곡하면서 친구들에게 이렇게 고통당하는 자신에게 와서 할 말이 그렇게 없느냐고 따진다. 우리는 이렇게 주변 사람들에게 욥의 친구들처럼 상처를 주기도 하고 욥처럼 상처를 받기도 하고 살아간다.

이렇게 상처를 입을 때, 그 상처를 치유해주실 수 있는 분은 성령님밖에 없다. 그래서 마음에 상처를 입었을 때, 성령의 기름부으심이 우리의 심령에 폭포수처럼 흘러야 한다. 그러면 우리 마음의 상처가 깨끗이 치유될 것이다.

현대는 그 어느 시대보다 상처가 심한 시대이다. 왜냐하면 그 어느 시대보다 경쟁이 심하기 때문이다. 경쟁에서 살아남기 위해서 사람들은 수단과 방법을 가리지 않는다. 결국 사람들은 경쟁의 과정에서 타인에게 받은 수많은 상처를 안고 살아간다.

현대는 고도로 발달된 기술의 시대이다. 스마트폰과 컴퓨터부터 AI에 이르기 까지 우리는 이전에는 상상할 수도 없었던 기술의 시대에 살고 있다. 이렇게 기계화된 문명 사회에서 사람들은 고도로 발달된 기술이 만들어낸 장치에 빠져서 살아간다. 아이들은 스마트폰에 늘 빠져 있다. 스마트폰이 없는 아이들은 부모에게 스마트폰을 사달라고 아주 어린 나이부터 조르기 시작한다. 그런데 이렇게 모든 사람들이 기계화된 장치에 빠져 살게 되면 정서적으로 큰 문제가 생길 수 있다. 『하이테크 하이터치』의 저자 존 네이쓰빗은, 이 '하이테크'시대에는 '하이터치'가 필요하다고 말한다. '하이터치'는 자녀에 대한 빈번한 스킨십, 포옹과 애정표현을 말한다. 이 하이테크 시대에 자녀들이 부모의 더 많은 사랑을 필요로 하듯이, 하이테크 시대에 신자는 성령의 하이터치를 필요로 한다. 외롭고 서로 단절되어서 스트레스에 찌들어 사는 사람들에게는 성령께서 주시는 사랑과 위로, 격려가 절대적으로 필요하다. 성령의 기름부으심이 충만할 때, 우리는 이 삭막한 시대 속에서도 건강한 마음으로 살아갈 수 있게 될 것이다.

예수께서 십자가를 지셨을 때, 예수께서는 그 고난과 모욕으로 인해 상처를 받으셨다. 하지만 예수께서는 하나님의 아들이시기에 스스로 극복이 가능했다. 그러나 제자들은 예수께서 십자가를 지실 때, 그 마음에 있던 상처들이 바깥으로 완전히 노출되는 경험을 하고 만다. 결국 모든 제자들은 뿔뿔이 흩어지게 된다. 그런데 예수께서는 부활하신 뒤에 상처받고 흩어진 제자들을 일일이 찾아가셔서 그들을 회복시켜 주신다. 믿음 없는 도마에게는 자신의 못 자국을 만져보라면서 믿음을 회복시켜 주셨고, 베드로에게는 생선을 직접 구워 주심으로써 회복시켜 주셨다. 예수께서는 다른 모든 제자들의 상처도 회복시켜 주셨다. 마지막으로 예수께서는 이 땅에서 승천하시면서 제자들에게 보혜사 성령을 보내주실 것을 약속하신다. 보혜사 성령이 승천하시는 예수님 대신에 제자들의 상처를 치유해 주시고, 친구가 되어주실 것이며, 제자들을 위로하고 격려해 주실 것이라고 말씀하신다. 예수님의 말씀대로 보혜사 성령께서 지금 우리와 함께하시며 우리를 치유해 주시고, 우리의 친구가 되어 주시며, 위로하고 계신다.

성령의 기름부으심이 일어날 때, 우리 마음의 상처가 치유되면서 상처 위에 새 살이 돋아난다. 우리 마음의 상처에 새 살이 돋아나는 것은 우리 마음을 성령님께서 완전히 새롭게 하심을 의미한다. 상처받은 사람의 특징은 과거 지향적이라는 것이다. 그들은 과거의 사건에 대해서 타인을 원망하고 불평한다. 이렇게 과거에 집착하기 때문에 상처 입은 사람들은 쉽게 상처를 극복하지 못한다. 사탄 마귀는 상처받은 사람의 상처를 이용해서 그 사람을 자신의 편으로 끌어들이려고 한다. 사탄은 사람을 낙망시키고 절망시켜서 하나님으로부터 멀어지게 한다. 그래서 혹여나 상처를 받았을 때, 우리는 우리의 믿음의 태도를 긍정적이고 미래 지향적으로 유지해야 사탄의 공격으로부터 자유로울 수 있다. 성령의 기름부으심이 우리 안에 임할 때, 상처가 아물고 성령께서 새로운 마음을 주셔서 과거의 상처받은 일을 극복하게 하실 것이다.

성령 사역하는 분 중에 손기철 장로님이 계시다. 캐나다에서 목회할 당시, 손기철 장로님께서 밴쿠버에 성령집회를 하러 오셨다. 이분은 『기름부으심』이라는 책을 쓰셨는데, 그 책의 내용 중 이런 부분이 있다. 손기철 장로님께서 어떤 집회에선가 성령의 기름부으심을 받으면 류마티스 관절염이 반드시 나을 것이라고 말씀을 전하셨다. 사실 류마티스 관절염은 관절염 중에서도 상당히 고통스러운 축에 속하는 병이다. 그런데 집회가 끝나자 한 자매가 와서 눈물을 흘리며 이렇게 말했다. "장로님, 제가 12년째 류마티즈 관절염을 앓고 있습니다. 너무나 고통스러워서 때로는 벽을 손톱으로 긁고, 괴성을 지르면서 지냅니다. 저를 어떻게든 치유해주시면 안 될까요?"

장로님은 치유 기도를 해드리겠다고 말씀하시고, 혹시나 이 자매에게 마음의 상처가 있는지를 물으셨다. 왜냐하면 마음과 육체는 연결되어 있어서 마음의 병이 육체의 병이 될 수 있기 때문이다. 자매님은 자신의 아버지께서 술을 너무 좋아하셔서 늘 술을 먹고 들어와 어머니와 자신을 때렸다고 장로님께 털어놓았다. 이 자매는 결국 매일 어머니가 아버지에게 맞는 것을 보면서 자란 것이다. 자매님의 마음에는 본인도 모르는 사이에 깊은 상처가 생겼고, 아버지가 빨리 죽었으면 좋겠다는 아주 무서운 생각도 갖게 되었다. 결국 이 고통스러운 마음의 상처로 인해서 이 자매님에게 류마티스 관절염이 발병한 것이다.

장로님은 이 마음의 상처를 치유하지 않고는 결코 류마티스 관절염을 치유할 수 없다는 것을 아시고, 자매님의 마음과 몸의 회복을 위해서 기도하셨다. 그러던 와중에 장로님은 성령께서 장로님께

주신 마음을 이렇게 전했다. “자매님, 부디 아버지를 용서하시기 바랍니다.”

그러자 자매님은 아버지로 인한 마음의 상처가 얼마나 컸던지, 손을 떨면서 전율하기 시작했다. 자매님은 이렇게 기도했다. “주님, 내 힘으로는 못합니다. 그러니 주님, 용서할 수 있도록 도와주세요.”

그러자 성령께서는 폭포수와 같이 은혜를 부어주셨고, 결국 자매님은 기도하는 도중에 “주님, 제가 아버지를 용서합니다”라고 고백했다. 자매님의 마음의 상처가 이렇게 치유되자, 성령의 기름부으심 안에서 자매님의 관절염도 치유되는 역사가 일어났다. 성령께서는 이처럼 마음의 상처와 마음의 병을 고치시고 우리의 삶을 회복시켜 주신다.

둘째, 성령의 기름부으심이 일어날 때, 우리에게는 구분과 능력이 부여된다.

구약성경에서 기름부음은 제사장과 왕, 선지자에게만 주어지던 것이었다. 특별히 ‘메시아’라는 단어는 ‘기름부음을 받은 자’라는 뜻을 갖고 있다. 예수님이 메시아이신 이유는 하나님께서 예수님에게 인류를 구원하도록 특별한 임무를 주시고, 그 임무를 위해서 예수님께 기름을 부어 구별하셨기 때문이다. 그런데 구약 시대에는 특별한 사람들에게만 주어졌던 기름부으심이 신약 시대에 와서는 주님을 믿는 모든 사람들에게 주어지게 된다.

이에 대해서 베드로전서에는 이렇게 쓰여 있다. “그러나 너희는 택하신 족속이요 왕 같은 제사장들이요 거룩한 나라요 그의 소유가 된 백성이니 이는 너희를 어두운 데서 불러내어 그의 기이한 빛에 들어가게 하신 이의 아름다운 덕을 선포하게 하려 하심이라”(벧전 2:9).

루터는 이 말씀에 따라, 예수님을 주님으로 모시는 모든 사람이 바로 '왕 같은 제사장'이라고 주장하였다. 우리는 예수님의 은혜를 믿기 시작한 순간부터 모두 왕 같은 제사장이 될 수 있는 것이다. 왜냐하면 신자는 모두 성령의 기름부으심을 받아 하나님의 자녀로서 구별되었기 때문이다. 그렇기 때문에 신자는 그가 있는 모든 곳에서 '왕 같은 제사장'으로서의 역할을 감당해야 한다. 가정, 학교, 직장, 교회에서 주변 사람들을 주님께로 돌아오도록 인도해야 하는 것이다.

그렇다면 하나님께서는 왜 우리를 구분하시기 위해서 성령으로 기름을 부으실까? 바로 우리를 보호하시고 인도하시며, 축복을 주시기 위해서이다.

"이르시기를 나의 기름 부은 자에게 손을 대지 말며 나의 선지자를 해하지 말라 하셨도다"(대상 16:22). 이 말씀을 신약적으로는 해석하자면, 하나님께서는 당신이 기름을 부어서 구별한 예수님을 주님으로 모시는 모든 신자를 보호하신다는 의미를 갖는다고 할 수 있다.

다윗은 자신이 사울을 죽일 수 있는 기회가 있었음에도 불구하고 사울을 죽이지 않기로 결단하면서 이렇게 같이 말한다. "다윗의 마음이 찔려 자기 사람들에게 이르되 내가 손을 들어 여호와의 기름 부음을 받은 내 주를 치는 것은 여호와께서 금하시는 것이니 그는 여호와의 기름 부음을 받은 자가 됨이니라 하고"(삼상 24:6).

하나님께서 사울을 구분했기 때문에 사울 자신의 손으로는 사울을 죽일 수 없다는 것이다. 하나님께서는 우리에게 성령의 기름을 부으셔서 우리를 지키시고, 우리를 해하는 자들을 가만두지 않으신다.

히브리서는 하나님께서 신자들에게 기름을 부어서 신자들을 다른 사람들보다 더 높여주신다고 증거한다. "주께서 의를 사랑하시고 불법을 미워하셨으니 그러므로 하나님 곧 주의 하나님이 즐거움의 기름을 주께 부어 주를 동류들보다 뛰어나게 하셨도다 하였고"(히 1:9).

따라서 사람을 높이고 내리는 것은 인간이 하는 일이 아니라 성령께서 하시는 일이다. 성령께서 마음만 먹으시면 우리를 높이실 수도 있고 우리를 추락시키실 수도 있음을 깨달아야 한다.

또, 성령의 기름부으심이 일어날 때, 성도에게는 능력이 생긴다. 사도행전은 예수님에게 성령이 임하자 예수님께 능력이 생겼다고 증거한다. "하나님이 나사렛 예수에게 성령과 능력을 기름 붓듯 하셨으매 그가 두루 다니시며 선한 일을 행하시고 마귀에게 눌린 모든 사람을 고치셨으니 이는 하나님이 함께 하셨음이라"(행 10:38).

이 말씀은 하나님께서 예수님께 성령의 기름을 부으시자 예수님께 능력이 생겨 예수님께서 하나님의 일을 감당하게 되셨음을 증거하고 있다. 이와 관련하여 고린도전서 12장은 성령께서 신자에게 주시는 은사에 대해서 말한다. 성령의 기름부으심이 우리에게 임할 때, 신자에게는 병 고치는 은사, 예언의 은사, 방언의 은사와 같은 능력이 주어진다.

감리교의 창시자인 존 웨슬리 목사님은 자신을 포함하여 3대가 목사인 집안에서 태어났다. 그는 아주 공부를 잘해서 옥스포드 대학교의 신학교수가 되었고, 미국에 가서 인디언 선교사를 하기까지 했다. 그런데 자신의 머리로만 사역을 감당해서 그런지, 그는 미국에서 2년 동안 단 한 명도 전도하지 못했다. 그는 미국 선교에 실패하고 영국으로 돌아가는 배에서 이렇게 고백한다. "나는 수많은 죽어가는 인디언 영혼들을 구원하기 위해서 갔는데, 다시 영국으로 돌아가면서 이제야 깨닫게 되었다. 진짜 구원받아야 할 사람들은 원주민들이 아니라 바로 나 자신이라는 사실을."

그는 자신에게 구원의 확신이 없다는 것을 알고 고민하다가 1738년 5월 24일 오후 8시 45분, 어느 집회에 갔다가 불현듯 성령의 기름부으심을 받았다. 성령을 받기 전까지 웨슬리는 좋은 설교자가 아니었다. 설교 준비를 아무리 열심히 해도 그의 설교에는 은혜가 없었다. 그런데 그가 성령을 받고 시장에 나가서 설교를 하자 3천 명의 사람들이 순식간에 모여들었고, 수많은 사람들이 죄를 회개하며 주님께 돌아오는 역사가 일어났다. 그 후에는 그가 가서 설교하는 곳마다 이런 일이 빈번히 일어났다. 존 웨슬리에게 성령이 임하니 말씀의 능력이 생긴 것이다.

말씀을 학문적으로 철저히 준비하는 것도 중요하지만 좋은 말씀의 가장 중요한 전제조건은 바로 성령의 기름부으심이다. 성령의 기름부으심이 일어날 때, 신자에게는 이처럼 능력이 생긴다.

셋째, 성령의 기름부으심이 일어날 때, 하나님의 말씀에 대한 깨달음이 생긴다.

하나님의 말씀은 어렵다. 많은 사람들이 성경을 혼자서 읽으려다가 포기하고 만다. 그런데 성령이 임하셨을 때, 우리는 하나님의 말씀을 깨닫게 된다. 이와 관련하여 요한일서 2:20은 이렇게 증거한다. "너희는 거룩하신 자에게서 기름 부음을 받고 모든 것을 아느니라"(요일 2:20).

위의 말씀에서 '거룩하신 자'는 바로 성령님을 가리킨다. 성령의 기름부으심이 임할 때, 우리는 모든 것을 알아 하나님의 말씀의 의미를 깨닫게 된다.

요한일서 2:27은 유사하게 이렇게 증거한다. “너희는 주께 받은 바 기름부음이 너희 안에 거하나니 아무도 너희를 가르칠 필요가 없고 오직 그의 기름부음이 모든 것을 너희에게 가르치며 또 참되고 거짓이 없으니 너희를 가르치신 그대로 주 안에 거하라”(요일 2:27).

위의 말씀은 성령의 기름부으심이 임할 때, 성령께서 우리를 직접 가르쳐 주실 것이라고 증거한다. 즉, 성령께서 임하시면 우리가 깨닫지 못하는 말씀에 대해서 성령께서 우리에게 직접 알려주신다는 것이다. 사도행전에 보면 에티오피아 내시였던 간다게는 말씀을 읽어도 깨닫지 못했다. 그런데 그에게 성령이 함께하시자 읽어도 그 의미를 알 수 없었던 말씀이 밝히 깨달아졌다.

칼 바르트라는 신학자는, 성령을 하나님의 말씀을 깨닫게 해주는 분이라고 정의한다. 그러면서 칼 바르트는 누가복음 23장의 예수님 양 옆에 달린 강도를 그 근거로 든다. 예수님의 옆에서 십자가에 달린 두 강도 중 한 강도는 살인죄를 지었음에도 불구하고 예수님께 “네가 하나님의 아들이냐?”라고 비난했다. 그런데 그 옆에 있던 강도는 예수님을 비난하는 강도를 책망하면서, “우리는 죄가 있어서 벌을 받지만 이 사람에게는 죄가 없다. 이분은 구세주이시다.”라고 말한다. 그런 뒤에 이 강도는 예수님께, 예수께서 천국에 가실 때 자신을 기억해 달라고 부탁한다. 예수께서는 강도에게 “네가 오늘 나와 함께 낙원에 거하리라”라고 말씀하신다.

그런데 왜 한 강도는 예수님을 비난했고, 다른 강도는 예수님을 영접한 것일까? 바르트는 예수님을 영접한 강도에게 성령의 기름부으심이 일어났다고 말한다. 성령의 기름부으심으로 인하여 예수님을 영접한 강도는 예수님이 구세주이심을 깨닫게 된 것이다.

이처럼 성령의 기름부으심이 있으면 말씀에 대한 깨달음이 일어난다. 아무리 이해되지 않는 말씀이라도 성령께서 알려주신다면, 우리는 하나님의 말씀을 통해 우리를 향한 하나님의 뜻을 깨달을 수 있게 될 것이다.